제.주.맛.집_우리는 먹으러 제주 간다

초판 1쇄 발행일 2016년 9월 24일
개정판 1쇄 발행일 2017년 10월 20일

지은이 이담 · 채지형
펴낸이 허주영
펴낸곳 미니멈
디자인 황윤정
일러스트 표지 & 본문 컬러_licar(http://licar.byus.net)
　　　　　　　　　　　piz(http://licar.byus.net)
　　본문 펜화_이가원(99weekly@naver.com)

주소 서울시 종로구 부암동 332-19
전화 · **팩스** 02-6085-3730 / 02-3142-8407
등록번호 제 204-91-55459

ISBN 978-89-964173-9-2 13980

가격은 뒤표지에 있습니다.
잘못된 책은 바꾸어 드립니다.

11개 카테고리로 담아낸 제주의 모든 맛

제주맛집

우리는 먹으러 제주 간다

이담 · 채지형 지음

minimum

저자의 말

당신의 여행을 위한
나의 제주 사랑가歌

　세상이 변했다. 여행도 변했다. '보는 여행'보다 '맛보는 여행'을 찾는 이들이 가득이다. 나만 해도 그렇다. 여행지를 정하면, 책과 인터넷을 샅샅이 뒤져 맛집을 찾는다. 어떤 음식을 먹었느냐에 따라 여행 만족도는 요동친다. 너무 본능적이라 인정하긴 싫지만 어쩔 수 없다.

　꽃다운 이팔청춘, 내 첫 직장은 잡지사였다. 이 책을 함께 작업한 또 다른 저자는 그때 내 왼쪽에 앉아있던 선배다. 한참 기사를 쓰고 있는데, 선배가 출출한데 우동이나 한 그릇 하자고 했다. 우동을 먹으러 간 곳은 '만남의 광장' 휴게소였다. 우동은 고속도로 휴게소가 가장 맛있다나. 보헤미안 같은 선배는 얼마 후 제주로 내려갔다. 제주에서 만난 그는 제자리를 찾은 듯 행복해 보였다.

　그의 미소 뒤에 제주의 맛이 숨어있다는 것을 간파하고, 선배를 따라 제주맛집 탐험을 시작했다. 지글지글 소리만으로 침이 고이는 흑돼지로 출발한 제주 식탐 여행은 고기국수와 성게미역국, 자리물회를 거쳐, 갱이죽과 몸국, 각재기국으로 이어졌다. 급기야 그를 버리고 맛집이란 맛집은 죄다 쫓아다니기 시작했다. 회사에 사표를 낸 후에는 본격적으로 먹기 위해 제주에 내려가 터를 잡았다. 소박한 그릇에 담긴 화려한 맛. 먹고 또 먹다보니, '맛있다'고 표현했던 제주의 맛이 여러 결로 다가왔다. 제주음식에는 제주의 척박한 땅과 풍요로운 바다, 해녀의 강인한 삶과 아껴 쓰고 나눠 쓰는 조냥정신이 들어있었다. 제주 이민자들이 만들어낸 제주음식의 신세계도 나를 흥분시켰다. 싱싱한 재료와 신선한 레시피의 컬래버레이션. 제주에서만 가능한 실험들이 눈을 더욱 반짝이게 만들었다.

　제주에 석 달 머물며 하루 네 끼씩 먹으러 다닌 사이, 통장잔고는 0이 하나 빠져나갔고 몸무게는 5가 더해졌다. 어느 순간 맛집에 투자한 본전 생각에, 책을 써야겠다고 생각했다. 새 맛집을 다니느라 잔고가 채워지진 않겠지만, 제주음식 한 그릇에 위로받는 누군가가 있다면 그만한 즐거움이 어디 있으랴.

　'맛집' 하면 자다가도 벌떡 일어나는 당신, 맛있는 음식이 없으면 여행도 없다고 여기는 당신. 나의 '제주 사랑가歌'가 당신의 제주 여행을 더욱 맛있게 요리해줄 것이라 믿는다.

채 지 형

저자의 말

절대 다 알 수 없는
제주의 맛

　제주는 참 신기하다. 처음 제주에 내려와 살기 시작했을 때, 제주는 손바닥만한 섬이라고 생각했다. 그만했던 제주는 살면 살수록 점점 커져서 5년쯤 지나니까 서울만한 섬이 됐고 10년 쯤 되니 남한의 반 정도 크기로 커졌다. 그래서 제주를 돌아보는 데는 3박4일이면 충분하다고 생각했었는데, 그 기간이 1개월이 됐다가, 맘먹고 제주에 살기 시작하니 10년쯤 열심히 다니면 되겠다는 판단이 들었다. 하지만 지금은 잘 모르겠다. 내가 제주를 제대로 알 수 있는 날이 올지.

　사실 이 책은 한참 전에 나와야 했다. 그냥 유명한 제주도 맛집 몇 십 곳을 취재하면 될 일이었다. 그런데 그렇게 단순하게 못했다. 이때 채지형의 제안으로 공동으로 작업하기로 했다. 그것도 벌써 4년 전이다. 열심히 먹으면서 작업했지만 원고는 제대로 진행되지 않고 지지부진했다. 그러다가 미니멈출판사 허주영 대표가 합류했다. 허 대표는 제주 맛집 이야기와 원고를 접할 때마다 공복과 상관없는 허기로 분노하고 짜증냈다. 아마 허 대표의 분노와 짜증이 없었다면 이 책은 영원히 나오지 못했을지도 모른다. 그러던 차에 맛과 음식에 대해 단순히 식탐이라고 말할 수 없는 열정을 가진 편집디자이너 황윤정 씨의 애정 어린 손길이 더해지면서 작업에 활기가 붙었다.

　이 책에 나오는 거의 모든 음식은 다 제값 주고 사서 먹었다. 두세 번씩은 기본 곳이고, 수십 번을 간 식당도 많다. 식당 사장님과 눈인사는 해도 따로 원고를 위한 인터뷰를 하지는 않았다. 1kg에 30만 원 정도하는 다금바리라든가 1인당 10만 원이 넘는 비싼 식당은 갈 수가 없어서 원고로 쓰지 못한 곳이 몇 군데 있다. 최근 1~2년 사이에 새로 생긴 식당은 시간상 다 가볼 수 없었고 아직도 더 지켜봐야 하는 곳이 많아서 어쩔 수 없이 빠진 곳도 많다.

　책에 소개한 식당만이 제주에서 최고로 맛있다고 말하지 않는다. 정말 좋은 식당이지만 못 쓴 (안 쓴) 식당도 수두룩하고 아직 가보지 못한 맛있는 식당도 여기저기 숨어있다. 입맛도 제각각이고 취향도 다 다르니 어쩌면 우리가 소개한 식당에 실망할 수도 있을 것이다. 또 최근에 생긴 맛집은 책보다는 인터넷을 검색하는 게 더 빠르겠다. 그래도 차분히 제주의 맛을 상상하면서 책장을 넘겨보시길. 어느 날 제주 어느 식당 어느 테이블에서 밥을 먹고 있는 서로를 발견할 수도.

이 담

식당에 가기 전에

1 제주도 식당은 쉬는 날과 영업시간이 들쭉날쭉할 때가 많다. 미리 전화로 확인하거나 예약한 후에 움직여야 헛걸음하지 않는다.
2 신선한 현지 재료를 쓰는 특성상 영업시간이 남아있더라도 재료가 소진되면 더이상 영업을 하지 않으니 영업시간만 믿지 말고 방문 전에 확인전화를 하는 게 좋다.
3 제주도는 생각보다 넓다. 식당 찾아다니느라 온종일 길바닥에서 시간을 보낼 수 있으니 동선을 고려해서 식당을 정하는 것이 좋다.
4 언론이나 인터넷을 통해서 유명해진 식당은 줄을 서고 하염없이 기다려야 할 때가 많다. 그래도 반드시 먹어야겠다면 말리지 않겠지만 분명 그와 비슷하게 맛있으면서도 기다리지 않고 편안하게 식사할 수 있는 식당들이 있으니 항상 대안을 찾아보자.
5 제주 식당 중에는 골목 안에 있어 주차가 힘든 곳이 많다. 식당 바로 근처에 주차하느라고 빙빙 돌면서 고생하지 말고 주변 공공주차장이나 좀 멀게 주차한 후에 걸어 가는 게 더 낫다.
6 예전보다는 나아졌지만 아직도 무뚝뚝하게 응대하는 식당이 많다. 불친절해서가 아니라 제주 말투 때문일 경우가 많으니까 상처받지 말 것.

책을 읽기 전에

1 식당 정보는 2017년 10월 10일 현재의 정보다. 혹 변동되었을 수도 있으니 전화 정도는 해보는 것이 좋겠다.

2 본문 표기 가운데 현행 맞춤법에는 맞지 않으나 오래 써온 식당이름이나 거리이름은 그대로 썼다. ex)올래식당

3 본문 가운데 저자 이담이 쓴 원고는 그 말미에  를, 저자 채지형이 쓴 원고는 그 말미에 를 붙여 구분, 표시했다.

4 식당과 맛에 대한 이해를 돕고자 항목별 선호도를 만들었다. 비교적 여성이 더 좋아할 맛에는 〈아가씨〉 남성이 더 좋아할 맛에는 〈아저씨〉, 토속적인 정도가 덜한 맛은 〈여행자〉 토속적인 정도가 강한 맛은 〈생활자〉, 혼자나 소수가 가도 괜찮거나 더 좋은 식당은 〈개별〉 여럿이 갈수록 더 좋은 식당은 〈단체〉라는 항목으로 표시해두었다. 각각의 항목은 인포그래픽과 색으로 표시했으며, 선호 정도는 다섯 단계로 나누었다.

아가씨 ―――― 아저씨
여행자 ―――― 생활자
개별 ―――― 단체

5 술이나 차처럼 개인 취향의 성격이 강한 〈이색술집〉 〈빵집 & 카페〉 〈주전부리〉에는 항목별 선호도를 넣지 않았다.

제.주.맛.집 우리는 먹으러 제주 간다

저자의 말
당신의 여행을 위한 나의 제주 사랑가歌 | 채지형 004
절대 다 알 수 없는 제주의 맛 | 이담 005

식당에 가기 전에 006
책을 읽기 전에 007

CHAPTER 1
제주 식탁에서 일어나는 맛의 융합
뉴웨이브

Taste MAP 014
Taste STORY 015

소길역 아담한 일본식 샤브샤브 016
인디언키친 멋진 경치에서 즐기는 인도요리 018
카페 말 '게'스트하우스에서 맛보는 피자 019
미친부엌 제주식 이자카야 022
물꼬기 세련된 분위기에서 밥과 술을 024
East End 이스트 엔드 제주 동쪽 끝 서양식당 026
int 아이엔티 이거 먹어도 되나요?
　　　　　키보드와플과 마우스빵 028
톰톰카레 제주를 닮은 착한 카레 032
innisfree 이니스프리 오가닉카페
　　　　　차밭을 바라보며 제주 당근주스 한잔 034
웅스키친 아늑한 돌집에서 추억이 방울방울 036
RAJMAHAL 라지마할 제주에서 맛보는 인도 전통음식 038
제주슬로비 젊은 셰프들의 즐거운 실험 040
닐모리동동 제주의 하늘과 바다로 가득한 특별한 공간 042
BURGER TRIP 버거 트립
　　　　　제주에서 프리미엄 수제버거를 044
피자굽는 돌하르방 피자에 제주가 가득 046
신의한모 바다를 바라보며 맛보는 일본식 두부요리 048
hygge 후거 제주의 덴마크 레스토랑 050
아일랜드 포소랑 제주에서도 베트남쌀국수를 맘껏 먹을 수 있다 052
하노이안 브라더스 제주에서 만나는 본격 베트남요리 054

CHAPTER 2
그 푸짐함의 아름다움
돼지고기

Taste MAP 058
Taste STORY 060

천짓골식당 돔베 위에 펼쳐진 순수 돼지의 맛 062
지나치면 후회할 그집 | 신설오름 · 호근동 066
알수록 맛있는 정보 | 제주 잔칫집의 꽃, 돔베고기 067
광동식당 푸짐하고 맛있는 돼지두루치기 068
지나치면 후회할 그집 | 가시식당 · 용이식당 071
나목도식당 숙성하지 않은 돼지 생고기의 원초적인 맛 072
도새기샤브마을 담백한 돼지고기를 샤브샤브로 즐기다 075
지나치면 후회할 그집 | 조박사샤브샤브 · 그디 077
돈사돈 두툼한 두께에 반해버린 근고기 한 판 078
칠돈가 고기 맛은 기본, 김치찌개도 맛있다 080
지나치면 후회할 그집 | 돈대표 · 춤추는오병장의돼지꿈 081
해오름 흑돼지특수부위왕꼬치 하나면 끝 082
흑돈가 흑돼지로 전국을 평정하는 집 084
늘봄흑돼지 가게도 넓고 고기도 좋고 085
솔지식당 푸짐하고 평화로운 동네 고깃집 086
명리동식당 시골에서 먹는 자투리고기 088
정낭갈비 이불처럼 펼쳐진 양념갈비의 충격 089
지나치면 후회할 그집 | 혼섬갈비 · 서울식당 091

CHAPTER 3

제주의 속살을 맛보다
토속음식

Taste MAP 094
Taste STORY 096

시흥해녀의집 조개죽이 맛있는 098
도두해녀의집 새콤달콤 한치물회 099
지나치면 후회할 그집 | 함덕잠녀해녀촌·경미휴게소 100
보성시장 개성 만점 순댓국 집이 모인 골목 101
광명식당 담백하면서도 원초적인 제주 순대의 맛 102
쌔맹식당 제주 정식집의 대표선수 104
용왕난드르 용왕님도 좋아하는 보말수제비 106
신설오름 몸과 마음을 따뜻하게 해주는 몸국 108
지나치면 후회할 그집 | 김희선몸국·어머니몸국 111
우진해장국
따뜻한 고사리육개장에 마음까지 느긋해지는 112
이여도산아횟집
한 그릇에 활어 한 마리씩, 우럭매운탕 114
정성듬뿍 제주국
김이 모락모락 정성이 모락모락 시원한 장대국 116
화순 중앙식당 제주 시골의 맛 118
지나치면 후회할 그집 | 네거리식당 119
한라식당 제주 공무원의 속을 책임져온 생선국 120
지나치면 후회할 그집 | 표선 어촌식당·앞뱅디식당 121
돌하르방식당 각재기국 하나로 제주 식객 평정 122
대도식당 메밀복국을 맛볼 수 있는 곳 124
화성식당 지친 몸과 영혼을 위로해주는 접짝뼈국 126
물꾸럭식당 따끈하게 고소하게 아나고탕 128
동귀포구식당 탱글탱글한 복과 칼칼한 국물의 복김치탕 130
두루두루 마농과 콩의 하모니, 객주리조림 132
삼보식당 오분작의 맛을 추억하게 하는 해물뚝배기 134
지나치면 후회할 그집 | 보건식당 135
수희식당 25년 정통을 자랑하는 토속음식점 136

CHAPTER 4

깊고 진하고 싸고 넉넉한
국수

Taste MAP 140
Taste STORY 142

자매국수 최고의 인기 국숫집 146
골막식당 고기국수의 원조집 148
올래국수 신제주 고기국수의 강자 150
고향생각 서귀포 고기국수의 명가 152
바당국수 서귀포 주당은 다 이곳으로 모인다 154
남춘식당 김밥과 콩국수도 별미인 국숫집 156
국수마당 확장 이전에도 이후에도 사랑받는 집 157
국수만찬 도민이 좋아하는 국숫집 158
산방식당 밀면의 전국구 식당 160
영해식당 밀면의 숨은 강자 163
지나치면 후회할 그집 | 일성식당·하르방밀면·관촌밀면 164
선흘 방주할머니식당 할머니가 생각나는 콩국수 166
춘자국수 단순하지만 맛있는 멸치국수 169
해녀촌 가벼운 마음으로 회국수 한 접시 뚝딱 170
산고을손칼국수 제주 최고의 손칼국수 172
명동손칼국수 김밥과 함께 먹는 칼국수 173
대광식당 제주에서 함흥냉면과 평양냉면 먹기 174
지나치면 후회할 그집 | 함흥면옥 175
비자림 꿩메밀손칼국수 뜨거운 제주의 맛 176
돈물국수 가슴이 따뜻해지는 맛 178

CHAPTER 5
진짜 바다 것들의 향연
해산물

Taste MAP 182
Taste STORY 183

어진이네횟집 제주의 여름을 책임지는 자리물회 184
항구식당 모슬포에서 가장 유명한 식당 187
알수록 맛있는 정보 | 제주에서라야 진가가 발휘되는 자리돔 188
모슬포해안도로식당 고등어회의 신세계 190
지나치면 후회할 집 | 만선식당·만선바다횟집·
보목해녀의집·순옥이네명가 192
물항식당 무미한 듯 고급스러운 갈치회 194
오로섬 압도적인 크기의 통갈치구이 196
마라도횟집 방어의 열풍을 이끌다 198
백선횟집 제주도민이 사랑하는 곳 200
지나치면 후회할 집 | 모살물 201
쌍둥이횟집 가족이 함께 가기 좋은 집 202
지나치면 후회할 집 | 죽림횟집 203
동문시장 수산물코너 회를 잘 몰라도
싸고 편하고 다양하게 204
한두기횟집촌 여름의 호사 한치회 205
어우늘 전복의 재발견 206
용담골 돼지고기와 묵은지를 함께, 전복삼합 209
명진전복 아름다운 전복돌솥밥 한 그릇 210
스시황 초밥이 먹고 싶다 211
스시도모다찌 제주 회전초밥 집의 대표주자 212
지나치면 후회할 집 | 황금손가락·오연 213
알수록 맛있는 정보 | 1년 내내 풍성한 제주 바다,
제철 해산물 214
솔참치 제주에서 웬 참치? 216
각지불 산속에서 먹는 해물찜 218
삼성혈해물탕 해산물 가득, 시원하고 구수한 220
해물다우정 칼칼하면서도 시원한 맛 222
오래옥식당 어마어마한 동태탕 223
슬기식당 하루 딱 네 시간만 열리는 몰입의 맛 224

CHAPTER 6
온통 술안주만 있는 제주에서의
국물 한 그릇
국밥

Taste MAP 228
Taste STORY 229

미풍해장국 제주식 소고기해장국의 대부 230
백성원해장국 깔끔하면서도 깊은 신세대 해장국 232
은희네해장국 강렬하고 진한 국물이 시원하다 233
모이세해장국 제주 해장국의 전통 맛집 234
지나치면 후회할 집 | 이가네일품해장국·대춘식당 235
곰해장국 고소하고 깊은 맛의 곰탕 236
잉꼬식당 최고의 소내장탕을 맛보다 237
가품 다양한 육개장을 구비해놓은 식당 238
연동본가 왕갈비의 위엄 240
알수록 맛있는 정보 | 진정한 만능소스, 제주 어간장 241

CHAPTER 7
중식을 사랑하는 당신, 제주로
중국음식

Taste MAP 244
Taste STORY 245

마라도짜장면 우리나라 최남단에서 맛보는 톳짜장면 246
보영반점 아이디어가 만든 간짬뽕 248
만강홍 편안하고 익숙한 맛 250
중문 덕성원 어떻게 먹어도 맛있는 탕수육 251
사해방 제주에만 있는 흑돼지짜장면 252
임성반점 불 맛과 시원한 국물의 해장짬뽕 254
제주 칼호텔 중식당 심향 우아하게 격식 있게 255
중국집 포포 제주 동쪽 마을 세련된 중국집 256
칭따오 객잔 중국식 술안주가 그리울 때 258
대구반점 추억의 중국집 259

CHAPTER 8
제주에 돼지만 있는 것은 아니다
기타 고기

Taste MAP 262
Taste STORY 263

성미가든 삼다수 마을에서 맛보는 닭샤브샤브 264
비원 제주 삼계탕의 대표선수 266
지나치면 후회할 그집 | 자양삼계탕 267
알수록 맛있는 정보 | 푸짐한 매력, 시장통닭 268
서문시장 제주에서 소고기를 먹고 싶다면 270
서귀포흑한우명품관 꽃처럼 아름다운 육사시미 272
흑소랑 제주흑우를 먹을 수 있는 곳 274
서귀포목хо 맛으로 즐기는 '고수목마' 276

CHAPTER 9
제주라서 더욱 필요한 한잔
이색 술집

Taste MAP 280
Taste STORY 281

닻 우리 동네로 옮겨오고 싶은 술집 282
HUCKLEBERRY FINN 허클베리핀 제주의 본격 칵테일 바 284
LED-ZEPPELIN 레드제플린 갈 곳 잃은 영혼을 위한 LP 바 285
로즈마린 섬사람들의 아지트 286
데코보코 친절하지 않지만 끌리는 술집 288
부가네얼큰이 매운맛이 생각날 때 290
알수록 맛있는 정보 | 제주에서 즐기는 수제맥주 292

CHAPTER 10
빵빵하게 향긋하게
빵집 & 카페

Taste MAP 296
Taste STORY 297

Le escargot 에스카르고
　　　　맛은 국가대표 가격은 동네 빵집 298
BOHEME 보엠 '백록담 시크릿'을 아시나요? 300
Maison de Petit Four 메종 드 쁘띠 푸르
　　　　창의력 넘치는 디저트 나라 302
cafe 그곳 수줍은 부부를 만나러 가는 304
LAZYBOX 레이지박스 이곳에서는 좀 게을러도 돼 306
à la papa 아라파파 한가롭게 즐기는 오후의 행복 309
Anthracite 엔트러사이트 전문공장의 화려한 변신 310
Stay with Coffee 스테이 위드 커피
　　　　최남단에서 커피 볶는 집 313
서연의 집 공간과 추억을 먹으러 가는 314
유동커피 서귀포에서 맛보는 스페셜티 커피 316

CHAPTER 11
산해진미 넘쳐나도 절대 포기할 수 없는
주전부리

Taste MAP 320
Taste STORY 320

오는정김밥 김밥으로 제주 평정 322
인화제과 찐빵 하나로 승부한다 323
알수록 맛있는 정보 | 떡볶이 종합선물세트 모닥치기 324
우정회센타 머리부터 꼬리까지! 꽁치김밥 326
알수록 맛있는 정보 | 차조로 만든 제주 대표 영양간식 오메기떡 327
옛날팥죽 멀리 하동에서 제주로 이사 온 328
하우스 레서피 당근의 맛과 삶의 지혜 330
알수록 맛있는 정보 | 제주를 대표하는 음식유산 빙떡 332
　　　　깜찍한 외모에 반했다 돌하르방빵 333
신촌 덕인당 3대째 보리빵 만들기 334
숙이네 보리빵 엄마의 손맛으로 만든 건강함 335
알수록 맛있는 정보 | 하나만 먹어도 든든, 견과류 가득 올레꿀빵 336
　　　　껍질째 먹어도 고소한 우도 땅콩 337
　　　　차귀도의 명품 쫀득쫀득 한치 338

Taste INDEX 339

CHAPTER 1
-
제주 식탁에서 일어나는 맛의 융합

뉴웨이브

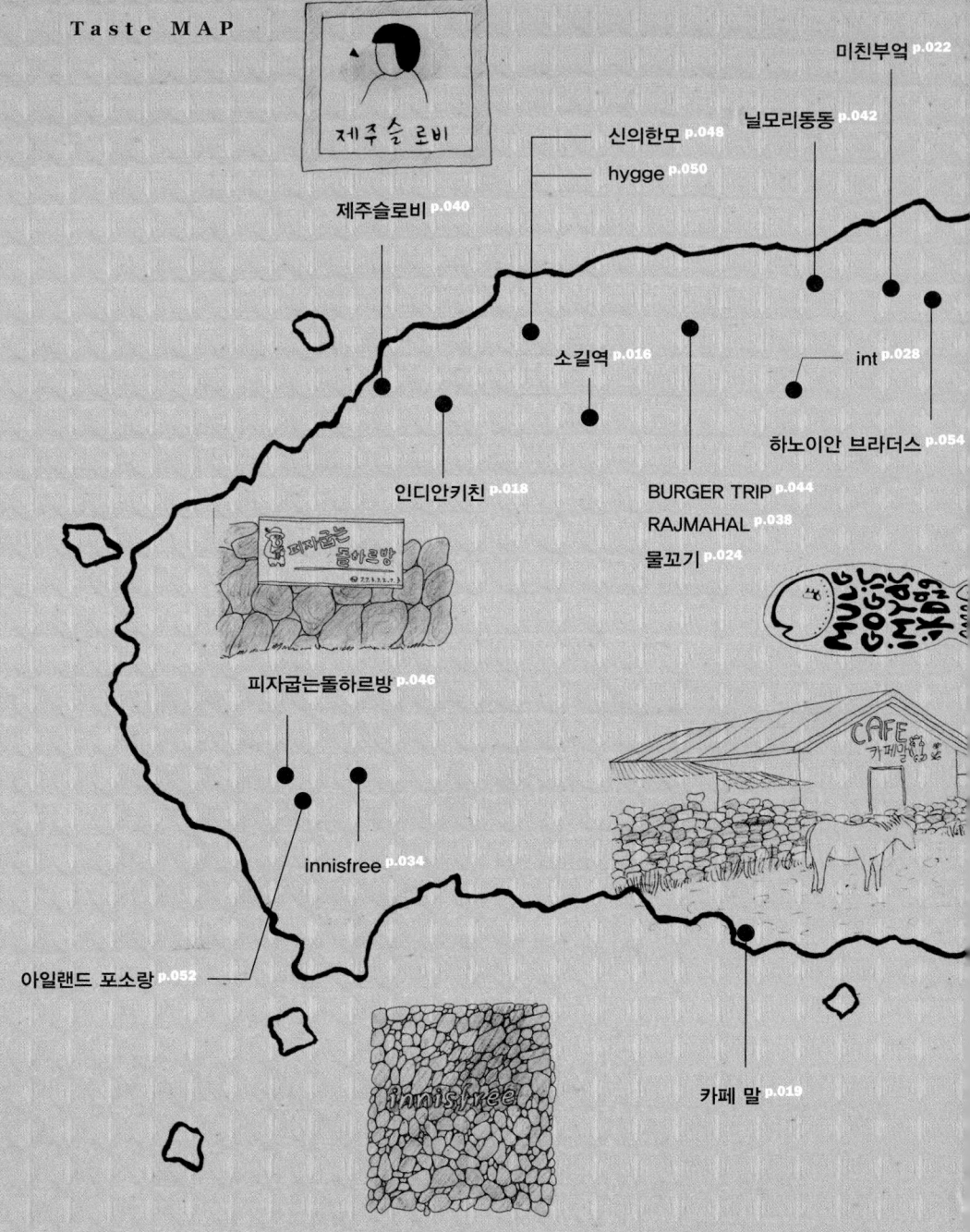

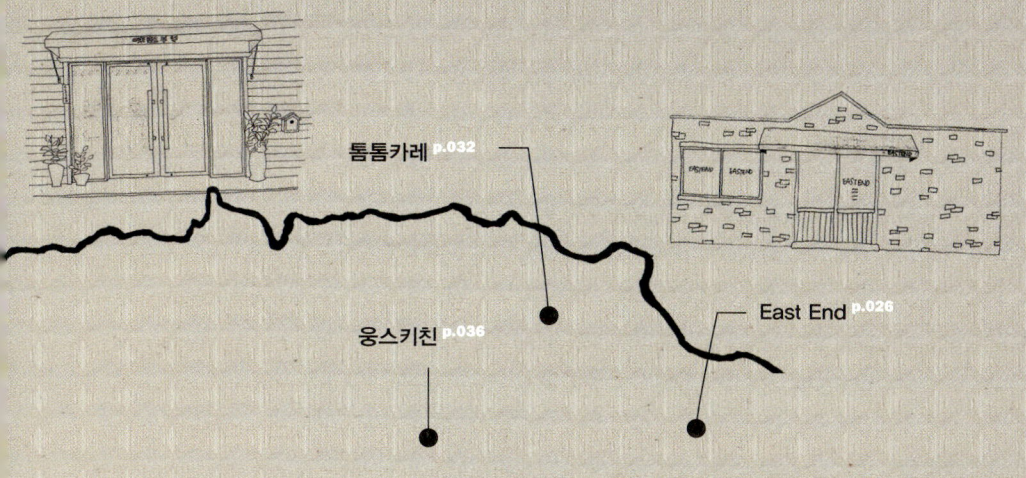

Taste STORY

　제주의 맛 지도는 변하고 있다. 매년 간판이 바뀌는 홍대만큼이나 빠르다. 그 속도의 중심에 제주 이민자들이 있다. 도시의 삶에 지친 이들이 숨 쉴 곳을 찾아 제주로 몰리고 있다. 한 달 살려고 왔다 일 년을 보내고, 그러다 아예 제주에 터를 잡는다. '말은 나면 제주로 보내고 사람은 나면 서울로 보내라'는 말은 그야말로 옛말이다.

　사람이 오면 문화도 따라온다. 된장이 기본인 제주음식에 고추장과 짭조름한 간이 들어간 것은 제주로 시집온 전라도 여인들의 영향이 적지 않다. 제주의 말도 고려말 몽고 사람들에게서 비롯되었다. 육지에서 날아간 이민자들도 새로운 바람을 일으키고 있다. 제주의 신선한 식재료로 파스타를 만들고 짬뽕을 낸다. 육지음식과 모양이 비슷해 친숙하나 재료가 달라 맛이 신선하다. 제주 식탁에 융합이 시작되고 있는 것이다.

　식당 분위기도 재미있다. 이민자들의 식당은 대부분 그림 같은 풍경을 배경으로 하거나 돌담 하나쯤 걸치고 있다. 오히려 제주 전통식당보다도 더 제주스러움을 강조한다. 제주 전통식당 주인장들이 매일 지겹게 보아온 제주 풍경이 이민자에게는 더없이 매력적으로 다가왔을 터. 이민자들은 일 년에 제주를 한 번 찾을까 말까한 제주 여행자와 눈높이가 비슷하다. 그러니 여행자들이 환호성을 지를 수밖에. 여기에 아기자기한 소품과 자잘한 스토리는 덤이다. 주인장 하나하나 이야기 없는 집이 없다. 이야기에 빠지면, 음식 맛은 더 진해진다. 제주의 새로운 바람에 자꾸 눈길이 가는 이유다.

소길역

아담한 일본식
샤브샤브

INFO

ADD 제주시 애월읍 소길2길 53
TEL 010-4197-6763
TIME 11:30~14:00, 17:30~20:00
OFF 1일, 11일, 21일, 31일

아가씨 ━━━ 아저씨
여행자 ━━━ 생활자
개별 ━━━ 단체

기차가 다니지 않는 제주도에 기차역이 하나 있다. '효리네 민박'으로 유명해진 소길리에 있는 '소길역'이다. 오랜 일본 생활을 접고 제주에 정착한 주인장은 기차가 없는 제주에 기차역을 하나 세우고 혼자서도 먹기 편한 샤브샤브와 스키야키 그리고 덮밥을 내준다. 주인장의 목소리 또한 시원시원하고 유쾌하다. 혼자 식사하러 가도 어느새 단골이 되어 있는 자신을 발견할 수 있다. 중산간 한적한 마을에 있는 이곳 소길역은 그래서 제주 혼밥의 명소가 되었다.

내비게이션을 켜고 달리다가 중산간 마을 소길리로 들어가면 언덕 위에 오렌지색 지붕의 소길역을 볼 수 있다. 참 조용한 마을이다. 소길댁 이효리만 아니었다면 이곳 이름이 이렇게 익숙해질 일은 없었을 것이다. 소길역 테라스와 마당에는 예쁜 꽃이 한껏 미모를 자랑하고 있다. 아기자기한 주인장의 손길이 느껴진다. 소길역 안에 들어가면 아담한 바만 있는 식당이 나온다. 모두 열 석 정도밖에 되지 않는 자그마한 식당이다. 건물 크기에 비해서 식당은 작다. 안쪽 공간은 집으로 쓰고 나머지 작은 공간을 식당으로 꾸몄기 때문이다.

이곳 소길역의 메뉴는 일본식 샤브샤브와 스키야키, 스테이크와 덮밥 등이다. 여름에는 시원한 메밀국수가 계절메뉴로 추가된다. 보통은 혼자서 먹기

샤브샤브나 스키야키 등
혼자 먹기 힘든 메뉴를 혼자서 즐길 수 있다.

힘든 메뉴들이지만 여기서는 당당하게 혼밥과 혼술을 즐길 수 있다. 샤브샤브를 시키면 도시락 찬합 같은 그릇에 각종 채소와 버섯, 그리고 고기가 예쁘게 디스플레이되어 나온다. 고기는 주문 받은 즉시 썰어서 나온다. 샤브샤브 육수 역시 개인용 종이냄비에 나온다. 여럿이 오든 혼자 오든 완벽한 개인상이다.

육수가 끓기 시작하면 원하는 대로 재료를 넣고 익혀서 먹으면 된다. 처음 나온 양을 보면 좀 적어 보이는데 먹다보면 어느새 배가 불러온다. 그런데 여기에 우동과 죽까지 먹으면 그야말로 배가 빵빵해진다. 누군가 운전해줄 사람만 있다면 편하게 맥주라도 한잔 곁들이고 싶다. 주인장의 수다는 기분 좋은 양념이다. 특이하게 1자가 붙는 날이 휴무일이다. 제주에서는 식당 휴무일을 잊어버려서 헛걸음할 때가 많은데 소길역 휴무일은 잊어먹지 않겠다.

양이 좀 적어 보이지만 막상 먹어보면 결코 적지 않은 양이다. 거기다 우동과 죽까지 더해지니 아주 든든하다.

인디언키친

멋진 경치에서 즐기는 인도요리

INFO
ADD 제주시 애월읍 애원로 191
TEL 064-799-5859
TIME 11:30~22:00
OFF 월요일

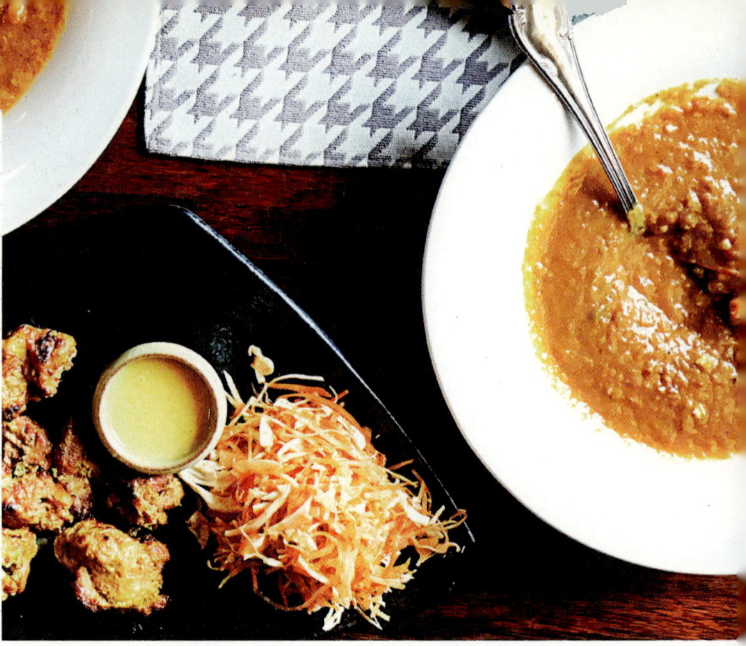

다양한 세계음식이 다소 부족한 제주에서 인디언키친은 제대로 즐길 수 있는 인도음식점이다. 애월 바닷가에서 조금 위쪽으로 올라가면 상가리가 나오는데 그곳 넓은 공간을 바그다드하우스 펜션과 정원 그리고 식당으로 꾸몄다. 멀리 바다가 보이고 뒤를 돌면 한라산이 보이는 곳, 넓은 정원에는 정성스레 각종 화초와 허브가 자라고 있다.

인디언키친이라는 다소 밋밋한 이름이지만 식당 안으로 들어가면 이국적인 공간이 나온다. 예전 제주시내에서 인도음식점을 운영하던 소보 씨가 이곳으로 옮겨와서 꽤 오랜 시간 정성을 다해 꾸몄다. 전통 인도음식점을 표방하고 있으면서도 제주산 식재료를 적극적으로 사용하는 것이 특색이다. 일반 인도음식점을 생각하면 되는데 가격에 비해 양이 넉넉해서 푸짐한 느낌이다. 기본적인 메뉴 모두 만족스럽지만 다른 곳에서 먹기 힘든 양고기꼬치는 넉넉하고 풍요로운 느낌이다. 양도 많아서 결국 남은 걸 포장해서 그날 저녁때까지 즐길 수 있었다. 무엇보다 난이 무척 맛있다. 가장 기본적인 요리지만 난에 만족하는 것은 정말 오랜만이었다. 전복커리는 부드럽고 포근한 느낌이었고, 왕새우커리도 새우의 독특한 향을 즐길 수 있었다. 식사를 마친 후 정원을 산책하면서 제주의 풍광을 느긋하게 즐길 수 있는 것은 덤이다.

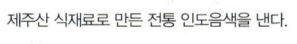

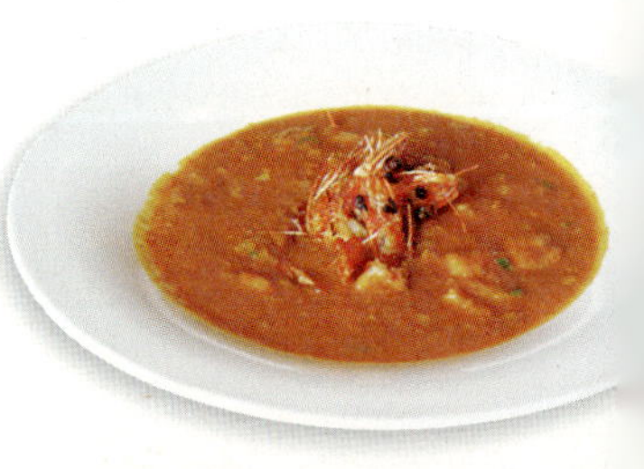

제주산 식재료로 만든 전통 인도음색을 낸다.

카페 말

'개'스트하우스에서
맛보는 피자

INFO

ADD 서귀포시 이어도로 450
TEL 070-8839-9397,
064-738-9397, 010-3158-9397
TIME 11:30~20:00
OFF 화요일

뒷마당 텃밭에서 키운 싱싱한 루콜라가 듬뿍 올라간 피자.
제주산 치즈와 재료로 만든다.

제주도 아래쪽 서귀포 월평에 가다보면, 넓은 마당이 매력적인 공간이 나타난다. 그곳에 가면 간판을 잘 봐야 한다. '게스트하우스'가 아니라 '개'스트하우스다. 개와 고양이, 말을 비롯해 반려동물과 여행하는 이들을 위한 특별한 숙소다. 맛 이야기하는 곳에서 갑자기 숙소 이야기를 하는 이유는, 카페 말이 '말 게스트하우스' 소속이기 때문이다.

말 게스트하우스와 카페 말의 주인장 권영애 씨는 버스에 말을 태우고 전국일주를 한 놀라운 이력을 가지고 있다. 물론 버스는 말을 태우기 위해 샀고, 말이 살 수 있도록 개조했다. 말을 사랑하는 물론 개와 고양이도 애정하겠지만 그가 말과 함께 정착한 곳이 서귀포시 월평이다. 자그마한 체구의 그는 쓰러져가는 공장건물을 사서 직접 뜯고 달고 붙이고 칠했다. 자신처럼 반려동물을 사랑하는 이들이 제주를 여행할 때 도움을 줄 수 있는 '개'스트하우스를 만들기 위해서였다.

카페 말의 주인장 영애 씨는 버스를 개조해서 말과 함께
전국일주를 하고 서귀포 월평에 게스트하우스와 카페를
열었다.

카페 말의 우영밭과 그곳에서 난 야채로 만든 샐러드.

카페 말에는 진짜 '말'이 있다. 이름은 '포비.' 금발이다. 위풍당당하게 카페 말을 지키고 있다. 카페 말에는 강아지와 고양이도 있다. 손님이 오면 멀리서부터 꼬리를 흔들며 달려오는 반과 비주얼을 담당하는 론이 함께 살고 있다.

겉에서 보면 커다란 시멘트 창고 같은데, 안으로 들어가면 홍대의 어느 핫한 소품가게에 들어온 것 같다. 부조화가 주는 묘한 매력이 구석구석에 숨어있다. 높은 천장에는 채광이 들어오도록 구멍이 뚫려 있고, 곳곳에는 바다와 들에서 가져온 소품이 자리하고 있다. 공간과 주인장 스토리가 재미있어 주문하는 것도 잊을 정도다.

카페 말의 주 메뉴는 피자와 파스타 그리고 스테이크다. 이탈리언 음식이지만 재료는 토종이다. 치즈는 제주산 치즈, 해산물파스타에 올라가는 해산물은 딱새우, 차는 우도 국화차를 쓴다. 여러 채소로 이루어진 샐러드의 원산지는 카페 말의 앞마당과 뒷마당. 리얼 가든 샐러드다.

개스트하우스 & 카페 말의 마스코트 '포비'가 마당에서 놀고 있다. 주인장 영애 씨와 함께 전국을 함께 돌아다닌 여행의 베테랑이다.

루콜라피자를 주문했더니, 루콜라가 듬뿍 담긴 피자가 등장했다. 서울에서 루콜라피자를 먹을 때마다 루콜라가 조금 더 있었으면 했는데, 이렇게 루콜라가 많이 담긴 피자는 처음이었다. 그래서 루콜라는 어디에서 사오느냐고 물었더니, '뒷마당에 가득 있어요'라는 주인장의 발랄한 답이 돌아왔다. 벌떡 일어나서 뒷마당에 나가보니, 루콜라가 정말 씩씩하게 자라고 있었다. 문득 여기가 제주구나, 싶었다. 제주에서는 채소를 작은 텃밭에서 직접 키워서 먹는다던데, 이런 느낌이겠구나.

넉넉한 루콜라로 맛있는 피자를 맛보고나니 디저트가 기다리고 있었다. 요구르트 위에 감귤 말린 것을 올린 디저트. 달달함과 담백함이 섞여 기분 좋은 마무리를 안겨줬다. 카페 말의 요리사들은 주인장만큼이나 도전적이다. 독특한 식감과 예쁜 빨간색을 자랑하는 비트로 새로운 디저트를 만들고 있다니, 새로운 맛을 느끼러 다시 한번 가봐야겠다.

미친부엌

제주식 이자카야

INFO

ADD 제주시 중앙로3길 4 1층
TEL 064-721-6382
TIME 17:30~24:00
OFF 월요일

맛 미味 친한 친親, 맛에 친하다는 뜻의 미친부엌의 요리는 정성이 느껴진다. 직접 튀긴 새우튀김은 저절로 맥주를 부른다.

제주의 중심 칠성통 안쪽에 새로운 식당 하나가 자리 잡았다. 제주 식재료로 일본식 요리를 만드는 미친부엌이 그곳이다. 오해는 마시라. 맛 미味 친한 친親, 맛에 친하다는 뜻이다.

좁은 골목을 따라 들어가니 파란색 입간판이 '드루와'라며 손짓한다. 외벽을 채운 새파란 페인트 색 덕분에 산뜻한 기분이 든다. 문을 열고 들어가니 서너 개 정도 되는 테이블에 사람이 가득하다.

요리하는 모습을 볼 수 있는 바에 자리를 잡았다. 선택의 여지가 많지는 않았지만, 공오빠 차슈와 도미머리조림 등 호기심이 가는 메뉴가 대부분이라 쉽게 선택할 수가 없었다. 결국 가장 궁금한 메뉴로 결정. 씩씩하게 음식을 먹는 만화 주인공 고로가 떠올라 스쳐 고독한 미식가 세트를 주문했다. 미친부엌의 간판메뉴인 짬뽕과 치킨가라아게, 사시미 4종에 맥주 500cc가 포함된 메뉴다. 작명 센스에 미소 짓고 맥주를 포함한 구성 센스에 웃음이 터졌다.

요리사가 음식을 준비하는 동안, 서비스 메뉴로 작은 새우튀김이 나왔다. 고소하게 막 튀겨져 튀김으로 가는 손이 멈추질 않았다. 먼저 나온 것은 사시미 4종.

밖에서 바라보는 미친부엌의 실내는 즐겁고 따뜻해 보인다. 하지만 시간을 못 맞춰서 가면 밖에서 하염없이 기다려야 한다.

일본 스타일로 아기자기하게 등장했다. 눈으로 즐기고 다음에는 혀로 음미. 고독한 미식가 세트의 메인메뉴는 짬뽕이었다. 매운짬뽕과 크림짬뽕 중에 고를 수 있는데, 어떤 맛이 나올지 궁금해서 크림짬뽕을 선택했다. 겉으로 보기에는 국물이 하얀 나가사키짬뽕처럼 생겼지만, 막상 맛을 보니 국물 많은 크림스파게티 같았다. 국물 많은 크림스파게티라면 상상만으로도 느끼함이 올라오는 이들이 있겠지만, 의외로 느끼하진 않았다. 중국요리처럼 불 맛이 살아있었다. 그리고 청양고추를 넣고 고추기름을 뿌려, 부드러운 크림 맛 사이에 살짝 매콤한 맛이 올라왔다. 면은 일본 라멘에서 사용하는 면을 넣었다. 맛도 맛이지만 분위기가 편안했다. 슬리퍼 신고 나와 친구와 맥주 한잔하기 좋은 선술집 분위기다. 아이들이 좋아할만한 함박스테이크 메뉴도 있지만, 오후 5시에 열어 새벽 12시에 닫기 때문에 주로 한잔하는 어른들이 찾는다.

궁금증과 민생고를 함께 해결하고나니, 요리사의 손길이 눈에 들어왔다. 작품을 만드는 예술가처럼, 알록달록한 접시 위에 심혈을 기울여 음식을 놓고 있었다. 안쪽 주방에서는 다른 요리사가 커다란 웍을 이리저리 흔들며 분주하게 움직이고 있었다. '공오빠 차슈'를 만드는 공건아요리사는 일본에서 사케를 공부하고 홍대 이자카야 카덴에서 내공을 쌓은 후 제주에 내려왔다. 지인 소개로 지금 자리를 소개받고 미친부엌을 오픈하게 되었다고. 제주 이민자 중 사연 없는 이가 없겠지만, 미친부엌 역시 몇 번의 고비를 넘고 돛을 올리게 된 음식점이다. 미친부엌이 만들어낼 계속되는 새로움이 기대된다.

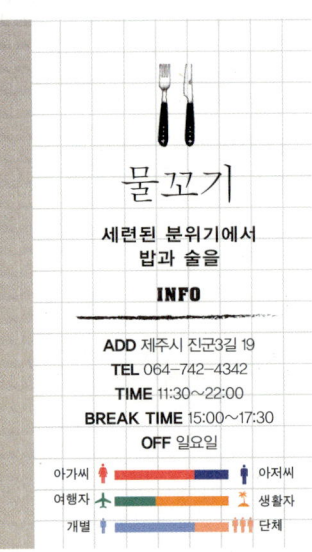

물꼬기

세련된 분위기에서
밥과 술을

INFO

ADD 제주시 진군3길 19
TEL 064-742-4342
TIME 11:30~22:00
BREAK TIME 15:00~17:30
OFF 일요일

아가씨 / 아저씨
여행자 / 생활자
개별 / 단체

제주에서 세련되고 쾌적한 분위기에서 맛있는 식사와 간단한 술을 즐기고 싶다면? 그렇다면 노형동 골목에 있는 밥집 물꼬기를 찾아가면 된다. 별다른 게 있을 것 같지 않은 주택가 골목길로 들어가면 귀엽게 생긴 물꼬기 간판이 보인다. 디자인 감각이 물씬 풍기는 물꼬기는 제주 젊은이들에게는 사랑방 같은 곳이다.

예전에는 새벽까지 맛있는 안주와 술이 있었던 곳이었는데 2016년 초부터 술과 함께 양식과 일식과 한식이 결합된 스타일의 1인 밥상이 나오는 공간으로 변신했다. 술을 마시기 위해서 먹는 것이 아니라 맛있는 밥에 곁들이는 맥주 한잔이라는 콘셉트다.

함박스테이크, 카레돈가스, 연어덮밥, 제주소라밥 등이 1인상으로 나오는데 하나같이 정성이 들어간 맛이다. 여름에는 뜨겁게 튀긴 돈가스에 각종 야채와 차갑게 얼린 시원한 소스를 얹어주는 아이스돈가스도 별미. 상상으로는 이상했는데 막상 먹어보니 차가운 얼

맛있는 밥집으로 변신한 물꼬기의 대표메뉴인 함박스테이크. 왜 함박스테이크에서 어머니가 해준 음식 맛이 나는 걸까?

음소스와 돈가스, 야채의 결합이 의외로 신선하고 맛있어서 깜짝 놀랐다. 가격도 8000원에서 1만 원으로 부담이 없다.
적당한 음악이 흐르고 공간은 쾌적하다. 벽에 걸려있는 커다란 포스터는 디자인을 전공한 주인장이 작업한 것이다. 주방을 책임지고 있는 어머님의 포스터는 이제 물꼬기의 상징처럼 되었다. 공간 곳곳에는 물고기 모양의 등이나 장식품, 낚시하는 인형 등으로 장식되어 있고, 바 위에는 주인장의 취향을 보여주는 피규어가 모여 있다. 모두 주인장의 작품인데 하나하나 애정이 담겨있어서 보는 이도 즐겁다. 심지어는 병따개도 물고기 모양으로 만들었다!
주력을 밥상으로 바꾸었지만 안주도 깔끔하고 맛있다. 직접 고기를 다져서 부드러우면서도 씹는 맛이 좋은 함박스테이크, 연어롤샐러드도 좋고, 제주의 소라를 이용한 제주소라샐러드도 추천메뉴. 모두 다 저절로 맥주를 생각나게 하는 음식이다. 또 1인 메뉴는 도시락 포장도 가능하니 도시락으로 준비해서 멋진 경치에서 식사를 즐겨도 좋겠다. 숨어있는 오아시스 같은 곳이다.

상상만으로는 알 수 없는 아이스돈가스 뜨거운 돈가스 튀김과 차가운 얼음소스, 그리고 야채의 조화가 눈이 번쩍 뜨일 정도로 훌륭하다.

East End
이스트엔드

제주 동쪽 끝 서양식당

INFO

ADD 제주시 구좌읍 종달로1길 123
TEL 064-782-3357
TIME 12:00~14:30
OFF 수요일 저녁, 목요일

아가씨 ■■■■■ 아저씨
여행자 ■■■■■ 생활자
개별   ■■■■■ 단체

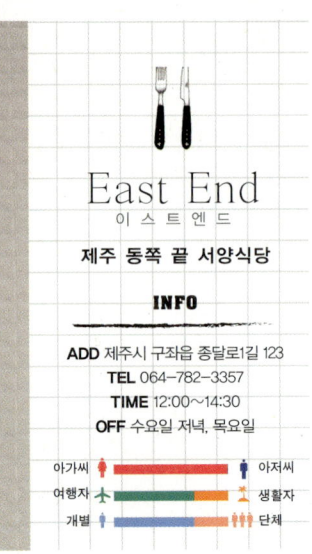

사랑하는 사람이 생기면 꼭 하고 싶은 일이 있다. 전화를 들어 종달리에 있는 이스트 엔드East End를 예약하는 것이다. 파도가 철썩이는 제주 동쪽 끝에 있는 비스트로, 이스트 엔드. 돌담을 가진 가정집 사이에 생뚱맞게 자리하고 있는 이곳을 이토록 애정하게 될 줄 몰랐다.

처음에는 예약을 해야 밥을 먹을 수 있다는 말에, 까다롭다 싶었다. 가보고 알았다. 테이블이 겨우 네 개인데다 메뉴는 정식 몇 가지뿐이었다. 그제야 예약이 아니고서는 이 아름다운 식당이 유지되기 힘들다는 것을 알게 되었다.

인테리어는 소박하다. 특별한 소품은 없지만, 구석구석에 마음 가는 것이 있다. 티슈를 고정한 조개껍데기는 바닷가의 감성을 느끼게 해준다. 새하얀 테이블보는 마음을 차분하게 해주고, 그 위에 얌전하게 놓인 테이블웨어는 음식에 기대감을 불러일으킨다. 여기서는 정말 소중한 식사를 할 수 있을 것 같은 느낌이다.

이스트 엔드 메뉴는 한 달에 한 번씩 바뀐다. 딱새우

제주도 동쪽 끝, 종달리에 자리잡은 서양음식점 이스트 엔드.
소박하면서도 편안한 이 식당을 이용하기 위해서는 예약이 필수다.

를 비롯해 대부분 제주 식재료를 이용한다. 사시사철 제주의 자연이 다른 식재료를 만들어내기 때문에 메뉴가 조금씩 바뀌지만, 대표메뉴는 있다. 돼지목살을 이용한 스테이크. 음식은 샐러드부터 스튜, 메인요리가 천천히 나왔다. 샐러드에는 신선한 치즈가 잔뜩 들어있고, 딱새우는 정갈하게 요리되어 있었다. 음식이 바뀔 때마다 테이블웨어를 다른 것으로 갈아줬다. '설거지하기 힘들 텐데'라는 마음이 들었지만, 다른 곳에서 받지 못한 손님대접을 제대로 받는 것 같아 좋기도 했다.

디저트는 예상대로 깔끔하고 예뻤다. 작고 착한 식당에서 제대로 한 식사. 제주 시골의 자그마한 테이블에서 한 식사였지만 기분은 프랑스 고성의 아름다운 식당에서 먹는 것 이상이었다.

이스트 엔드의 돼지목살스테이크.
쫄깃한 맛과 부드러움이 공존한다.

int
아 이 엔 티

이거 먹어도 되나요?
키보드와플과 마우스빵

INFO

ADD 제주시 1100로 3198-8
TEL 064-744-1994
TIME 09:30~18:00
OFF 월요일, 명절 당일

아가씨 / 아저씨
여행자 / 생활자
개별 / 단체

넥슨컴퓨터박물관 지하에 있어 함께 돌아보면 좋다.

심상치 않았다. 이름이 인트int라니. 아니, 아이엔티라고 읽어야 정확하겠다. 프로그래밍을 해본 이들은 수도 없이 쓰고 지웠을 'int'와 'char.' 숫자와 문자다. 컴퓨터가 알아들을 수 있도록, '자, 이 뒤에 나오는 것은 숫자야, 아니 문자야'라고 말해주는 언어다.

호기심 가득한 눈으로 넥슨컴퓨터박물관에 들어섰다. 박물관도 궁금했지만, 일단 먹기로 했다. 지하로 내려가니 레스토랑 입구가 나타났다. 왼쪽 위에는 노란색으로 된 자그마한 'int'라고 쓰인 간판이 있고, 오른쪽에는 조카가 좋아하던 메이플스토리의 빨갛고 파란 캐릭터들이 진열돼 있다.

입구에 들어서자 컴퓨터 안에 들어온 것 같은 인테리어가 눈을 사로잡았다. 은빛 벽 위 가느다란 선은 영화 메트릭스를 생각나게 했다. 디지털 스타일의 양쪽 벽 가운데에는 제주를 담은 큰 사진이 걸려있었다. 컴

실물 크기와 비슷한 키보드와플과 작고 귀여운 마우스빵. 유자커스터드가 들어있어 향기롭고 달콤하다.

퓨터와 제주. 인테리어를 보는 것만으로도 즐거웠다. 메뉴판을 펼치고는 나도 모르게 '큭' 하고 웃음이 터졌다. 키보드와플과 마우스빵이라니. 심지어 플로피 디스크라는 메뉴도 있었다. 물론 다른 메뉴도 많았다. 스테이크며 샌드위치, 제주의 식재료를 이용한 아름다운 디저트까지. 메뉴를 잠시 고민하긴 했지만, 역시 최종 선택은 키보드와플과 마우스빵. 궁금해서 주문하지 않을 수가 없었다.

잠시 후 테이블 위에 모습을 드러낸 키보드와플과 마우스빵은 생각했던 것보다 더 흥미로웠다. 실물크기와 비슷했기 때문에 재미가 더했다. 무거운 카메라로, 핸드폰으로 사진을 찍어대느라 정신이 없었다. 먹기위한 것이 아닌 찍기 위한 음식도 있는 법. 칼과 포크를 들고도, 키보드에 상처를 내는 것 같은 기분에 감히 와플에 손을 댈 수가 없었다. '아니 이걸 어떻게 먹

프로그래밍언어인 〈int〉가 레스토랑 이름이다.

눈이 먼저 즐겁다. 입은 그 다음. 창의적인 시도가 흐뭇한 미소를 짓게 한다.

나' 난처한 눈빛을 하다가, 과감하게 'Space'를 먼저 뗐다. 앞에 앉은 선배가 기다렸다는 듯이 외쳤다.
"Enter는 나줘."
그 맛이 그 맛일 것이나, 엔터를 먹고 싶었나보다. 그렇게 키보드와플은 기능키 하나씩, 스펠링 하나씩 뜯겨져 나갔다. 와플은 맛이 없을 수가 없었다. 꿀을 열심히 찍어먹었으니까. 따끈할 때 먹어야 하는데, 사진 찍고 장난치느라 와플이 식어서 최고의 맛이었다고 말하기는 힘들 것 같다.
다음 선수는 마우스빵. 이 녀석은 무선 마우스다. 어느 컴퓨터에 연결 USB가 꽂혀 있는지는 모르겠지만. 안에는 유자커스타드가 들어 있다. 토핑에 따라 생긴 것도 다양하다. 다섯 개를 넣어 포장해 파는데, 지갑을 열지 않을 수가 없다.
마침 한정판 키보드와플 DIY 세트를 판매하고 있었다. 직접 이니셜을 그려 넣을 수 있는 초코펜이 나온다나. 순서도를 생각나게 하는 설명서에 한번 더 미소

테이블에 깔려 있는 종이도 남다르다. 마인드맵과 프로그래밍언어, 메뉴가 앙증맞게 그려져 있다.

가 지어졌다. 〈우리 결혼했어요〉의 정정 커플이 선택했던 메뉴란다. 인트에서 재미있는 식사를 마친 후에는 넥슨컴퓨터박물관을 돌아보는 것이 코스다. 물론 반대도 가능하지만 넥슨컴퓨터박물관에서는 구하기 힘든 옛날 컴퓨터를 한자리에서 볼 수 있다. 또 1492나 갤러그 같은 추억의 게임을 직접 즐길 수도 있다. 재미삼아 해본 갤러그에서는 옛날 실력이 나와서 당당히 1등을 했다. 바로 뒤에 누군가가 그 기록을 깨겠지만. 1990년대 중반 컴퓨터잡지사에서 만나 제주 책을 쓰자며 의기투합한 선배와 나에게는 더욱 특별한 공간이었다. 컴퓨터박물관을 돌아보며 '그땐 그랬지'를 연발했다. 인트에서의 식사는 세상의 변화와 제주의 오늘을 돌아보게 해줬다.

톰 톰 카 레

제주를 닮은 착한 카레

INFO

ADD 제주시 구좌읍 해맞이해안로
1112(평대리)
TEL 010-6629-1535
TIME 11:00~15:00, 17:00~20:00
OFF 월요일

아가씨 / 아저씨
여행자 / 생활자
개별 / 단체

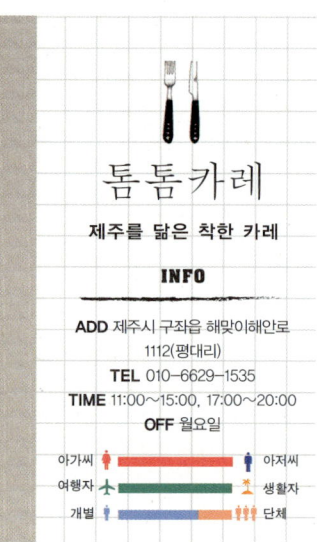

그녀를 처음 만난 것은 돔베고기 집이었다. 고깔모자를 쓰고 한라산에서 막 내려온 그녀는 평대리에서 카레 집을 한다고 했다. "제주에서 카레 집을요?"라고 물으니 "그러게요, 그렇게 됐네요" 하는 심심한 답이 돌아왔다. 그녀가 만드는 카레는 어떤 맛일까?

계절이 바뀐 어느 봄날, 톰톰카레를 찾았다. 제대로 된 간판 하나 없는 카레 집이라니. 무심하게 돌에 적혀 있는 알록달록 '톰.톰.카.레.' 네 글자가 다였다. 돌담으로 에워싸인 소박한 제주도 집을 그대로 사용한 톰톰카레. 아늑했다. 이런 곳에서 카레를 먹으면 마음이 편안해질 것 같았다.

오랜만의 만남을 반가워하며 나온 그녀는 지난번과는 다른 느낌이었다. 머리를 뒤로 곱게 땋고 단아하게 앞치마를 입고 있었다. 카레소스를 막 만들고 있었는지 손에는 국자가 들려있었다.

톰톰카레의 메뉴는 콩카레와 야채카레 딱 두 가지. 아니, 한 가지 메뉴가 더 있다. 야채카레와 콩카레를 반반 맛볼 수 있는 반반카레다. 야채카레에는 유명한 구좌의 당근을 비롯해서 브로콜리와 감자가 푸짐하게 들어간다. 콩카레는 식이섬유와 단백질이 풍부하기로

톰톰카레에서 제일 인기 많은 반반카레. 두 가지 맛을 한꺼번에 맛볼 수 있어서 고민하지 않아도 된다. 시금치 계절에는 콩카레 대신 시금치카레가 준비된다.

유명한 병아리콩을 주재료로 하는데, 생크림과 토마토가 들어가 부드러우면서 맛은 고소하다. 시금치가 제철일 때는 시금치카레가 메뉴에 올라간다.

가장 인기 있는 메뉴는 역시 반반카레. 짜장면과 짬뽕 사이의 고민을 해결해주는 짬짜면처럼, 콩카레와 야채카레 사이에서 헤매는 마음을 잡아주는 메뉴다. 두 가지 맛을 볼 수 있는 장점도 있지만, 반반카레의 또 다른 매력은 비주얼이다. 흰 밥을 가운데 칸막이처럼 쌓아놓고 한쪽에는 콩카레, 한쪽에는 야채카레를 담았다. 독특한 세팅은 카레를 맛보는 즐거움을 더해준다. 맛이라는 것이 꼭 혀끝에서만 느껴지는 것이 아니기 때문이다. 코도 눈도 귀도 맛을 감지한다.

톰톰카레로 사람들을 끄는 또 하나의 매력은 공간이다. 아기자기한 소품과 무심하게 던져져 있는 책, 친구들이 만들었다는 엽서와 털모자는 톰톰카레의 따스한 분위기를 담당하고 있다. 그래서인지 혼자 오는 여자 손님이 많다. 제주를 고즈넉하게 살랑살랑 즐기는 여행자가 손님 많지 않은 시간을 찾아, 카레와 공간을 함께 누린다.

카레를 먹고 나니, 음식은 주인장을 닮아간다는 말이 생각났다. 소박한 카레 한 그릇은 담백한 그녀를 꼭 닮아 있었다.

손으로 일일이 그린 메뉴판처럼 톰톰의 카레도 좋은 재료로 정성들여 만든다.

innisfree
이니스프리 오가닉카페

차밭을 바라보며
제주 당근주스 한잔

INFO

ADD 서귀포시 안덕면 신화역사로 425
TEL 064-794-5351
TIME 09:00~18:00
OFF 연중무휴

아가씨 ━━━━━━ 아저씨
여행자 ━━━━━━ 생활자
개별 ━━━━━━ 단체

이니스프리 제주하우스는 제주의 자연과 맛을 여유로운 분위기에서 즐길 수 있는 공간이다.

그다지 큰 기대는 하지 않았다. 특별히 좋아하는 브랜드도 아닌데다, 중국관광객을 위해 만든 곳이겠거니 생각했다. 드넓은 초록이 숨 쉬는 정원에 발을 딛는 순간, 예상은 여지없이 깨졌다. 제주 돌담과 창의적인 메뉴, 은은한 향과 여유로움. 이니스프리 제주하우스 오가닉카페는 마음을 확 사로잡아버렸다.

메뉴를 보는 데만 한참 시간이 걸렸다. 메뉴 하나하나에 담긴 제주 이야기와 제목을 보니, 다 맛보고 싶어졌다. 제주 톳을 곁들인 계란찜과 유기농 제주 나물 주먹밥으로 구성된 해녀바구니 브런치, 참미역톳국수 어묵탕, 흑돼지뒷다리살로 만든 수제소시지라니! 쥬스도 그냥 쥬스가 아니다. 제주 푸른 바다색을 한 레모네이드와 제주 당근으로 만든 당근주스, 제주 작은 오름 빙수. 메뉴에 제주 드르와 바당이 다 들어있다.

작명하는 데 들인 공은 아무 것도 아니다. 눈으로 제주를 느낄 수 있도록 스타일링에도 힘을 썼다. 제주 자연을 오감으로 느낄 수 있게 만든 공간이라더니, 음식에서도 오감을 만족시키는 것이 오가닉카페의 목표인 것 같았다.

한 쪽 벽에는 밝게 웃는 농부들 사진이 붙어있는데,

가까이 가서 보니 오가닉카페에 원재료를 공급하는 마을사람들이었다. 제주 동백마을과 송당리 비자마을. 제주 농가를 통해 직접 공급받는다니, 음식에 대한 믿음도 더해졌다.

탁 트인 정원은 한없이 여유로웠다. 앞 잔디밭에는 녹차의 다섯 가지 맛을 하얀 녹차 꽃잎으로 형상화한 '고감산함삽'이라는 오승열 작가의 작품이 있다. 제목의 뜻은 '쓰다, 달다, 시다, 짜다, 떫다'지만 그 안에 담긴 의미는 '너무 인색하지 말고 너무 티나게도 편하게도 어렵게도 살지 말라'는 의미를 담고 있다.

이니스프리 제주하우스에서 오가닉카페만 갔다가 뒤돌아서면 아쉽다. 제주의 향을 한 자리에서 맡아볼 수 있기 때문이다. 녹차와 동백, 화산송이, 미역 등 원료의 향을 직접 맡아볼 수 있다. 여기에 제주를 소재로 한 아기자기한 소품이 가득 쌓여있어, 구경하다보면 시간 가는 줄 모른다. 시간이 된다면 직접 천연비누를 만들 수 있는 클래스에 참여해보는 것도 좋다.

제주의 식재료를 이용한 오가닉카페의 다양한 메뉴들

웅스키친

아늑한 돌집에서
추억이 방울방울

INFO

ADD 제주시 구좌읍 중산간동로 2250
TEL 064-784-1163
TIME 11:30~20:00
BREAK TIME 15:30~17:00
OFF 수요일

아가씨 / 아저씨
여행자 / 생활자
개별 / 단체

제주스러운 송당마을에 자리하고 있는 웅스키친. 통유리가 시원하다.

제주 중산간에는 신화와 오름이 특별한 송당마을이 있다. 제주의 모진 자연환경 때문에 제주사람들은 예부터 당에 모여 신에 의지하곤 했는데, 송당리에는 원조 격인 송당본향당이 남아있다. 그래서 송당마을은 신화의 마을로 불린다. 여기에 공식적인 오름만 해도 18개나 있어, 제주의 문화와 자연을 고스란히 느낄 수 있다. 송당마을은 아름다운 돌담길이 많은 동네로도 유명한데, 웅스키친은 그런 송당마을에 터를 잡고 있다. 제주 이민자가 제주 돌집을 개조해 만들었다. 안에 들어가면 돌집의 아늑함이 느껴지고 밖에서 보면 통유리가 멋스럽게 다가온다.

웅스키친의
봉골레스파게티.

웅스키친의 주 메뉴는 함박스테이크와 파스타다. 발음할 때 신경 쓰이는 웅스키친의 웅스치킨도 있지만, 이곳에 오는 손님들은 주 메뉴를 맛보기 위해 찾는다. 먼저 함박스테이크. 80년대를 보낸 이들에게 함박스테이크는 추억의 음식이다. 어릴 적 외식하러 갈 때면, 언제나 경양식집에서 함박스테이크를 먹었다. 경양식을 국어사전에서 찾아보면 '간단한 서양식 일품요리'라고 나온다. 그때는 서양사람은 모두 함박스테이크를 먹고 사는 줄 알았다. 함박스테이크를 먹을 때마다, 젊었을 때의 엄마와 아빠 그리고 외식을 하는 흥분, 달짝지근한 소스가 주는 추억이 방울방울 떠오른다.

기대하지 않았는데, 웅스키친의 함박스테이크 위에 얹혀있는 달걀프라이 노른자가 타임캡슐처럼 과거의 기억을 테이블 위로 끌어다주었다. 30년 전 그때 그랬던 것처럼 노른자를 터트려서 스테이크와 함께 잘 섞어먹었다. 메뉴판을 받아들 때까지만 해도 '제주에서 왜 함박스테이크를?'이라고 생각했는데, 소스를 싹싹 긁어먹은 후에는 '제주에서 함박스테이크도 좋네!'로 바뀌었다. 돌집에 천정이 높은 아담한 공간. 그 공간 구석구석을 채운 복고풍 인테리어 소품. 한쪽에 따뜻하게 자리한 벽난로까지 특별한 공간에서 다시 맛본 함박스테이크 맛은 오래갈 것 같았다.

옛날 스타일대로 달걀 반숙이 올려진 함박스테이크. 돌집 레스토랑에서 추억의 맛을 느낄 수 있다.

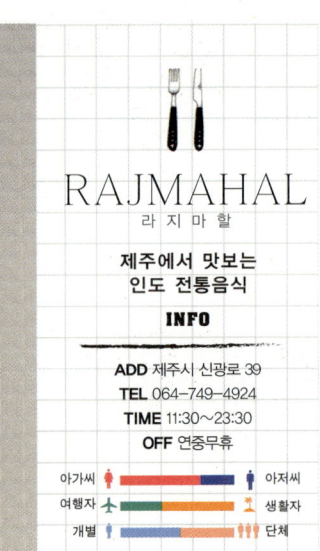

RAJMAHAL
라지마할

제주에서 맛보는
인도 전통음식

INFO

ADD 제주시 신광로 39
TEL 064-749-4924
TIME 11:30~23:30
OFF 연중무휴

신제주 제원아파트 사거리에서 북쪽으로 조금 걸어가면 2층에 라지마할이라는 인도음식점이 있다. 이 집은 제주 아가씨와 결혼해서 제주에 살고 있는 네팔인 카말 씨가 운영하는 곳. 카말 씨는 인도 뭄바이에서 주방장을 초빙해 인도 북부식 전통음식을 내고 있다.
서울에만 해도 수많은 인도음식점이 저마다 솜씨를 뽐내고 있지만 제주에는 시청 건너편 '바그다드 카페'가 유일한 인도음식점이었다. 바그다드카페는 인도음식 불모지인 제주에 성공적으로 안착해 손님으로 항상 북적인다.
라지마할에서 다양한 음식을 맛보기 위해서는 세트메뉴를 시키는 것이 좋다. 샐러드와 사모사, 탄두리치킨, 커리와 디저트를 한꺼번에 먹을 수 있으면서 따로따로 시키는 것보다 약 10% 정도 절약할 수 있기 때문. 이번에 주문한 메뉴는 4인메뉴로 하우스샐러드와 탄두리새우와 치킨, 커리 세 가지, 난과 밥, 디저트가 나온다. 라지마할에서는 직접 요구르트와 치즈를 만들기 때문에 일반 샐러드를 '토마토와 치즈 샐러드'로 바꾸었다. 샐러드드레싱으로는 간장과 참기름이 들어있는 오리엔탈드레싱이 곁들여졌는데, 인도음식점이라는 점을 감안한다면 간장드레싱은 조금 의외였다. 직접 만든 코티지치즈는 담백하고 고소해서 마치 두부를 먹는 기분이다.
잠시 후에 인도 튀김만두라고 할 수 있는 사모사와 탄두리새우와 치킨이 나왔다. 사모사 속에는

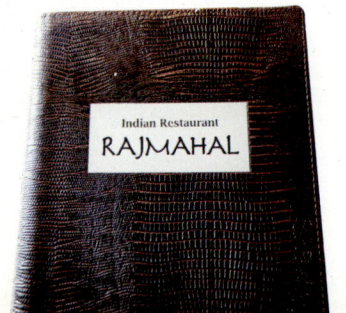

여행자보다 현지인이 더 많은 라지마할. 인도 전통요리를 맛볼 수 있다.

감자, 완두콩, 캐슈넛 등과 향신료가 들어있다. 탄두리치킨은 인도 전통 향신료와 요구르트에 닭을 재워서 항아리처럼 생긴 인도 화덕 탄두리에서 구워내는 인도의 대표적인 요리. 매콤하면서도 부드러운 맛 때문에 끊임없이 먹을 수 있을 것만 같다.

세트메뉴에서는 커리를 고를 수 있는데 시금치와 코티지치즈로 만든 '팔락 파니르'와 양고기가 들어있는 '램 빈달루' 등을 시켰다. 팔락 파니르는 시금치를 믹서기에 갈지 않고 칼로 다져서 시금치의 질감이 그대로 남아있는 것이 인상적이었다. 야채만 들어있는 커리지만 부드러우면서도 복잡한 맛과 향이 먹는 즐거움을 더해준다. 양고기커리인 램 빈달루는 매운 제주산 청양고추까지 올려진 것에서 알 수 있듯이 화끈한 매운맛을 자랑한다. 하지만 무작정 맵기만 한 것이 아니라 역시 복잡하면서도 미묘한 맛의 조화를 이룬다. 자칫 누린내 때문에 먹기 힘든 양고기도 누린내 없이 부드럽다. 같이 나오는 난과 함께 먹으면 더욱 맛있다.

아참! 그리고 라지마할에는 안남미로 만든 밥도 준비돼 있으니 커리를 먹을 때는 되도록이면 이 밥을 시키는 것이 좋다. 끈기가 없어 훅 불면 날아가는 밥이지만 커리나 볶음밥에는 훨씬 더 잘 어울리니까.

코스의 마지막은 직접 만든 수제 요구르트에 망고즙을 넣은 망고라씨다. 맛있게 식사를 마치고나니 이곳 사장인 카말 씨가 예의 그 선한 미소를 머금고 잘 먹었냐고 인사한다. 한국생활이 오래 돼서 한국말을 정말 잘한다. 음식 주문에 문제없을 뿐만 아니라 즐겁게 대화할 수 있을 정도의 실력이니 외국사람이라고 크게 걱정할 필요는 없다.

제주슬로비
젊은 셰프들의 즐거운 실험

INFO

ADD 제주시 애월읍 애원로 4
TEL 064-799-5535
TIME 11:00~21:00
BREAK TIME 15:00~17:00
OFF 화요일

요리를 통해 청소년의 성장과 자립을 돕기 위한 사회적 기업 〈오가니제이션 요리이하 '오요리'〉가 출발한 것은 2007년이다. 그리고 홍대에 커뮤니티 카페 홍대슬로비가 2011년에 오픈했다. 이곳에서는 집밥이 그리운 도시인을 위한 '그때그때밥상'과 공동체식탁 '오-라잇 테이블' 등을 진행하고 있다. 그리고 2013년에는 슬로비가 운영하는 청소년 요리대안학교 '영셰프스쿨'의 졸업생이 주인공이 되어 로컬푸드 레스토랑 제주슬로비를 열었다.

영셰프들은 제주라는 새로운 환경에서 로컬 식재료로 메뉴를 개발하고, 지역과 인연을 맺고, 지역의 아동청소년들에게는 자신이 배운 것을 나누면서 요리사로 자립도 하는 취지를 갖고 있다.

참 멋지고 훌륭하다. 젊고 활기찬 영셰프, 그들은 제주의 식재료로 어떤 요리를 만들어낼까?

제주슬로비는 제주시 서쪽 애월읍내 애월리복지회관 1층에 자리잡고 있다. 다소 썰렁한 관공서 건물이지만 주차장도 넓고 나무로 만들어진 제주슬로비 간판과 1층 홀에서 흘러나오는 따스한 빛이 이곳이 꽤 멋진 레스토랑이란 것을 알려준다.

제주슬로비의 메뉴는 대부분 제주산 식재료로 만들고 있다. 특히 슬로

하자센터의 영셰프들이 주축이 돼서 만들어진 제주슬로비. 제주만의 색깔을 담아내기 위해 노력하는 모습이 보인다. 사진은 제주산 도새기오겹살을 삶아서 얹은 '새별돼지오름.'

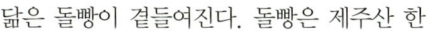

비가 자리한 애월은 취나물과 단호박, 양배추, 브로콜리의 산지다. 메뉴를 살펴보면 만드는 방법과 재료에 대한 힌트가 숨어있다. 단호박퓨레가 춤추는 그린샐러드는 이웃밭에서 구입한 단호박을 구워 퓨레를 만들어 샐러드 위에 듬뿍 올린다. 거기에 제주의 검은색 현무암을 닮은 돌빵이 곁들여진다. 돌빵은 제주산 한 치의 먹물로 검은색을 만들었는데 담백하면서도 고소하고 찰진 느낌이 아주 좋다. 구좌에서 당근이 나오는 철이면 '농부의 스프'라는 이름의 당근스프를 만들고 뜨거운 여름에는 제주 토마토를 이용해 차가운 토마토스프인 '가스파초Gazpacho'를 내놓는다.

계절마다 변하는 제철 식재료를 최대한 활용해 양식기법으로 새로운 요리를 내놓는다. 그중 인기 메뉴인 '홍대커리와 닭튀김', 그리고 제주산 도새기오겹살을 삶아서 얹은 '새별돼지오름'을 주문했다. 홍대커리는 일본식 커리 느낌인데 고기가 들어가지 않고 콩이 많이 들어간 채식커리다. 높은 탑처럼 쌓은 흰쌀밥이 커리소스 위에 섬처럼 둥둥 떠있다. 적당히 매콤해 누구나 좋아할 수 있는 맛이다.

새별돼지오름은 흰밥 위에 양배추채를 올리고 차슈 스타일로 삶은 오겹살을 둥그렇게 돌려서 얹고 가운데 부분에 깻잎을 채로 썰어서 듬뿍 얹었다. 사각사각 씹히는 양배추와 강렬한 깻잎 향이 자칫 생길 수 있는 돼지고기의 느끼함을 잡아준다. 하지만 깻잎이 너무 강하게 느껴진다. 깻잎 대신 고수를 올려도 맛있을 것 같다.

젊은 셰프들이 열심히 고민하면서 만드는 음식이기 때문인지 모든 메뉴가 신선한 느낌이고 먹는 재미가 있다. 여기에 시원한 생맥주도 한잔씩 할 수 있어서 좋다. 아마도 이 책이 나올 때쯤이면 제주슬로비에서는 젊고 어린 셰프들이 고심해서 만든 또 다른 새로운 메뉴가 등장해 있을 것이다. 제주도 식도락 여행이 즐거운 이유다.

닐모리동동

제주의 하늘과 바다로 가득한
특별한 공간

INFO

ADD 제주시 서해안로 452
TEL 064-745-5008
TIME 10:00~23:00
OFF 명절 당일

아가씨 / 아저씨
여행자 / 생활자
개별 / 단체

닐모리동동은 제주산 식재료를 적극적으로 사용하고 있다. 제주산 흑돼지로 만든 미트볼을 넣은 토마토소스스파게티.

이름부터 특이한 닐모리동동은 제주로 내려온 게임회사 넥슨에서 제주의 문화다양성을 지원하기 위해 만든 문화카페다. 지금은 넥슨에서 독립해 독자적으로 운영하고 있다. 닐모리동동이란 닐모(내일 모레)와 동동(기다리는 모습)이 결합하여 무언가를 간절하게 기다리는 모습을 뜻하는 제주말이라고 한다.

어쨌든 제주의 오름과 돌담을 형상화한 멋진 인테리어와 제주 식재료를 활용한 메뉴가 있다. 수익금의 일부는 제주의 문화 발전을 위해 지원하기도 한단다. 제주의 검푸른 바다가 시원하게 바라보이는 제주시 용담해안도로변에 자리하고 있어 제주의 하늘과 바다를 만끽할 수 있는 공간이다.

제주산 식재료를 활용해 다양한 메뉴를 준비하는 곳이다. 길쭉한 모양의 피자는 제주산 돼지고기나 제주 유채꿀을 곁들이기도 한다. 흑돼지로 미트볼을 만들어 넣은 토마토소스파스타, 제주 구아바잎으로 향을 낸 소고기스튜나 한라봉드레싱이 곁들여진 샐러드

등 먹어보고 싶은 메뉴가 많다. 식재료의 원산지가 제주에서 가까운 곳의 음식을 주문하면 더 많은 마일리지를 주는 로컬푸드 마일리지도 진행하고 있다.

하지만 식사 종류가 아니라도 인기를 끄는 메뉴가 있는데 바로 한라산빙수다. 눈 쌓인 겨울 한라산을 형상화해서 수북하게 쌓아올린 우유얼음 위에는 조그맣게 분화구 모양도 있다. 여기에 곁들여 나오는 녹차나 커피시럽을 용암처럼 흐르게 뿌리면 완성된다. 유난히 더운 제주의 여름이라도 한라산빙수 한 그릇에 다시 기운을 차릴 수 있다.

진짜 솜사탕을 주는 솜사탕 아포가토도 재밌어서 시켜볼만하고, 동글동글한 우도땅콩과 각종 견과류가 들어있는 고소한 팬파이도 추천메뉴다.

조그만 공연이나 문화행사도 종종 열리는 곳이니 스케줄을 확인해보고 방문하는 것도 좋겠다.

길쭉하게 생긴 피자, 솜사탕아포가토, 한라봉드레싱을 곁들인 샐러드, 눈 쌓인 한라산을 형상화시킨 한라산빙수 등 재미있는 메뉴가 많다.

BURGER TRIP
버거 트립

제주에서
프리미엄 수제버거를
INFO

ADD 제주시 수덕로 79
TEL 064-712-7567
TIME 10:30~21:30
OFF 월요일

아가씨 / 아저씨
여행자 / 생활자
개별 / 단체

제주에는 의외로 햄버거 집이 많다. 꽤 오래 전부터 허브를 넣은 커다란 빵에 얇은 패티를 끼워서 만든 허브햄버거가 몇 개의 분점을 거느리고 장사하고 있고, 최근에는 한 입에 넣을 수도 없는 거대한 크기의 햄버거로 인기몰이를 하는 곳도 있다.

하지만 내가 원하는 것은 그냥 햄버거다. 적당히 맛있는 번 사이에 구운 향이 물씬 나고 기름진 소고기패티, 토마토와 치즈, 달걀프라이가 들어있는 그런 햄버거. 한 입에 먹기는 힘들지만 그렇다고 못 먹을 정도의 사이즈도 아닌 딱 그런 햄버거. 그런데 제주도에는 왜 크거나 높은 햄버거밖에 없는 것일까?

제주시 노형동에 있는 버거 트립BURGER TRIP은 내가 원하는 딱 그런 햄버거를 만드는 수제버거 집이다.

이 집을 오픈할 때는 호주 꼬르동 블루 출신이 만든 햄버거 집이라고 약간 화제가 되기도 했다. 하지만 그

런 게 무슨 소용인가? 그냥 햄버거는 맛있는 햄버거일 때만 의미가 있는 것이다. 그리고 너무 크거나 너무 높으면 안 된다. 모든 것이 적절하게 배합되어 있는 햄버거라야만 한다.

오픈 초기에는 생맥주가 메뉴에 있었는데 지금은 없어졌다. 아쉽다. 햄버거에는 생맥주 한잔 곁들여줘야 좋은데. 대안으로 맛있는 병맥주가 있다. 국산 맥주를 먹어주고 싶지만 전 세계에서 가장 맛없는 맥주를 만드는 나라가 한국인 것 같다. 고맙게도 쉐이크 메뉴가 있다. 미국식이다. 벨지움초콜릿이 들어간 초코쉐이크를 추천한다.

햄버거 종류는 몇 가지가 있는데, 파인애플이 들어간 알로아하와이, 해시감자가 들어간 오지바비큐, 비트가 들어간 한라마운틴, 할라피뇨와 칠리가 들어간 비바멕시코, 치킨스트립이 들어간 부르스케타치킨, 기본형인 더아메리칸, 콤콤한 고르곤졸라치즈가 들어있는 히말라야가 있다.

어떤 걸 시키든 햄버거로서의 만족감이 있으니 안에 들어가는 내용물을 잘 확인하고 주문하시길. 사이드 메뉴에 있는 비프칠리웨지감자도 꽤 괜찮다. 주문한 후에 오랜 시간이 걸리니 미리 음료를 주문해 마시면서 여유있게 기다리는 게 좋다.

아쉬운 것은 햄버거가 좀더 뜨겁게 나오면 좋을 것 같다는 것. 아무래도 햄버거로 공예를 하고 있어서 시간이 더 걸리는 것 같다.

제주에서 수준 높은 수제햄버거를 만드는 버거 트립. 햄버거와 함께 맥주나 쉐이크를 곁들이면 좋다.

버거 트립은 너무 과하지도 모자라지도 않는 맛있는 햄버거를 만드는 곳이다. 신제주 노형동에 있다.

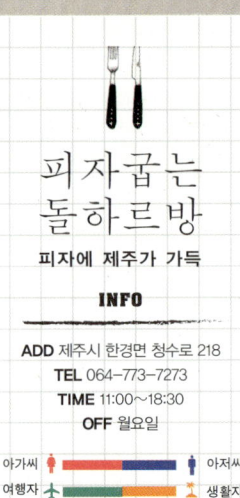

피자굽는 돌하르방

피자에 제주가 가득

INFO

ADD 제주시 한경면 청수로 218
TEL 064-773-7273
TIME 11:00~18:30
OFF 월요일

아가씨 ▮▮▮▮ 아저씨
여행자 ✈ ▮▮▮▮ 생활자
개별 ▮▮▮▮ 단체

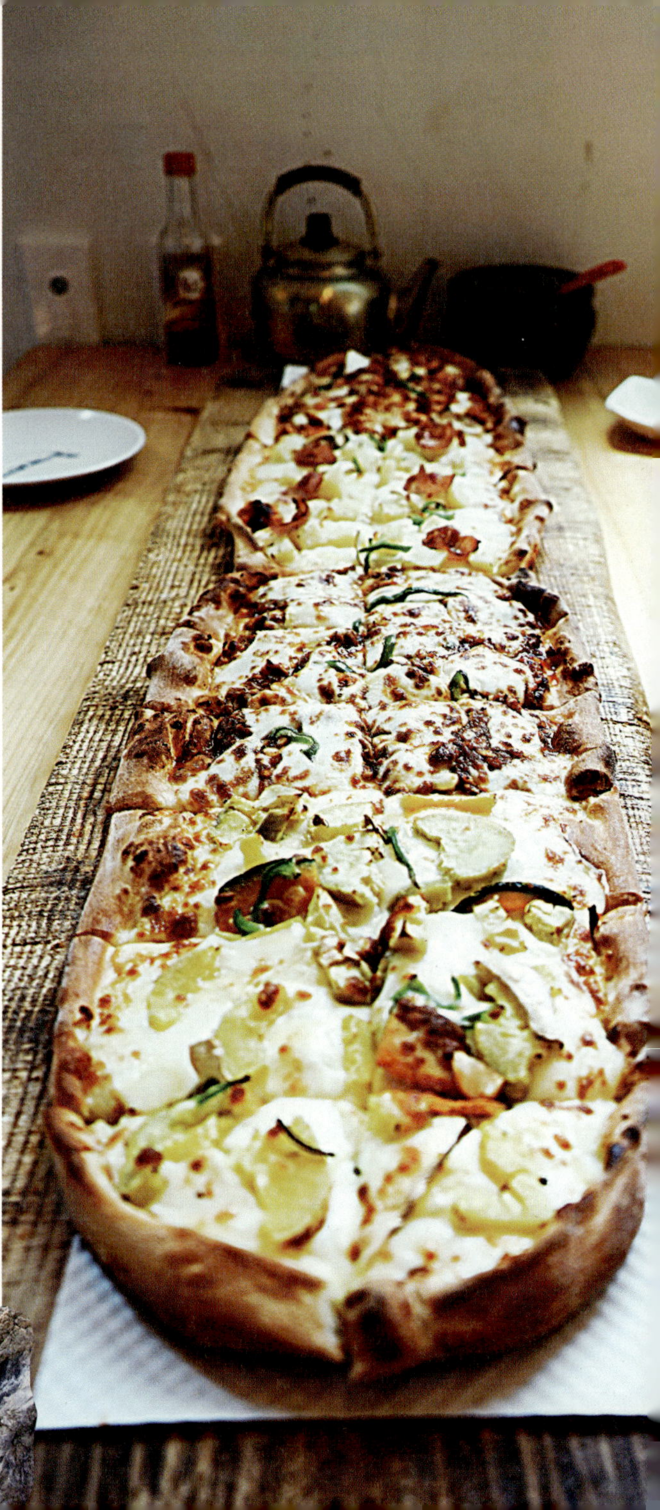

상 두 개를 연결해야 놓을 수 있는 1m피자. 네 가지 다른 맛을 즐길 수 있는 피자굽는 돌하르방의 대표메뉴다.

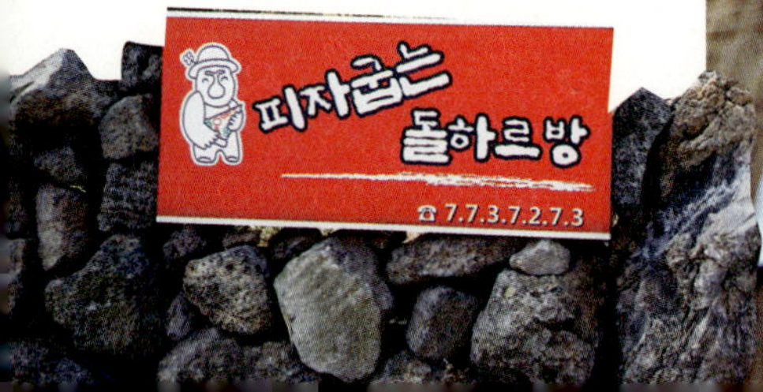

제주에는 인기 있는 피자 집이 여럿 있다. 전국 어디나 그렇지만, 제주까지! 그중에서도 가장 인상적인 집은 피자굽는 돌하르방이다. 피자굽는 돌하르방 음식에는 제주가 함께 담겨 있기 때문이다. 피자 만드는 법이야 어디든 비슷하지만 이곳의 재료는 대부분 제주 것이다. 메뉴판도 그렇다. 예를 들어, 곤밥리소토 같은 식이다. 제주에서 쌀밥을 말하는 곤밥과 이탈리아의 음식인 리소토를 합했다.

제주는 메뉴판에만 있지 않았다. 피자굽는 돌하르방은 고구마와 감자, 밀을 직접 재배해 사용한다. 밀가루는 직접 재배한 통밀을 갈아서 쓴다. 치즈는 수입 치즈를 쓸 것인지, 제주 치즈를 쓸 것인지 손님이 선택할 수 있다. 합리적이다. 피자는 김치와 불고기, 고구마, 감자 네 가지 중에서 선택할 수 있는데, 이중에서도 김치피자가 인기가 높다.

피자를 주문하고 기다리는 동안에는 메뉴판을 구경하면 된다. 2인용 피자는 지실밭이라는 이름이 붙었고, 듬삭불고기스파게티의 듬삭은 넉넉하다는 제주방언이다. 이곳에서 맹마구리가 갑오징어라는 것도 처음 알았다.

피자를 먹을 때는 마음속에 언제나 걸리는 것이 있었다. 건강에 좋지 않음에도 불구하고 맛있으니 먹는다, 라는. 피자굽는 돌하르방에서는 피자를 먹으며 그런 죄책감이 들지 않아 좋았다.

피자굽는 돌하르방을 유명하게 만든 것은 1m피자다. 테이블 두 개를 붙여야 놓을 수 있는 1m피자는 보는 것만으로도 배가 부를 정도다. 크기가 주는 재미와 함께 네 가지 맛이 차례로 들어있어, 다양한 피자를 맛볼 수 있는 장점이 있다.

주인장에게 오이피클은 없냐고 물었다.

"3월이잖아요."

이 무슨 동문서답이지? 이해하지 못해 눈을 똥그랗게 뜬 내게 설명해준다.

"오이는 여름에 나잖아요. 요 앞 밭에서 키워서 만드는 건데, 지금은 오이가 안 나서 오이 피클이 없어요."

제주음식의 가장 큰 특징이 제철 재료를 쓰는 것이라는 이야기는 수없이 들었지만, 이렇게 와닿기는 처음이었다. 여름에 가서 피클을 다시 한번 요청해보리라.

하귀리 포구쪽에 생긴 일본식 두부요리 전문점 신의한모.
부드러우면서도 찰진 두부 맛을 보면 그동안 우리가 두부를 얼마나
무시하고 있었나를 깨닫게 된다.

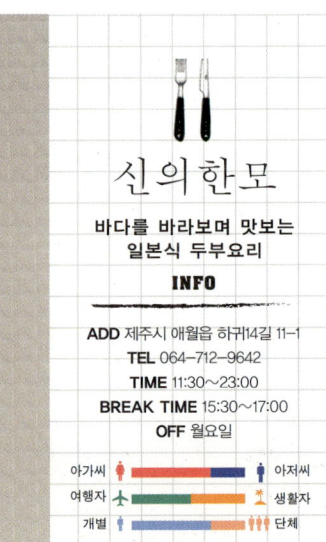

신의한모
바다를 바라보며 맛보는
일본식 두부요리

INFO
ADD 제주시 애월읍 하귀14길 11-1
TEL 064-712-9642
TIME 11:30~23:00
BREAK TIME 15:30~17:00
OFF 월요일

아마도 이 책에 소개된 식당 중 가장 어린 식당이 아닐까? 어느 정도의 시간 세례를 받은 곳 위주로 소개하고 있지만 신의한모는 제주도의 새로운 식당 트렌드를 잘 알려주는 식당이라 소개하지 않을 수 없다.
제주공항에서 서쪽으로 가다보면 하귀가 나온다. 왼편으로는 커다란 하나로마트가 있고 조금 더 가면 해안도로가 아름다운 가문포구로 들어가는 입구가 있다. 하귀는 그동안 크게 주목받지 못하던 곳이었는데 최근에 이곳도 급격하게 변화하고 있다.
이름에서도 센스가 느껴지는 신의한모는 하귀 마을 바닷가 바로 앞에 있는 일본식 두부요리 전문점이다. 건물 자체는 평범하게 느껴졌지만 안으로 들어가 앉으면 사뭇 다른 느낌을 받는다. 고재를 활용한 인테리어는 신축 건물에도 시간이 느껴지게 만드는 마법을 가지고 있는 것

두부를 튀겨 양념장에 담궈 먹는 아게다시도후.
따끈한 두부와 시원한 소스가 묘한 매력을 선사한다.

같다. 바로 눈앞에 펼쳐지는 바다와도 잘 어울린다. 일본식 두부요리 전문점답게 모든 메뉴에는 두부가 들어간다. 일본에 두부를 전수해준 것은 한국이지만 일본의 두부는 훨씬 더 부드럽고 섬세하고 다양하다. 우리는 두부가 보조적인 역할을 하는 경우가 대부분이지만 일본의 두부는 당당히 주연급을 차지한다는 것을 이곳 신의한모에서도 느끼게 된다.
일단 자리에 앉으면 따끈한 두유를 한 잔씩 주는데 고소하고 부드러운 맛으로 속을 편안하게 해준다. 여기서는 제주에서 나는 콩으로 두부를 만든다고 한다. 식사는 주로 덮밥 종류고 두부를 이용한 다양한 요리가 있다. 사케나 생맥주와 함께 먹을 수 있는 안주들이다. 역시 두부 자체가 맛있다. 그냥 두부만 먹어도 기분이 좋아질 정도다. 두부에 대해서 다시 생각하게 된다.
'두부가 이렇게 맛있는 것이구나!'
해가 지는 초저녁 무렵에 가서 바다를 보면서 맛있는 두부요리와 함께 한잔하면 좋을 분위기와 음식이다. 모든 음식이 자극적이지 않고 일식의 짜고 단맛도 적당히 빼서 맛있게 먹을 수 있다. 주문이 밀리면 음식 나오는 시간이 걸리는 편이라 시간 여유를 갖고 찾아가는 것이 좋다.

이곳에서는 모든 음식에 두부가 들어간다. 두부의 다양한 변주곡을 즐기고 있노라면 두부라는 재료를 함부로 볼 수 없게 될 것이다.

하귀 하나로마트 건너편에 있는 바닷가 마을 안쪽에 있는 덴마크 레스토랑이다. 정말 낯설다. 한국의 가장 남쪽 섬에 북유럽 음식점이라니. 그리고 덴마크 레스토랑에서는 도대체 어떤 음식을 파는 걸까?
하지만 후거 입구에 도착하자 안도감이 퍼졌다. 하귀 마을과 잘 어울리는 세련된 느낌의 2층 건물이 마을 안 바닷가 옆에 차분히 자리하고 있다. 작은 제주 돌집 서너 채를 개조해서 연결해놓았다. 1층은 레스토랑이고 2층은 렌탈 하우스다. 레스토랑의 홀은 넓직하고 바다로 열린 넓은 통창이 있어서 쓸쓸하면서도 시크한 느낌이다.

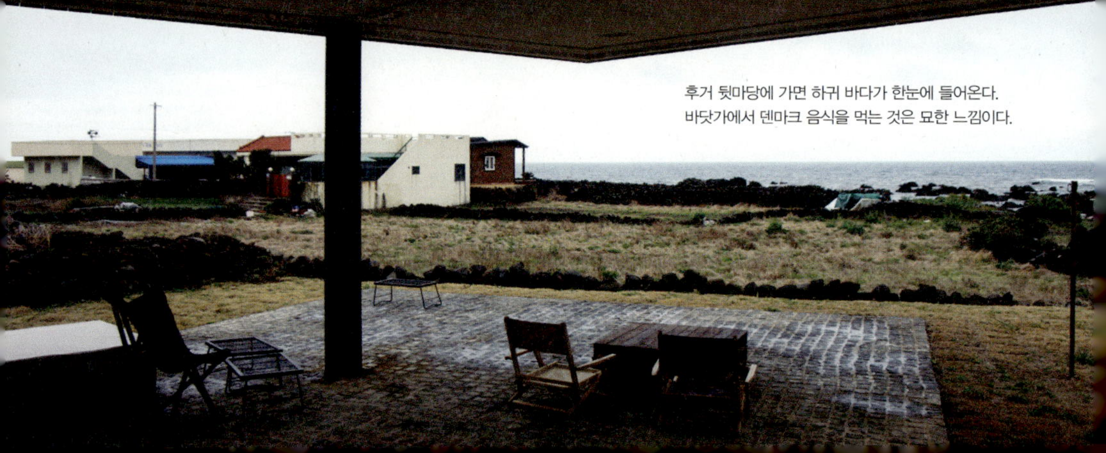

후거 뒷마당에 가면 하귀 바다가 한눈에 들어온다.
바닷가에서 덴마크 음식을 먹는 것은 묘한 느낌이다.

이미 테이블은 식사시간 전부터 꽉 차 있었다. 생긴 지 그렇게 오래되지도 않았는데 사람들은 참 잘 찾아온다. 주로 젊은 여자 손님이다. 아웃도어를 입은 여행객이 아니라 제대로 옷을 차려입고 온 손님이다. 잠시 이곳이 하귀가 맞나, 하는 혼돈이 왔다.

이름도 낯선 후거 hygge는 '좋아하는 사람들과 함께 식사를 하고 대화를 나누며 보내는 안락하고 아늑한 모든 상태'라는 뜻이라고 한다. 북유럽 덴마크 음식이라 조금은 낯설고 비싼 느낌이 들지만 호기심을 자극한다.

연어와 감자가 주재료인 포테이토연어케이크. 한입만 먹어도 푸짐하다. 북유럽의 느낌이 이런 것일까?

다행히 아이패드에 메뉴 사진과 설명을 써서 보여준다. 갈릭버터쉬림프는 제주 마늘로 만든 버터로 소태한 블랙타이거새우와 마늘칩을 곁들인 라이스, 포테이토연어케이크는 구운 연어에 으깬 감자를 발라 두 번 구운 로컬푸드, 데니쉬미트볼은 튀긴 미트볼과 발사믹소스에 졸인 양파와 양배추 절임이 곁들여 나오는 덴마크식 전통요리 등으로 써놓았다.

춥고 겨울이 긴 북유럽 음식답게 연어와 감자, 고기가 주재료인 음식이다. 그 느낌을 제대로 알고 싶어서 시킨 포테이토연어케이크는 정말 연어와 으깬 감자를 뜨겁게 구웠다. 거기에 신맛이 나는 크림과 향신료도 잔뜩 들었다. 새콤한 맛 때문에 걱정했던 것보다는 느끼하지는 않다. 하지만 신선한 야채가 없어서 우리 입맛에는 좀 부담스러울 수 있을 것 같다. 그래서 진한 커피나 와인이 생각나는 건 어쩔 수 없다. 다행히 후거에는 커피도 준비돼 있고 와인 리스트도 꽤 길다. 조금은 느끼하고 낯선 식사 후 뜨거운 커피를 마시면서 실제로 덴마크에 가면 어떤 느낌일지가 궁금해졌다. 나중에 언젠가 덴마크에 가게 된다면 그곳 바다를 바라보면서 이곳 후거를 생각하게 될 것 같다.

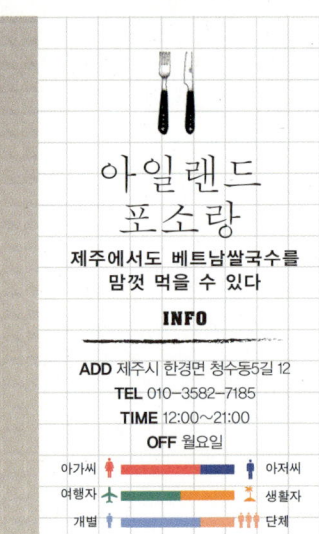

아일랜드 포소랑

제주에서도 베트남쌀국수를 맘껏 먹을 수 있다

INFO
ADD 제주시 한경면 청수동5길 12
TEL 010-3582-7185
TIME 12:00~21:00
OFF 월요일

아가씨 ■■■ 아저씨
여행자 ■■■ 생활자
개별 ■■■ 단체

제주시 한경면 청수리에 베트남쌀국수 집에 생겼다는 이야기를 들었다. 제주에서 오래 살았던 나도 청수리는 갈 일이 없는 동네다. 특별히 관광지가 있는 것도 아니고 딱히 뛰어난 풍경이 있는 것도 아니다. 주로 농사를 짓고 넓은 곶자왈 지대가 있어서 가끔 반딧불 구경을 하러 가는 곳인데 여기에 쌀국수 집이 생겼다니 의아했다.

궁금증을 참을 수 없어서 내비게이션을 켜고 열심히 찾아갔다. 청수리마을회관에서 좌회전해서 조금 더 가니 또 시골길 안쪽으로 들어간다. 조그만 안내판이 있지만 내비게이션이 없으면 찾아가기 힘든 곳. 그런데 아일랜드 포소랑에 들어서니 벌써 몇 대의 차가 주차되어 있다. 이들은 도대체 어떻게 알고 이곳까지 찾아올까?

널찍한 마당과 넓은 창이 있는 건물이 마음에 들었다. 커다란 무지개 색 계단을 조형물로 만

베트남쌀국수의 미덕은 뜨겁고도 넉넉한 국물!

아일랜드 포소랑의 쌀국수는 익숙하면서도
편안한 맛이다. 제주산 야채가 듬뿍 들어가는
월남쌈이나 스프링롤도 상큼하다.

들어놓았고, 아일랜드 포소랑은 왼편에 있고 오른편은
공간다락이라는 간판이 붙어있다. 공간다락은 조그만 전시공간이
다. 포소랑 앞에는 기타교실과 재봉, 손뜨개, 캘리그래피 수업을 한다는 조그만 안내판
도 있다. 누가 이곳까지 찾아와서 강좌를 들을까, 하는 궁금증도 생겼지만, 어쨌든 이렇
게 외진 곳까지 식사를 하러 찾아오는 사람들이 있다.
한동안 제주도에서 쌀국수를 먹기가 힘들었다. 2000년대 초중반까지는 이호해수욕장
근처에 베트남쌀국수 집이 있었는데 장사가 잘 안됐는지 문을 닫았다. 그 이후에 제주
도는 쌀국수의 불모지였다. 쌀국수를 먹고 싶어서 몇 번은 직접 재료를 사다가 만들어
먹기까지 했었다. 그러다가 몇 년 전에 쌀국수 체인점인 포베이가 제주시에 들어와서
쌀국수의 갈증을 조금은 풀어주었지만, 그래도 내공 있는 쌀국수에 대한 갈망은 여전했
다. 아마도 그런 갈망이 청수리까지 나를 이끌었는지도 모르겠다.
실내는 넓고 쾌적하다. 넓은 창으로 보이는 마당 풍경도 좋다. 메뉴는 일반적인 쌀국수
체인점과 비슷하다. 결론적으로 포소랑의 쌀국수는 꽤 맛있다. 낯설지 않고 편안한 맛
이다. 개성이 넘치거나 향신료 향이 강하지 않다. 고수는 따로 요청해야 준다. 한국화된
체인점 쌀국수의 맛에 익숙하다면 더 편안하게 느껴질 것이다. 월남쌈과 같이 쌀국수가
나오는 세트메뉴는 조금은 더 저렴한 가격에 두 가지 모두를 맛볼 수 있다.
최근에는 포소랑이 청수리에서 벗어나 협재와 표선에도 분점을 만들었으니 제주도 어
느 곳에서도 쉽게 접할 수 있게 되었다.

하노이안 브라더스

제주에서 만나는
본격 베트남요리

INFO

ADD 제주시 천수동로 1
TEL 064-752-7494
TIME 11:00~21:00
BREAK TIME 15:00~17:00
OFF 첫째 셋째 수요일

아가씨 / 아저씨
여행자 / 생활자
개별 / 단체

구수한 숯불 향이 좋은 돼지고기구이와 각종 재료를 소스에 찍어먹는 분짜는 특이하게 차가운 요리다.

제주시내에 있는 하노이안 브라더스는 쌀국수 집이라기보다는 정통 베트남음식점이라고 해야 맞겠다. 쌀국수도 맛있지만 베트남냉국수라고 할 수 있는 분짜 일일 한정 20개만 판매한다는 바잉 쌔오, 튀긴 생선요리인 짜까 등의 베트남음식을 맛볼 수 있는 곳이기 때문이다.

식당 앞마당에는 베트남에서 직접 가져온 릭샤가 전시되어 있고 입구와 실내에는 베트남 그림으로 장식되어 있어 하노이 어디쯤의 식당에 들어온 듯한 느낌이다. 실제로 이곳 사장님은 베트남에서 20여 년을 산 교민으로 몇 년 전 제주에 1호점을 차렸다고. 접시와 식기류도 베트남에서 직접 가져온 예쁜 도자기라

집에도 갖다놓고 싶을 정도다.
이곳의 음식은 단순한 쌀국수 집 메뉴에서 좀더 본격적인 베트남요리로 들어간다. 베트남 수도 하노이의 전통음식이라는 분짜는 쌀국수를 사용하지만 차가운 분짜소스에 숯불구이를 한 돼지고기와 상추를 한 번에 찍어서 먹는다. 짭조름하면서도 달콤한 돼지구이는 우리 입맛에도 딱 맞는다.
베트남 남부지방의 전통음식인 바잉 쌔오는 쌀가루에 강황을 넣어서 부친 노란색 전병에 라이스페이퍼, 돼지고기와 새우, 양파, 숙주볶음을 넣어 싸먹는 요리다. 마치 파전 같은 기름진 맛과 향에 숙주의 맛이 잘 어우러져 뿌듯한 포만감을 준다.
이곳의 쌀국수도 일반 프랜차이즈 쌀국수 집과는 다른 모습이다. 보통은 얇게 저민 고기가 나오지만 이곳에서는 잘게 찢은 고기와 길쭉하게 채 썬 대파를 올려준다. 직접 육수를 만들면서 삶은 고기를 일일이 손으로 찢어서 쓴다. 국물은 맑은 곰탕처럼 깔끔하면서도 깨끗한 맛이 난다.
넉넉한 재료로 구성된 월남쌈도 좋고, 본고장 느낌이 나는 튀김만두 느낌의 넴 도 전식으로 먹기에 좋다.
조금은 낯선 음식이지만 식사하기 전에 맛있게 먹는 법을 자세히 알려주기 때문에 걱정할 것 없다. 식사 후에는 연유가 들어간 베트남 커피로 정리하면 제주에서 완벽한 베트남요리를 즐기게 된다.

분짜, 바잉 쌔오, 짜까와 같은 본격적인 베트남요리를 즐길 수 있는 하노이안 브라더스

CHAPTER 2

-

그 푸짐함의 아름다움

돼지고기

Taste MAP

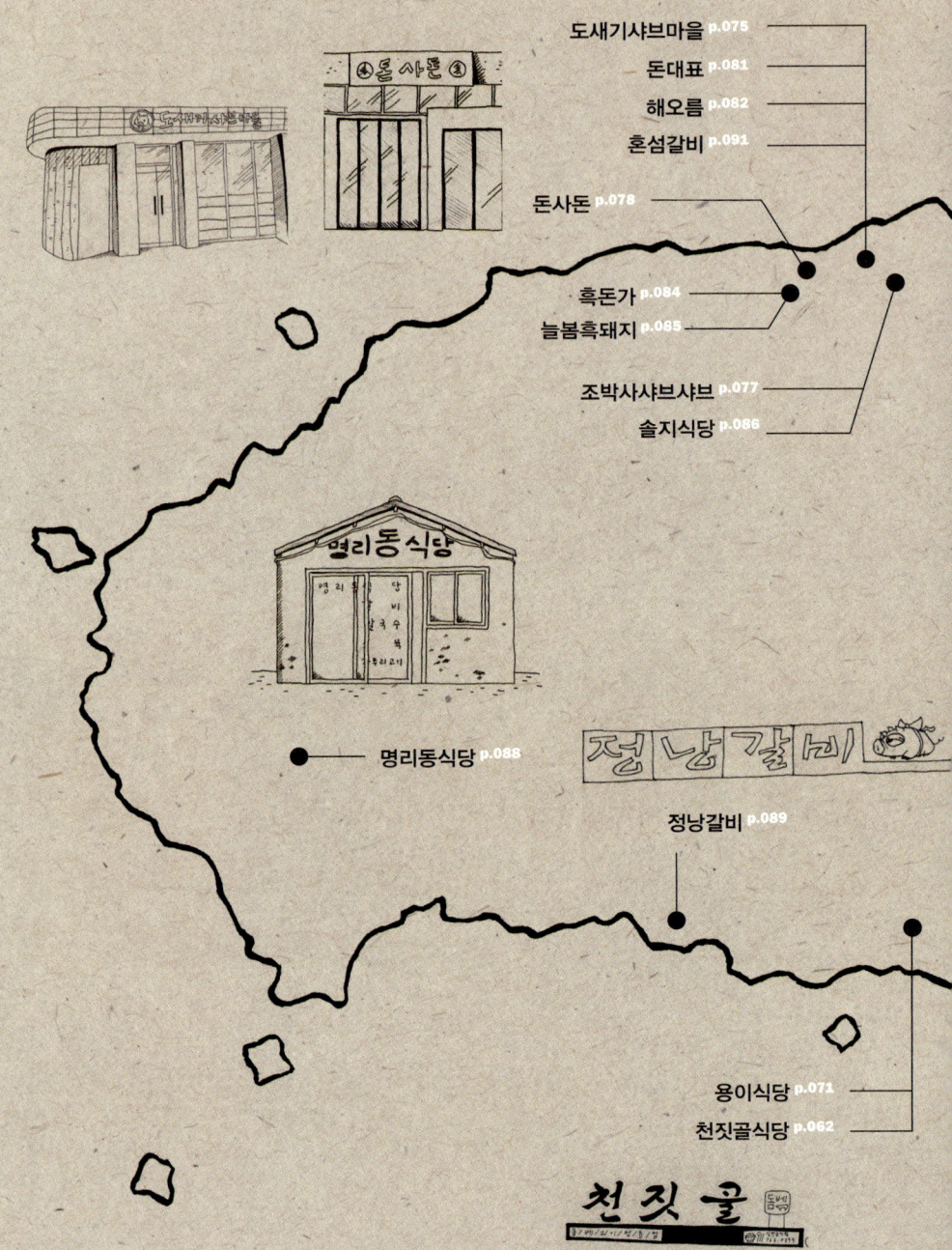

도새기샤브마을 p.075
돈대표 p.081
해오름 p.082
혼섬갈비 p.091
돈사돈 p.078
흑돈가 p.084
늘봄흑돼지 p.085
조박사샤브샤브 p.077
솔지식당 p.086
명리동식당 p.088
정낭갈비 p.089
용이식당 p.071
천짓골식당 p.062

Taste STORY

제주에서 가장 먹고 싶은 것을 꼽을 때, 1등에는 이견이 없다. 바로 돼지고기다. 20여 년 전 제주를 처음 여행할 때부터 하루가 멀다하고 제주를 들락거리며 식탐 여행을 즐기는 지금까지, 제주로 유혹하는 가장 강력한 힘은 바로 '그 녀석'이다. 내가 돼지띠라서 하는 말이 아니다.

두툼한 덩어리가 불판에서 지글지글 소리를 내며 변신하는 모습을 보면, 옆에 있는 사람이 사랑스러워지고 세상이 아름다워 보인다. '어여쁜 장미 한 송이'처럼 석쇠 한가운데 자리한 맬젓멸치젓은 그곳에 있는 것만으로 존재감이 넘친다. 새하얀 비계의 풍미는 또 어떤가. 물컹하고 기름기 많은 부위라고만 생각했던 비계가 제주에서는 쫄깃함으로 무장한 핵심 부위로 변신한다.

돼지는 세계적으로도 사랑받는 식재료지만, 이슬람 국가에 가면 상황은 역전된다. 무슬림은 돼지고기를 먹지 않을 뿐만 아니라 금기시한다. 코란에서 돼지고기를 부정하고 있기도 하지만, 무슬림이 사는 서아시아 지역이 덥고 건조해서 돼지를 키우기에 적당하지 않은 환경이라는 것도 영향을 미쳤을 것이다.

2014년 무슬림이 대부분인 파키스탄을 몇 달간 여행했다. 풍경도 좋고 사람은 더 좋았다. 그런데 문제가 하나 있었으니 아무리 먹어도 속이 허전했다. 그 허전함의 원인을 곰곰이 생각해보니 바로 돼지고기였다. 무슬림의 밥상에는 돼지고기가 없었던 것이다. 두툼한 돼지고기 한 점만 먹으면 향수병도 다 날아갈 것만 같았는데 파키스탄에서는 불가능했다. 몇 달 동안 돼지고기를 못 먹은 것이 삶의 행복에 이렇게 큰 영향을 미칠 줄이야! 파키스탄 다음 여행지로 이란과 중국을 고민하다가 결국 마음껏 돼지고기를 맛볼 수 있는 중국행 비행기에 올랐다. 그리고 난 지금까지도 그 결정을 후회하지 않는다.

돼지고기가 옳았다.

제주 돼지는 제주사람에게 가까우면서도 귀한 존재였다. 집집마다 똥돼지를 키우는 돗통시돼지를 키우는 화장실가 있었고, 잔치를 벌일 때도 돼지는 중심에 있었다.

제주에서는 그냥 '고기'라고 하면 '돼지고기'를 의미한다. 그만큼 돼지고기를 많이 먹는다. 육지사람특히 서울쪽은 돼지고기 요리라고 하면 불판에 굽는 구이를 가장 먼저 떠올리는데, 제주에 돼지구이만 있다고 생각하면 큰 오산이다. 돼지를 대입시켜 생각해보지 못한 수많은 요리법이 있다. 그중 하나가 샤브샤브다. 오키나와에나 있는 줄 알았던 돼지고기샤브샤브. 얇게 저민 돼지고기를 물에 넣어 야들야들 식감을 느끼며 맛보는 샤브샤브. 제주에는 심지어 돼지고기샤브샤브 체인점이 있다. 생고기구이와 돼지두루치기도 놀라웠다. 근고기라는 이름으로 덩어리째 나오는 돼지고기구이는 두말할 나위도 없다. 정작 제주사람이 사랑하는 돼지고기는 생구이뿐 아니라 달달한 양념돼지고기였다는 것도 충격이었다.

그러나 나를 가장 놀라게 만든 것은 시골 동네 고깃집이다. 유명한 돼지고기 집을 찾아가기로 했는데 심신이 피곤했다. 그래서 단백질 섭취 정도만 기대하고 찾아간 동네 허름한 고깃집. 유치해 보이는 간판에 연탄구이 탁자, 어두컴컴한 조명…. 맛있는 식당이 마땅히 갖고 있어야 할 덕목이라고는 손톱만큼도 찾아볼 수 없던 동네 고깃집에서 별 기대 없이 돼지고기 근고기를 주문했다. 그런데 세상에나, 맛있다! 그동안 현지인에게 물어보고 제주도 전문가에게 조언을 구하며 맛있는 돼지고기 집을 찾아다녔던 시간이 무색할 정도로 허겁지겁 돼지고기를 구워먹었다. 이후에도 비슷한 경험을 몇 번 반복한 후 알게 되었다. 제주에서는 돼지고기를 먹는 데 실패하기가 더 어렵다는 것을.

역시 제주는 돼지가 갑이다.

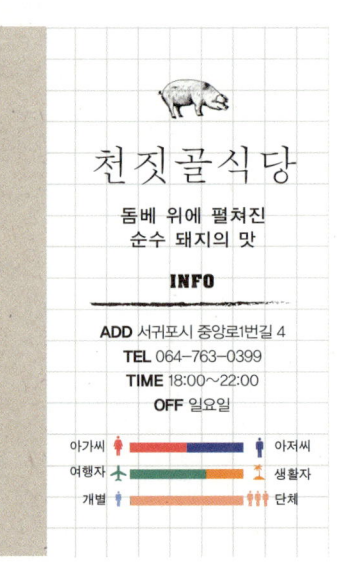

천짓골식당

돔베 위에 펼쳐진
순수 돼지의 맛

INFO

ADD 서귀포시 중앙로1번길 4
TEL 064-763-0399
TIME 18:00~22:00
OFF 일요일

제주는 우리가 생각하는 것보다 훨씬 넓은 섬이다. 섬이라고 해서 작게 생각했다가는 식당 찾다 한나절을 도로 위에서 날려버릴 수 있다. 맛있는 식당은 제주시와 서귀포시에 주로 몰려있다. 서귀포 맛집거리는 이름도 어여쁜 아랑조을거리. '알아서 좋을 거리'라는 뜻이다. 아랑조을거리 1번가에 위치한 천짓골식당은 제주도를 들락거린 이라면 들어봤을 만한 집이다. 삶은 돼지고기 맛을 제대로 볼 수 있는 식당이다. '고기는 구워야 제 맛'이라고 생각했던 내 선입견을 단번에 바꿔줬다.

구운 돼지고기만을 좋아하던 내게 삶은
고기의 맛을 알려준 곳.

천짓골의 대표메뉴는 돔베고기. 육지사람에게는 도마 위에 올린 돼지고기수육이라고 이야기하면 빠르겠다. 돔베는 제주말로 도마라는 뜻으로, 제주에서는 잔칫날 돼지를 잡고, 돼지고기를 그대로 삶아 도마에 썰어서 먹었다. 말로는 간단하지만, 제대로 된 돔베고기를 만드는 데는 시간과 정성이 필요하다. 생고기를 불판에 올려서 구워먹는 것은 빠르고 간편하지만, 고기를 삶는다는 것은 최소 30분 이상의 시간이 필요하다. 제주에서도 구이 집은 많지만 돔베고기를 하는 집이 많지 않은 이유 중 하나다.

제주 지인 몇이 모여 돔베고기를 먹기 위해 천짓골을 찾아간 날을 잊을 수가 없다. 메뉴판은 단촐했다. 우리 목적은 오로지 돔베고기를 먹는 것이기 때문에 문제되지 않았다. 고민은 백돼지를 고를 것인가 흑돼지를 고를 것인가였다. 선택은 빨랐다. 우리는 인원 수가 되기 때문에 두 가지 모두 시켜서 둘 다 먹어보면 해결되는 아주 간단한 문제였기 때문이다. 다만, 두 사람이 갔을 때는 두 가지를 모두 먹기는 힘드니까 잘 고민해야 한다. 여기서 한 가지 팁을 주자면 백돼지는 부드럽고 편한 맛, 흑돼지는 고소하고 진한 맛이다. 제주사람은 백돼지를 주로 먹고 육지사람은 흑돼지를 주로 시킨다. 가격은 물론 흑돼지가 높다.

천짓골에서는 고기를 삶는 시간이 필요하기 때문에 미리 예약하고 가는 것이 좋다. 그

돔베고기 전문점 천짓골식당은 구운 고기가 아니라 삶은 고기의 맛을 제대로 느낄 수 있는 곳이다.
잘 삶은 돼지고기는 그냥 먹어도 맛있고 잘 익은 김치와 함께 먹어도 맛있다. 돼지는 옳다.

백돼지와 흑돼지 중 고르면 된다. 흑돼지는 좀더 비싸지만 고소하고 씹는 맛이 좋다.

냥 가서 주문하면 30분은 멀뚱멀뚱 기다려야 한다. 잠시 후 여 사장님이 직접 도마를 들고 테이블로 왔다. 도마 위에 위풍도 당당하게 올려진 흑돼지 오겹살 부위를 소라도 잡을 것 같은 큰 칼로 슥슥 썰면서 무심하게 이야기를 던졌다.
"처음에는 그냥 드셔보세요. 소스 찍지 마시고요."
일단 맛봐야지. 한 점 입에 넣고 조심조심 씹어보았다. 오! 돼지고기의 신세계다. 삶은 돼지고기가 가지고 있을 법한 누린내 없이 고소하고 담백하다. 좋은 고기를 적당한 시간 삶아서 기름기는 빠져나가고 맛있는 부분만 남았다. 스르르 녹는 맛이라는 것은 이럴 때 쓰는 것이다. 특히나 이곳 사장님은 고기를 직접 삶고 손님상에 와서 직접 썰어준다. 아무리 바빠도 종업원에게 시키지 않는다.
"미인은 화장을 안 해도 예쁘잖아요. 흑돼지는 아무것도 안 찍어 드시는 것이 가장 맛있어요."
그랬다. 흑돼지는 그냥 먹는 것이 가장 맛있었다. 흑돼지 한 도마가 사라질 때까지, 우리 식객이 모여있는 상에는 적막만이 감돌았다. 모두 먹는 데 정신이 팔려 있었다. 제주의 전통음식을 만난다는 의미도 있었지만, 담백하고 쫄깃한 맛이 주는 매력이 더 컸다. 처음에는 소금만 찍어먹고, 두번째는 멜젓을 찍어먹고, 세번째는 무쌈에 싸먹으면 좋다는 안내문도 있었지만 각자 취향에 맞춰서 고기를 흡입했다.

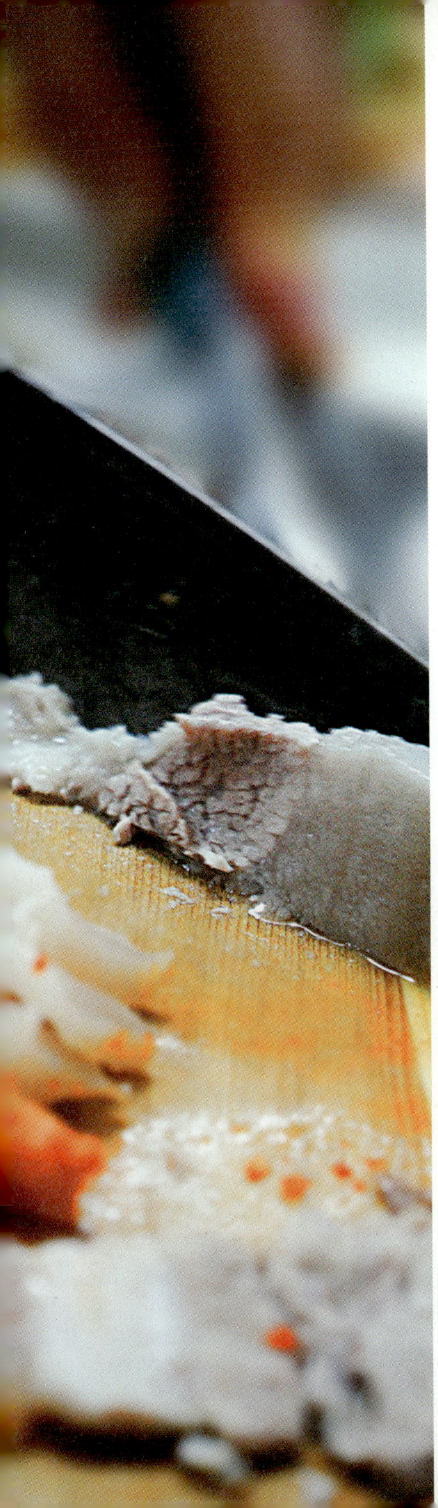

다음에 등장한 백돼지돔베고기. 흑돼지만큼 쫄깃한 맛은 아니었지만 백돼지돔베고기의 맛도 다른 어느 곳에서도 경험하지 못한 부드럽고 담백한 맛이었다. 백돼지는 소스를 살짝쿵 찍어서 쌈을 만들어보았다. 꼴깍 목으로 넘기니, 나도 모르게 부모님 생각이 났다. 얼른 모시고 와서 제주의 이 맛있는 돔베고기 맛을 보여드려야지 싶은 마음이 간절했다. 그 순간 몸국이 서비스로 나왔다. 돼지 삶은 국물에 모자반을 넣어 끓인 제주 전통음식. 한 입 맛보는 순간 부모님 생각은 잠시 사라지면서 고개를 쳐박고 계속 먹을 수밖에 없었다.
이 기막힌 삶은 돼지고기 맛이라니!

여 사장님이 직접 테이블로 와서 고기를 썰어주며 먹는 방법을 알려준다.

지나치면
후회할
그 집

돔베고기

신설오름

원래는 포장마차 스타일로 저렴하면서도 맛있는 제주음식을 하는 식당이었는데 크게 확장해서 옮긴 지 꽤 오래됐다. 이곳은 특이하게 돼지고기를 주제로 한 음식과 소라나 한치 등 해산물 메뉴가 함께 있다.
몸국은 오랫동안 뭉근하게 끓여서 부드럽고 진한 맛이 난다. 술안주로 인기 좋은 돔베고기는 최고의 맛이라고 하기에는 고기 질이 다소 떨어지지만 싸고 푸짐해서 별 불만이 없다. 왁자지껄한 선술집 분위기와 싸고 맛있는 제주 토속음식을 안주로 하기 때문에 과음하게 될 가능성이 높은 식당이다.

INFO

ADD 제주시 고마로17길 2
TEL 064-758-0143
TIME 08:30~06:00
OFF 둘째 넷째 월요일, 명절 당일

호근동

제주시청 건너편 '대학로' 안쪽 골목에 자리 잡은 호근동은 이 자리에서 20여 년 가까이 영업하고 있는 돔베고기와 순대 전문점이다. 제주 유일의 젊음의 거리인 이곳에서 오랫동안 자리를 지키면서 음식에 매진한 곳이니 그 내공은 미루어 짐작할 수 있다.
제주산 돼지고기만 쓰는 돔베고기는 소금만 살짝 찍어서 그 본연의 맛을 음미하는 것이 좋다. 부드럽기만 한 것이 아니고 씹는 맛이 충분히 느껴지게 삶았다. 돔베고기뿐 아니라 순대, 창도름도 맛있다. 앞으로도 꾸준히 자리를 지켜주었으면 하는 완소 식당이다.

INFO

ADD 제주시 광양10길 17
TEL 064-752-3280
TIME 17:00~02:00
OFF 연중무휴(필요시 휴무)

알수록 맛있는 정보

제주 잔칫집의 꽃, 돔베고기

제주 토종흑돼지는 천연기념물이다. 문화재청은 2015년 3월 17일 제주 흑돼지 260여 마리를 국가지정문화재인 천연기념물로 지정했다. 제주 흑돼지는 유전자 분석에서 고유 혈통을 유지하는 것으로 조사됐다. 물론 우리가 먹는 흑돼지는 천연기념물은 아니다.

하지만 일반 백돼지도 제주에서 자라면 특별한 맛을 낸다. 제주의 풍토가 맛있는 돼지고기를 만들어주는 것이다. 내 추측이 아니라 제주에서 돼지를 키우는 농장주가 해준 말이니 믿어도 될 것이다. 그도 그럴 것이 육지 돼지고기에서 나는 누린내나 느끼한 기름기를 제주에서는 거의 느끼지 못한다. 제주에서는 아무 식당에 가서 먹어도 제주산 돼지고기라면 믿고 맛있게 먹을 수 있다.

제주에서 돼지 없는 잔치는 상상할 수가 없다. 제주의 전통혼례는 기본적으로 3일 잔치인데, 3일 중 첫날이 돼지 잡는 날돗 잡는 날이다. 돼지고기에 관한 모든 것을 관장하는 '도감'이 돼지를 나무에 매달아 잡는다. 그리고 부위별로 해체해 고기와 머리는 삶고 내장은 순대를 만든다.

펄펄 끓는 가마솥에서 꺼낸 돔베고기 맛은 잊지 못할 정도로 담백하고 고소하다. 돔베고기를 설명할 때, 돼지수육이라고 설명하는 것이 얼마나 안타까운지. 큰 덩어리째 삶아진 커다란 돼지고기를 도마에 올려놓고 뜨끈할 때 바로 썰어먹어야 제 맛이다. 돔베고기의 도마는 '멋'을 위해서라기보다 '맛'을 위한 것이다.

돼지의 구석구석을 해체해 알뜰하게 고기를 먹은 후, 다시 돼지뼈를 가마솥에 넣는다. 여기에 모자반을 듬뿍 넣어 삶는다. 제주도 여인의 산후 미역국이자 최고의 보양식인 몸국이 완성된다. 돼지뼈에 남아있는 조각고기의 동물성단백질과 모자반의 식물성단백질이 어우러져 아름다운 하모니를 만들어낸다. 모자반 대신 고사리를 넣으면 고사리육개장이 되어, 잔치가 이어지는 3일 내내 돼지고기를 즐길 수 있다.

광동식당에서는 양푼에 가득 담겨있는 생고기를 먹을 만큼 덜어 먹는다. 나중에 추가로 더 넣을 수 있으니 처음부터 너무 욕심 부리지 말자. 푸짐하게 먹을 수 있다.

광동식당
푸짐하고 맛있는
돼지두루치기

INFO
ADD 서귀포시 표선면 세성로 272
TEL 064-787-2843
TIME 11:00~20:00
OFF 수요일, 명절

아는 사람은 이미 다 알고 있겠지만, 그래도 알려주고 싶지 않은 식당이 있다. 광동식당이다. 제주도 남쪽 표선과 가까운 시골길에 있는 허름한 식당이지만, 미슐랭 3스타만큼의 만족감을 안겨준 사랑스러운 식당이다.

삼겹살과 순댓국밥을 간판에 적어놓기는 했지만, 광동식당의 인기메뉴는 두루치기. 두루치기란 철판에 여러 재료를 넣어 익혀먹는 음식을 말하는데, 대전의 두루치기는 국물이 자작하지만 제주의 두루치기는 국물이 없어서 볶음요리라고 하는 게 더 맞겠다. 광동식당 역시 두루치기는 양념한 제주산 돼지고기에 각종 야채와 양념을 함께 넣어 볶아서 먹는다.

선배를 따라 광동식당 문을 열 때는 솔직히 실망했다. 그냥 시골에서 흔하게 만날 수 있는 식당이었다. 특별해 보이는 것이라고는 하나도 없었다. 그러나 주문을 하고 앉아 하나하나 뜯어보니 평범한 것이 없었다. 깔끔하게 정리된 주방, 가지런하게 준비된 야채, 먼지

표선 세화리의 시골길에 있는 광동식당은 허름한 겉모습만큼이나 무척 사랑스런 식당이다.

하나 없는 테이블, 패턴처럼 진열된 한라산까지! 완벽한 시골의 로컬식당이자 낮술의 공간이었다.

밑반찬은 여느 제주 식당과 마찬가지로 단출했다. 마농지마늘대장아찌와 자리젓, 파래무침, 마늘, 고추 등 야채가 담긴 그릇에 손이 먼저 갔다. 쌈잎을 하나 된장에 찍어서 먹는데 생각보다 질겼다. 상추인 줄 알았는데 알고 보니 유채잎이다. 때는 봄이라 한창 유채의 계절, 텃밭에서 키운 야채를 내놓는 제주 식당인지라 유채잎이 쌈채로 나온 것이다.

메인인 두루치기 고기가 나왔다. 겨우 2인분 주문했는데 양푼 한가득 너무 많은 고기가 담겼다. 광동식당에서는 주문한 대로 정해진 양이 나오는 것이 아니라, 양푼에서 자신이 먹을 만큼만 덜어먹는 방식이다. 양껏 고기를 올려놓고 야채를 올리니 산처럼 쌓였다. 기쁘기 그지없던 마음이 조금씩 두려움으로 바뀌었다. 과연 이 많은 양의 두루치기를 먹을 수 있을까? 심지어 곁들이 음식으로 나온 된장국도 맛있다.

일단 돼지고기를 불판 위에 올려놓고 익힌다. 이때 약간의 육수를 부어준다. 고기를 굽

세심하게 준비된 쌈과 음식들, 그리고 편안한 분위기로 언제나 만족스럽게 먹을 수 있는 곳이다.

기도 하고 삶기도 하는 느낌으로 익혀준다. 그 다음에는 무채와 파채, 콩나물 등이 섞여 있는 볶음용 야채를 그 위에 올린다. 이제 뒤적뒤적 거리면서 잘 익혀서 먹으면 된다. 고기양념이 강하지 않고 각종 야채와 함께 먹으니 질리지 않는다. 그 많던 두루치기가 어느새 바닥을 보인다.

광동식당은 지역주민에게 더 인기 있는 곳이다. 열심히 두루치기를 만드느라 주변을 돌아보지 못하다가, 고개를 들어보니 앞자리에서는 오랜만에 모인 가족 십여 명이 오순도순 가족모임 중이었고, 옆자리에는 분홍색 제주 막걸리를 장착한 제주 어르신 두 분이 주거니받거니 하고 계셨다.

제주에서 지갑 걱정하지 않고 돼지고기를 이렇게 맛있게 마음껏 먹을 수 있다니. 계산하고 나오면서도 고맙다는 인사를 하고 싶을 정도였다. 착한 가격 덕에 더욱 기분이 좋아졌다. 전국 최고의 가성비가격대성능비를 자랑하는 맛집을 꼽으라면 그 리스트 제일 윗자리에 꼭 광동식당을 올려둘 것이다.

지나치면
후회할
그 집

돼지두루치기

가시식당

표선면 가시리에는 식당 몇이 모여 있는데 한결같이 돼지고기가 주 메뉴다. 그중에서 가시식당은 순댓국과 몸국, 두루치기 손님이 많다. 가시리 녹산로의 유채꽃 구경을 하거나 따라비오름을 산책하거나 가시리 조랑말공원을 한바퀴 둘러보고 가시리에서 돼지고기를 먹는 것이 코스.
이곳은 불판에 알루미늄 호일을 깔고 그 위에다 양념된 돼지고기를 먼저 볶는 것이 마치 돼지불백 느낌도 난다. 나중에 파채와 무채나물, 콩나물을 얹어서 한번 더 볶아서 먹는다. 두루치기를 시키면 몸국이 서비스로 나오니 한 번에 두 가지 요리를 즐길 수 있다. 이곳의 몸국은 진하면서도 부드럽다.

INFO
ADD 서귀포시 표선면 가시로565번길 24 중앙슈퍼
TEL 064-787-1035
TIME 08:00~20:00
OFF 명절

용이식당

용이식당에 대한 평은 극과 극이다. 최고 맛집이라는 평과 실망했다는 평으로 나뉜다. 기대가 크면 실망도 크다. 냉동 돼지고기가 나오고 알루미늄 호일 위에서 익혀먹는다는 점은 오래 전 추억을 되새겨준다.
술과 음료는 팔지 않는데 먹고 싶으면 밖에서 사올 수 있다. 이런 것들이 용이식당의 특징이지만, 그걸 충분히 감안할 수만 있다면 저렴하면서도 맛있다는 점에서 사랑하지 않을 수 없는 식당이다. 무엇보다 두루치기를 먹은 후 꼭 철판에 볶은 밥을 먹어봐야 한다. 서귀포나 가시리가 멀다면 제주시 용이식당 분점인 천도두루치기에 가보자. 일도동에 있다.

INFO
ADD 서귀포시 중앙로79번길 10
TEL 064-732-7892
TIME 08:30~22:00
OFF 첫째 셋째 수요일

나목도식당

숙성하지 않은
돼지 생고기의 원초적인 맛

INFO

ADD 서귀포시 표선면 가시로613번길 60
TEL 064-787-1202
TIME 09:00~20:00
OFF 부정기 휴무

아가씨 ━━━━ 아저씨
여행자 ━━━━ 생활자
개별 ━━━━ 단체

서귀포시 표선면 가시리에 있는 나목도식당. 내게 제주 여행은 혀를 따라가는 여행인지라 동네는 상관없이 식당을 찾아가는 편이다. 그런데 나목도식당은 전혀 다른 방식으로 만나게 됐다.

몇 년 전에 가시리 문화센터에서 세계의 하늘을 주제로 사진전을 열었는데, 그곳에 사진을 전시하기로 해 내비게이션에 '가시리'를 찍고 찾아갔다. 유난히도 따뜻하고 맑은 봄날이었다. 하늘은 눈이 시리게 푸르렀다. 준비해간 사진을 걸고 난 후에 이마에 맺힌 땀을 훔치고 허기진 배를 채우러 바로 옆에 있는 허름한 식당에 들어갔다. 그리고 제주에 왔으니 역시 돼지고기를 먹어야지, 하는 심정으로 생갈비를 주문했다. 살짝 주물럭 양념을 한 돼지갈비인데 돼지 잡는 날에만 들어온다고 했다. 일도 끝냈겠지, 분홍색 제주 막걸리에 돼지고기로 배나 채워야지 하는 마음이었다. 가격도 저렴했다.

나목도식당은 옛 건물을 헐고 2층 건물을 올렸다. 고기 맛은 그대로지만 옛날 건물이 그리워지는 건 어쩔 수 없다.

나목도식당에 가면 생갈비가 있는지 먼저 물어보자.

드디어 주문한 생갈비가 올라왔는데 나도 모르게 자세를 바로 잡았다. 느긋하던 마음이 긴장되기 시작했다. 이 돼지고기 위에 감도는 붉은빛은 뭐지? 돼지고기 모양과 생김새가 다른 집과 달라도 한참 달랐다. 원초적인 날 것의 그 느낌이다. 불판을 달구고 생갈비를 올려놓았다. 적당히 구워서 한 점 입에 넣으니 눈이 먼저 동그래졌다. 나중에 설명을 들어보니 가시리에서 좋은 물과 사료를 먹고 자란 돼지를 잡아서 숙성시키지 않고 바로 사용한 생고기라 색도 맛도 달랐던 것이다.

사람도 마찬가지지만 식당도 겉만 보고 판단하면 안 된다는 교훈을 얻었다. 외관은 벗겨진 페인트와 오래된 낡은 간판, 금방이라도 문을 닫을 것처럼 보이지만 이미 수십 년의 내공이 그곳에 숨어 있었다.

아쉽게도 생갈비를 맛보는 것은 쉽지 않다. 돼지 잡는 날에만 소량 나오는 것이라 나목도 사장님도 언제 오면 생갈

새 건물로 바뀌었지만 메뉴판은 그대로다. 다행히 고기 맛도 변하지 않았다.

비를 먹을 수 있다고 장담하지 못한다. 그래서 일단 나목도식당에 들어가면 생갈비가 있는지 물어보고 있으면 바로 생갈비를 시켜먹어야 한다. '다음에'는 없다. 나목도식당의 또 다른 장점은 가격이 싸다는 것. 먹고 싶은 만큼 배부르게 먹고 계산할 때 한 번 더 행복해진다.

또한 나목도식당은 순댓국이 맛있는 집으로도 통한다. 갖은 야채와 당면이 들어가는 육지식 순대와 달리 제주의 전통순대는 돼지창자에 선지와 메밀가루를 넣어서 마치 속이 매끈한 소시지처럼 만든다. 순댓국 국물도 검붉은 팥죽색이 나는데 국에는 돼지의 각종 부위가 가득해서 순댓국에 익숙지 않은 사람은 먹기 힘들지도 모르겠다. 하지만 입안에 들어가면 부드러우면서도 진한 맛이 밀려든다. 그냥 맛있다. 순댓국밥을 찾아다니는 이들에게는 나목도식당 순댓국은 꼭 먹어봐야 한다고 권한다. 그리고 고기국수의 원류라고 할 수 있는 순대국수도 있다. 순댓국에 제주 중면을 삶아서 말아주는데 고기 먹고 밥을 먹기에는 부담스러울 때 딱 좋다. 이것도 별미다.

돼지의 모든 부위가 다 들어간 것 같은 나목도의 순댓국은 익숙지 않은 사람은 먹기 힘들 정도로 원초적인 느낌이 난다.

처음 돼지고기를 샤브샤브로 먹는다는 말을 듣고 콧방귀를 뀌었다. 자고로 고기는 구워야 맛이다. 굳이 샤브샤브를 한다면 연하디 연한 소고기도 있고 해물도 있는데 돼지고기를 왜 굳이 샤브샤브로 먹느냐고 선배에게 반발했다. 일본에 가면 꼭 스키야키를 찾아 먹고 태국에서 수키를 맛봐야 하고 중국에 가면 훠궈집에 가야 하는 사람이었음에도 불구하고 제주에서 돼지고기로 샤브샤브를 만든다는 것이 상상이 되지 않았다.

상상이 안 된다면 직접 먹어보는 것이 답이다. 가만히 살펴보니 제주에는 돼지샤브샤브 집이 적지 않았다. 제주현지인의 반응이 좋아 도내 체인점까지 운영되고

도새기 샤브마을

담백한 돼지고기를 샤브샤브로 즐기다

INFO

ADD 제주시 달마루길 22
TEL 064-772-8000
TIME 11:00~22:00
OFF 명절 당일

아가씨 / 아저씨
여행자 / 생활자
개별 / 단체

있었다. 호기심을 가득 안고 노형동에 있는 도새기샤브샤브에 들어갔다.
동그랗게 썬 돼지고기 한 접시가 나오자, 나도 모르게 코를 들이댔다. 뭔가 고기에서 냄새가 나지 않을까 싶어서. 걱정했던 안 좋은 냄새는 맡을 수 없었다. 감기에 걸린 것도 아닌데, 다시 한번 숨을 쉬고 냄새를 맡았다. 좋은 고기에서 나오는 상쾌한 향이 올라온다. 이거 좋다.

육수에는 감태를 넣어서 특허를 받았다고 하고, 고기 위에는 산삼배양근도 올려준다. 특별한 맛보다는 무언가 계속 노력하는 모습이 좋다. 육수가 보글보글 끓어오르면 얇은 돼지고기를 투하해서 살짝 오른쪽 왼쪽 흔들어준 다음, 겨자와 고추, 간장이 조합된 소스에 찍어서 먹는다. 고기는 담백하고 소스가 묻은 부분은 감칠맛이 났다. 질기지 않지만 씹는 재미도 있다. 젓가락의 속도가 점점 빨라졌다.

샤브샤브용 돼지고기는 얇게 썰어야 하기 때문에 냉동보관한 고기를 사용한다. 적당한 살코기와 비계의 비율 덕분에 담백하면서 알맞게 기름진 식감을 유지할 수 있다. 돼지고기와 함께 나온 야채를 육수에 넣으니 이들만의 캘리브레이션이 시작됐다. 사각사각한 야채 맛과 담백한 돼지고기 식감이 어우러져 입 안에서 춤을 춘다. 고기와 야채를 다 먹고나면 메밀면을 끓여 먹는데 이 또한 맛있다. 샤브샤브의 완결편은 역시 죽이다. 달걀을 하나 톡 깨뜨려서 죽을 끓여먹고 나니 소화제를 찾아야 할 상태가 되었다.

역시 고기는 구워야 제 맛이라고 생각하는 고기 애호가에게는 아쉬울 수도 있겠다. 대신 제주의 다양한 돼지고기 요리를 섭렵한 후 뭔가 색다른 요리를 찾아 고민하는 분에게 추천하고 싶다.

돼지고기를 샤브샤브로 먹는 것은 제주에서 흔하다. 각종 야채와 함께 기름기가 많지 않은 담백한 돼지고기를 육수에 살짝 익혀서 먹으면 부드럽고 맛있어서 질리지 않게 먹을 수 있다.

> 지나치면
> 후회할
> 그 집 🏠

샤브샤브

조박사샤브샤브

노형동 로터리 부근에 자리잡은 조박사는 그야말로 제주도민이 사랑하는 집이다. 가격이 싸면서도 만족감이 높아 식사시간마다 손님으로 북적이는 곳이다.

서울의 등촌동버섯칼국수 집이 연상되는 이 집은 맵지 않고 맑은 국물에 푸짐함이 장점이다. 샤브용 돼지고기도 질이 좋고 야채도 넉넉하고, 야채 리필도 기분 좋게 해주는 곳. 직접 제면해주는 칼국수 양도 많아서 정신없이 먹다보면 배를 두드리며 나서게 된다. 소고기도 있지만 돼지고기로 푸짐하게 먹는 것이 좋다.

INFO
ADD 제주시 다랑곶길 10
TEL 064-746-8668
TIME 11:00~21:00
OFF 일요일

그디

제주시청 근처의 그디식당도 제주도민의 맛집이다. 전형적인 제주 동네식당의 모습을 갖추고 있다.

이곳의 인기메뉴는 역시 돼지샤브샤브. 제주도 밥집의 반찬이 깔리고 샤브용 야채도 콩나물과 부추, 봄동배추를 듬뿍 넣어주어서 좀 투박스러운 구성이다. 하지만 고기 질이 좋고 가격도 저렴하다. 양 많고 가격 저렴하고 맛도 좋으니 어찌 손님이 없을 수가 있을까? 야채는 계속 추가가 가능하고 인심도 푸짐한 동네 돼지샤브샤브 식당이다. 이도지구 베라체에도 분점이 있다.

INFO
ADD 제주시 동광로4길 14
TEL 064-759-0886
TIME 15:00~23:00
OFF 일요일

돈사돈

두툼한 두께에 반해버린
근고기 한 판

INFO

ADD 제주시 우평로 19
TEL 064-746-8989
TIME 12:30~22:00
OFF 둘째 화요일, 명절 당일

아가씨 ▮▮▮▮▮ 아저씨
여행자 ▮▮▮▮▮ 생활자
개별 ▮▮▮▮▮ 단체

십여 년 전쯤이었나? 자칭 제주 전문가라는 친구가 제주에 가면 무조건 근고기를 먹어봐야 한다고 조언해줬다. 근고기가 뭔지도 모른 채 아무데나 들어가서 "근고기 2인분 주세요"라고 외쳤다. 주인장은 "저희 집은 근고기 없어요"라며 당황해했다. 근고기가 돼지의 한 부위인 줄 알았던 무지의 소치였다.

근고기는 돼지고기를 한 근, 600g 단위로 파는 것을 말하는데, 최근에는 아예 통으로 두툼하게 썬 고기를 말한다. 근고기 붐이 시작된 것은 십여 년 전 제주시 노형동에 있는 돈사돈에서부터다. 맛있는 고기로 입소문이 나던 중 〈1박2일〉에 등장하면서 전국적인 인기를 얻게 되었다. 두툼하게 덩어리진 고기를 연탄불에 돌려가면서 구워 멜젓에 찍어먹는 근고기 스타일을 전국에 알린 공신이다. 돈사돈에 들어가면 벽을 가득 채운 연예인 사인이 눈길을 잡는다.

질 좋은 돼지고기를 두툼하게 썰어서 연탄불에 익히는 근고기는 육즙이 터지는 돼지고기의 맛을 제대로 느낄 수 있다. 멜젓을 찍어 먹어야 맛이 더 살아난다.

돈사돈에서는 고기를 천천히 익히기 위해 연탄불을 사용한다. 연탄 위에 석쇠를 놓고 두꺼운 근고기를 턱하니 올려놓는다. 어떻게 잘라먹어야 하나 걱정할 필요는 없다. 직접 종업원이 와서 처음부터 끝까지 다 잘라준다. 두툼하게 익혀서 육즙이 새나가지 않아 빛깔도 다르다. 여기에 제주 돼지고기와 환상궁합을 이루는 멜젓에 퐁당 찍어서 입안에 넣으면 된다. 겉은 쫄깃하고 속에선 육즙이 톡하고 터진다. 저절로 감탄사가 터져나온다. 이것이 돼지고기의 맛이구나! 돼지고기의 정직하고 참된 맛이랄까. 맛있어서 눈물이 핑 돌았다. 그동안 내가 먹었던 돼지고기는 도대체 뭐였던 것인가! 포크와 나이프를 양손에 잡고 썰어야만 스테이크가 아니다. 이보다 더 맛있는 스테이크가 어디 있을까 싶다.

돈사돈은 예전보다 확장해서 조금 나아졌지만 여전히 줄을 서야 할 때가 많다. 연탄가스 냄새에 민감하거나 시끌벅적 복잡한 분위기가 싫은 사람에게는 좀 불편할 수 있다.

그동안 먹어온 돼지고기에 대한 회의를 느끼게 해준 돈사돈의 근고기구이.

칠돈가

**고기 맛은 기본,
김치찌개도 맛있다**

INFO

ADD 제주시 서천길 1
TEL 064-727-9092
TIME 13:30~22:30
OFF 연중무휴

아가씨 ■ 아저씨
여행자 ✈ 생활자
개별 ♠ 단체

돼지고기가 맛있기로 소문난 제주도에 맛있는 근고기 집은 수두룩하다. 제주 근고기의 인기를 뒤에 업고 육지 곳곳에서도 제주 근고기 집이 성업중이다. 제주도 내에서는 불을 연탄불로 하느냐, 참숯으로 하느냐, 초벌로 익히느냐 하는 정도의 차이가 있지만, 모두 훌륭한 근고기 집이다. 제주사람들이 워낙 돼지고기를 좋아하기 때문에 각각 분점을 두세 개씩은 갖고 있는 곳이 많다.

서귀포, 중문, 한림, 제주시 등에 분점을 갖고 있는 칠돈가도 근고기를 맛있게 내는 식당이다. 연탄불 근고기로는 전형적인 스타일로 고기를 구워주는 곳. 두툼하고 질 좋은 돼지고기를 큼직하게 익혀 먹는데 맛이 없을 수가 없다. 근고기 집 김치찌개가 별로 맛이 없는 경우가 많은데 이곳은 김치찌개가 맛있어서 나중에 밥을 더 먹게 된다.

돈사돈과 비교해 어디가 더 맛있냐는 얄궂은 질문에 "다 맛있다"고 대답한 칠돈가 스탭들. 사실 그 말이 정답이다.

> 지나치면
> 후회할
> 그 집

근고기

돈대표

노형동 골목 안에 있는 돈대표는 찾아가기 힘들어도 항상 손님이 가득 차 즐거운 분위기다. 연탄불 위에 두툼한 불판이 인상적인데 고기를 굽고 나중에 이 불판에 계란찜을 해먹는 재미도 좋다. 똑같은 근고기 집이지만 나름대로 차별화되는 점 한 가지만 있어도 인상이 훨씬 더 좋아진다.
기본으로 순두부찌개도 곁들여 나오고 김치찌개를 추가해 시키면 맛있고 배부른 한상이 된다. 가족보다는 친구끼리 가면 좋은 근고기 집이다.

INFO
ADD 제주시 정존13길 17
TEL 064-743-0565
TIME 17:00~23:00
OFF 일요일

춤추는오병장의돼지꿈

근고기의 장점이자 단점은 커다란 덩어리 고기라는 것이다. 제대로 익히면 육즙이 터져나오면서 탄성이 나올 정도로 맛있지만, 고기 굽는 시간이 꽤 걸린다. 배고플 때 고기 굽는 것을 기다리고 있는 게 너무 힘들다. 춤추는오병장은 이런 기다림의 시간을 줄일 수 있게 초벌로 고기를 구워서 내오기 때문에 오래 기다리지 않고 맛있게 먹을 수 있다.
식당 이름처럼 씩씩한 젊은이들이 군복차림으로 즐겁게 일하는 분위기라 덩달아 즐거워진다.

INFO
ADD 제주시 일주동로 291
TEL 064-724-0092
TIME 15:00~23:00
OFF 수요일

흑돼지의 특수부위뿐만 아니라 각종 야채까지 함께 직화로 구워서 가져다준다.

해오름

**흑돼지특수부위왕꼬치
하나면 끝**

INFO

ADD 제주시 오일장서길 21
TEL 064-744-0367
TIME 10:30~22:30
OFF 명절 당일

해오름식당의 김 사장과는 제주에 내려온 지 얼마 되지 않았을 때부터 안면을 트고 꽤 오랫동안 친하게 지냈다. 군을 제대하고 식당을 시작한 지 벌써 15년이 되어, 20대 후반의 고깃집 젊은 사장은 어느덧 40대 중년에 들어서고 있다. 그는 긴 시간을 한결같이 뜨거운 불 앞에서 커다란 꼬치를 굽고 손님을 맞이하고 있다. 피 끓는 청춘을 불 앞에서 보낸 김 사장은 밖으로 뛰쳐나가고 싶었던 적도 많았으리라. 하지만 황금 같은 시기를 한눈팔지 않고 돼지고기에 매달려서 살아온 그는 언제나 싱글벙글 웃으면서 손님을 맞이한다. 같은 고기라도 어떻게 해야 손님에게 더 만족감을 줄 수 있을지 늘 고민하는 모습이다.

해오름식당의 간판메뉴는 어린아이 키만한 커다란 꼬치에 각종 야채와 흑돼지특수부위를 꽂아서 구운 흑돼지특수부위왕꼬치다. 초벌로 구워서 왕꼬치를 들고 들어오면 식탁에서는 박수를 치고 인증샷을 찍느라 한동안 환호성이 울릴 정도다. 비주얼만 최고가 아니라 맛도 좋다. 흑돼지에서 얼마 나오지 않는 항정살, 갈매기살과 같은 특수부위를

4~5인 정도가 먹어야 적당할 정도의 흑돼지특수부위꼬치구이는 해오름식당의 간판메뉴다.

이렇게 꾸준히 낼 수 있었던 것은 매형이 흑돼지농장을 직접 운영하고 있기 때문이다.

아쉬운 것은 왕꼬치는 4인 정도가 먹어야 할 정도로 양이 많고 가격도 그만큼은 한다. 2인이나 양이 적은 사람이 간다면 일반 흑돼지오겹살을 시켜 먹기도 하는데, 이곳에서 또 먹어봐야 하는 메뉴는 흑돼지통갈비다. 아예 갈비대가 하나씩 통으로 붙어있는 통갈비도 비주얼이 끝내줄 뿐 아니라 생갈비의 담백하고 부드러운 맛은 고기를 즐기지 않는 사람도 바로 '고기러버'로 바꿔버리는 마력이 있다. 흑돼지왕꼬치구이나 통갈비는 제주도 돼지고기의 클래스를 보여준다.

전에는 신제주 골목 안쪽에 있어서 주차가 힘들고 자리가 좁고 불편해서 추천하기가 좀 곤란했는데 2015년 말에 제주시오일장 앞으로 확장 이전해서 훨씬 쾌적한 환경에서 고기를 구워먹을 수 있게 됐다.

흑돈가
흑돼지로 전국을 평정하는 집

INFO

- **ADD** 제주시 한라대학로 11
- **TEL** 064-747-0088
- **TIME** 11:20~22:00
- **OFF** 명절

서울의 흑돈가 분점은 고기값이 비싸도 항상 손님으로 가득 찰 정도로 제주 흑돼지의 대표적인 식당으로 자리잡고 있다. 제주시 노형동의 또 다른 초대형 흑돼지 집인 늘봄흑돼지와 마주보고 있는 흑돈가 본점 역시 항상 손님이 넘쳐난다.

이곳의 특징은 흑돼지생고기에 칼집을 내서 불 맛이 속살까지 배어들어가게 하는 것. 고소하게 잘 익은 흑돼지고기 한 점에 행복해진다.

고기 질이 좋고 기본 반찬도 깔끔하고 맛있다. 유일한 단점은 바쁜 시간에는 종업원들이 좀 정신이 없이 어수선하고, 고기를 추가하다보면 예산도 그만큼 늘어난다는 것.

흑돈가는 그 이름처럼 제주산 흑돼지고기만 사용하는 흑돼지전문점이라 믿을만하다. 흑돼지의 특징은 일반 백돼지보다 더 고소하고 쫄깃한 맛을 지니고 있다는 것이다. 심지어 기름이 많은 비계 부위조차도 고소하게 씹히는 맛이 좋다. 이 맛을 보고 난 이후에는 서울 쪽에서 돼지고기를 맛있게 먹기가 힘들어지니 조심해야 한다.

제주산 흑돼지를 내는 대형 식당이 줄지어 있는 한라대학로. 흑돈가 본점도 중심에 자리하고 있다.

늘봄 흑돼지

가게도 넓고 고기도 좋고

INFO

ADD 제주시 한라대학로 12
TEL 064-744-9001
TIME 11:00~23:30
OFF 연중무휴

아가씨 ■■■ 아저씨
여행자 ■■■ 생활자
개별 ■■■ 단체

가족모임이나 회사 회식장소로 인기인 늘봄흑돼지. 믿을만한 고기가 나온다.

흑돈가와 늘봄흑돼지가 있는 한라대학교 쪽 길은 제주도에서 초대형 흑돼지 집이 몰려있다. 근처에 근고기로 유명한 돈사돈도 자리잡고 있으니 그야말로 돼지의 각축장이다. 제주에서 오래된 대형 소고기 집인 늘봄가든에서 만든 늘봄흑돼지는 근처를 지나가다보면 항상 눈에 띄는 대형 흑돼지 전문점이다. 식당 홀이 넓을 뿐 아니라 룸이 많아서 가족 단위나 회사 회식으로도 많이 가는 곳이다. 서비스가 편안하게 진행되어서 식사하기 좋다. 점심메뉴도 인기가 많다.

대형 고기집이 많은 제주에서도 초대형 식당에 속하는데 식당 홀에 올라가면 한눈에 다 들어오지 않을 정도의 식탁과 방이 있다. 그곳에서 온통 돼지고기를 굽는 모습은 장관이다. 크고 손님이 많지만 그만큼 믿을 만한 고기가 나온다.

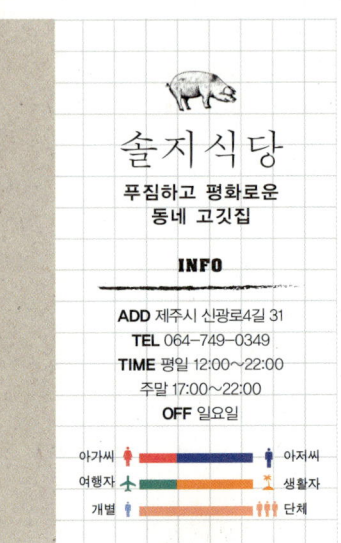

솔지식당
푸짐하고 평화로운 동네 고깃집

INFO

ADD 제주시 신광로4길 31
TEL 064-749-0349
TIME 평일 12:00~22:00
　　　주말 17:00~22:00
OFF 일요일

제주도에 살면 아무래도 돼지고기를 많이 먹게 되는데 주로 집에서 구워먹는 것이 현실이다. 가끔 육지에서 손님이 오면 그때서야 두툼한 근고기를 먹으러 가든가 거창하게 왕꼬치구이로 제주도 돼지고기의 클래스를 보여주면서 기를 죽이는 것이다.

하지만 제주사람이 식당에 가서 먹을 때는 주로 가는 단골집이 있다. 집에서 멀지 않고 고기가 맛있고 관광객이 잘 오지 않는 식당들이다. 그중에서 솔지식당은 단연 최고 인기를 누리는 곳이다. 이곳은 고깃집이라기보다는 밥집 같은 곳이다. 식사메뉴가 있고 고기메뉴는 오겹살과 가브리살이다. 고기메뉴는 단순하지만 다른 곳에 없는 비장의 무기가 있으니 바로 멜조림이다. 요즘에는 제주식으로 멜젓에 고기를 찍어먹는 것 정도는 알고 있는 사람이 많은데, 여기는 아예 고춧가루가 듬뿍 들어간 멜조림으로 나온다.

고기는 오겹살과 가브리살을 섞어서 주문했다. 반찬은 참 심플하다. 콩나물과 김치, 쌈채소, 무채나물 그리고 생두부를 준다. 고기가 준비되는 동안 두부에 한라산소주를 한잔 마시는데 이 두부가 참 맛있다. 오래된 두툼한 불판에서 고기가 익어간다. 오겹살도 그

고춧가루가 들어간 멜조림은 꼭 맛봐야 할 메뉴다.

소박하지만 도민이 사랑하는 고깃집 솔지식당. 좋은 돼지고기와 멜조림이 입맛을 돋운다.

렇고 가브리살도 기름기가 많은 부위다. 식당 안이 곧 돼지고기 굽는 냄새로 가득 찼다. 고기가 다 익어갈 무렵 투가리에 펄펄 끓는 멜조림이 나왔다.

이곳에서는 상추쌈에 돼지고기와 멜조림을 같이 싸서 먹는 것이 제 맛이다. 기름진 돼지고기와 짭조름하면서도 진한 멜조림을 같이 싸먹으면 이게 색다른 맛으로 변한다. 밥도 당기고 술도 당기는 최고의 안주이자 반찬이다.

그리고 보니 나도 제주에 살면서 이곳에서 몇몇 사람과 같이 술도 마시고 많은 이야기를 했던 기억이 난다. 그런 기억 때문에 이런 동네 고깃집이 더 특별한 느낌을 주는 것이 아닐까.

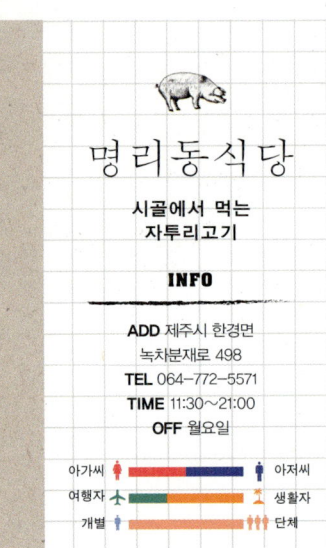

명리동식당

시골에서 먹는
자투리고기

INFO

ADD 제주시 한경면
녹차분재로 498
TEL 064-772-5571
TIME 11:30~21:00
OFF 월요일

명리동식당은 자투리고기 집이다. 돼지고기의 여러 부위가 한꺼번에 나오는데 잘 구워서 멜젓에 찍어먹으면 맛있다.

좀 낯설다. 무너질 것 같은 돌집에 페인트로 명리동식당이라고 써놓은 것을 기억하고 있었는데 번듯하게 새 건물이 들어섰다. 추억을 그대로 남겨두지 못하는 건 제주도라고 해서 예외는 아니다. 명리동식당이 유명한 것은 아무 것도 없을 것 같은 시골에 꽤 먹을만한 돼지고기 집이었기 때문인데, 새 건물로 옮기고 나서는 어떨지 모르겠다.

이곳의 메뉴는 자투리고기. 그 이름처럼 돼지의 여러 부위가 골고루 나온다. 생고기를 두툼하게 대충 썰어서 내온다. 이름도 자투리고기, 생고기를 대충 썰어온 것을 보면 그렇게 맛있을 것 같지는 않지만 잘 구워서 한 점 먹어보면 바로 자세가 달라진다. 1인분 14,000원이라 좀 비싼 느낌이지만 양이 많기 때문에 머리수대로 시키면 다 먹기가 버거울 정도다. 김치전골을 시켜먹을 것을 염두에 두고 주문하는 것이 좋다. 역시 고기 질이 좋다. 제주에서는 고기가 안 좋으면 바로 손님이 떨어져 나간다. 이 시골까지 손님이 바글바글한 이유가 있다. 연탄불을 가운데 두고서 고기가 익으면 다들 술 한잔하는 분위기라 곧 거나해진다. 숙소가 근처가 아니라면 운전할 사람은 술을 먹지 못한다. 대리를 부르면 오기도 하는데 워낙 구석진 곳이라 시간도 걸리고 대리비도 비싸다.

고기를 먹고 난 후에는 보통 김치전골을 주문하는데 큰 기대하지 말고 고기를 먹은 후에 따끈한 국물을 먹는다고 생각하고 주문하면 될 듯. 제주에서 김치찌개 맛있게 하는 곳은 거의 없다고 보면 된다.

제주에서는 돼지고기가 안 좋은 곳을 찾기가 오히려 힘들 정도로, 교통도 불편한 시골 구석에 손님들이 바글바글해서 신기한 곳이다.

정낭갈비

이불처럼 펼쳐진
양념갈비의 충격

INFO

ADD 서귀포시 안덕면 화순로 71
TEL 064-794-8954
TIME 12:00~22:00
OFF 월요일

아가씨 / 아저씨
여행자 / 생활자
개별 / 단체

일명 방석갈비라고 부르는 정낭갈비의 양념
갈비. 사람수대로 주문하면 배가 터질 정도로
푸짐하게 나온다.

양만 많은 것이 아니라 맛도 있다.
그것이 정낭갈비의 장점.

오랜만에 친구에게 전화가 왔다. 이번에는 제주 돼지고기를 원 없이 먹고 올 생각이니 한 집 소개해달란다. 친구 주머니 사정까지 고려해서 가장 먼저 추천해준 곳이 안덕면 화순리에 있는 정낭갈비다. 아담한 바닷가를 끼고 있는 화순리에 동네사람들만 갈 것처럼 생긴 돼지갈비 집이다. 가격표를 보면 왜 그런지 알 수 있다. 1인분이 17,000원인데 450g 이상이라고 적혀있다. 1인분이 450g이라니, 화순리 주민은 모두 씨름선수인 것일까. 홍대에 있는 50g이라는 고깃집에서는 고기를 50g씩 팔던데, 기준이 이렇게나 다르다니. 물론 이 무게에는 뼈 무게가 포함돼 있지만 그럼에도 엄청난 양이다.

정낭갈비에서는 흑돼지오겹살과 돼지생갈비, 돼지양념갈비를 취급하는데, 가장 인기 있는 메뉴는 돼지양념갈비다. 세 명이 가서 2인분을 주문했다. 접시에 겹쳐져 나온 양념갈비를 불판에 올렸더니, 마치 두꺼운 솜을 가득 채운 겨울이불을 펼쳐놓은 것 같았다. 정낭갈비의 또 다른 이름은 '방석갈비'다. 방석처럼 넙대대한 모양 때문에 붙여진 별명이다. 적당한 돼지고기 지방과 속살에 은근히 밴 양념 맛이 제주의 돼지고기소금구이와는 다른 맛을 안겨줬다. 간이 세지 않고 적당해서 계속 입맛이 당긴다. 그런데 문제는 고기가 줄지 않더라는 것. 아무리 먹고 또 먹어도 고기가 그대로였다. 푸짐하다는 것이 무엇인지 제대로 보여주는 식당이다. 창문에 빨간 글씨로 '제주산 1등급 돼지고기만 취급합니다'라고 쓰여 있어, 돼지고기 품질에 대한 자신감도 엿볼 수 있다.

지나치면
후회할
그 집

양념 돼지갈비

혼섬갈비

가게에 들어서면 후끈한 느낌이 올라온다. 어깨를 부딪칠 정도로 다닥다닥 붙어 있는 테이블에서 모두 열심히 돼지갈비를 굽기 때문이다. 가장 많이 먹는 메뉴는 역시 양념 돼지갈비와 돼지생갈비.
양념갈비는 간이 세지 않고 부드럽고 깔끔해 소갈비 같은 느낌도 난다. 돼지생갈비는 양념하지 않은 신선한 생갈비를 소금만 뿌려서 굽는데 적당히 기름지면서도 뒷맛은 깔끔하다. 노형동에도 분점이 있는데 이곳은 좀더 깨끗하고 넓어서 어린아이가 있는 가족이 가도 괜찮다. 후식으로 냉면과 밀면을 먹을 수 있는데 제주니 밀면을 권한다. 의외로 수준 높은 밀면 맛이다.

INFO
ADD 제주시 흥운길 10
TEL 064-711-9283
TIME 11:00~23:00
OFF 연중무휴

서울식당

양념돼지갈비하면 함덕서울식당을 치는 사람이 많다. 겉에서 보면 다소 썰렁하고 평범한 식당인데 돼지갈비를 먹으러 오는 손님으로 항상 북적인다.
이곳의 양념돼지갈비는 일단 시선부터 압도한다. 갈빗대가 그대로 붙어있는데 양이 꽤 많다. 양념 색깔은 진한 편이지만 실제 맛을 보면 단맛이 강하지 않고 부드러워 질리지 않고 계속 먹게 된다. 역시 생갈비도 맛있는데, 돼지고기의 순수한 맛을 제대로 볼 수 있다. 여기서 돼지고기 맛을 본 다음에는 육지에서 웬만하면 돼지고기를 못 먹게 되는 후유증이 생길 수 있다. 아름다운 함덕 바다도 서울식당의 매력이다.

INFO
ADD 제주시 조천읍 함덕리 1000-24
TEL 064-783-8170
TIME 10:00~21:00
OFF 명절

CHAPTER 3

제주의 속살을 맛보다

토속음식

Taste MAP

- 쌔맹식당 p.104
- 김희선몸국 p.111
- 우진해장국 p.112
- 앞뱅디식당 p.121
- 두루두루 p.132
- 정성듬뿍 제주국 p.116
- 도두해녀의집 p.099
- 신설오름
- 보성시장 p.101
- 광명식당 p.102
- 한라식당 p.120
- 돌하르방식당 p.122
- 보건식당 p.135
- 동귀포구식당 p.130
- 물꾸럭식당 p.128
- 화순 중앙식당 p.118
- 용왕난드르 p.106
- 네거리식당 p.119
- 대도식당 p.124
- 삼보식당 p.134
- 수희식당 p.136

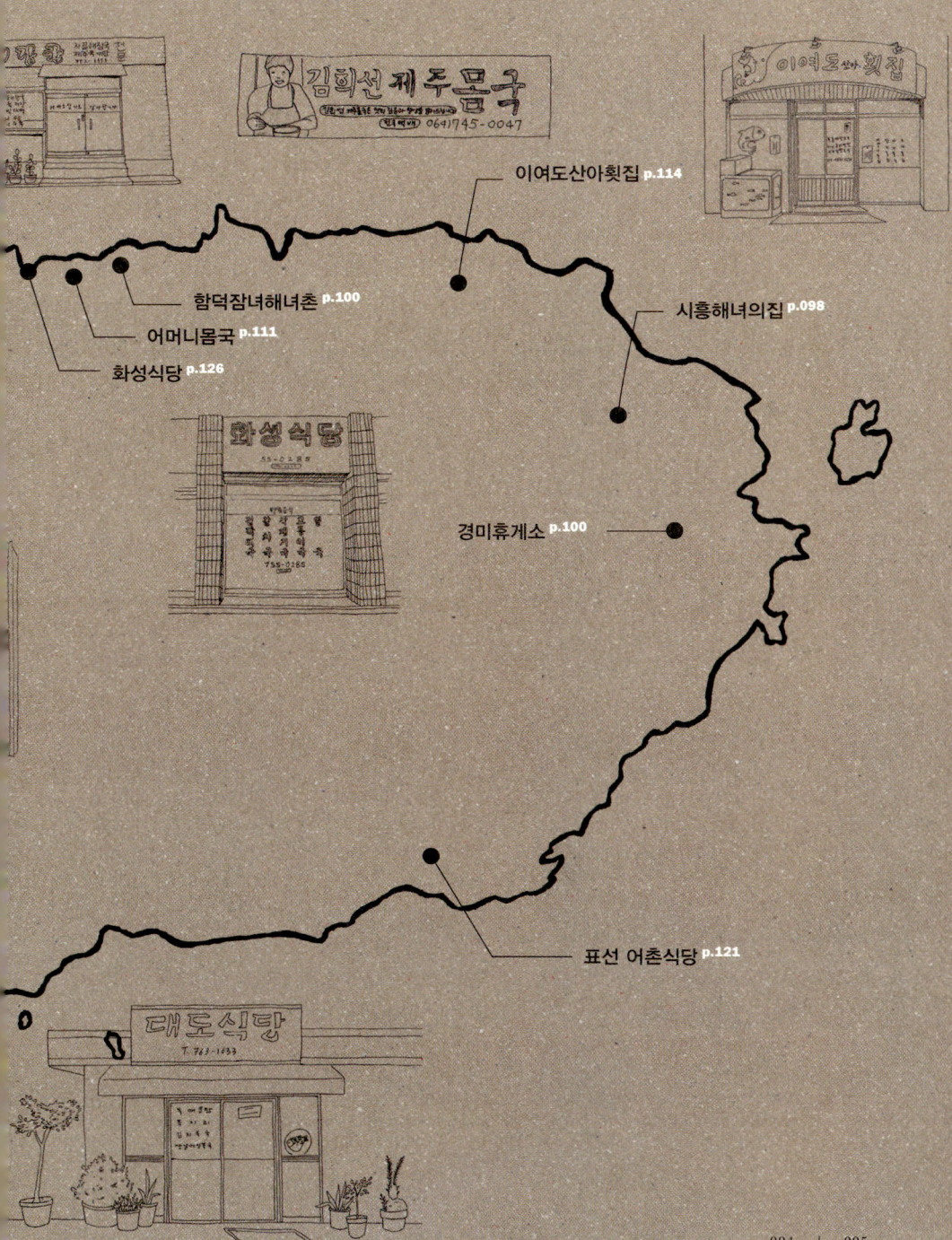

Taste STORY

　제주음식은 다르다. 가끔은 외국에서 다른 문화권의 음식을 접하는 것처럼 색다르게 다가온다. 자연환경과 문화가 육지와 다르기 때문이다. 고사리육개장을 보자. 육개장인데 빨갛지 않다. 고춧가루도 들어있지 않다. 여기에서 제주 전통음식의 가장 큰 특징을 볼 수 있다. 고추장보다 된장을 기본으로 한다는 점이다. 매운 음식 좋아하는 것으로 치자면 세계적으로 손꼽히는 이들이 우리나라사람인데, 왜 된장을 썼을까? 자연환경 때문이다. 습도 높은 섬이라 고추가 잘 마를 리가 없다. 그래서 제주도에서는 고춧가루와 고추장이 귀했다. 지금은 육지와 다를 바 없이 고춧가루와 고추장을 쉽게 구할 수 있어 빨간색을 띤 음식이 많아졌지만, 과거에는 대부분 된장만 이용했다.

　자리물회를 봐도 그렇다. 물회라고 하면 매콤하고 새콤달콤한 맛에 먹는다는 이들이 많지만, 제주에서는 다르다. 지금은 자리물회에 고추장을 넣어 비비기도 하지만, 집에서 자리물회를 만들어먹던 제주사람은 자리를 숭숭 썰어 된장에 휘휘 비벼 찬물을 부어먹었다.

　제주음식의 또 다른 특징은 싱싱한 재료다. 사방이 바다에 쌓여 있으니 생선은 말할 것도 없다. 제주사람은 예로부터 돌담 아래 우영밭이라는 작은 텃밭을 가지고 있었다.

보물창고 같은 우영밭은 사시사철 먹거리를 제공해줬다. 날씨가 따뜻한 덕에 채소가 잘 자라 겨울에도 무와 배추를 심었다. 가정집뿐 아니라 식당도 마찬가지다. 식당 앞에서 직접 기른 채소를 낸다. 그러니 싱싱한 채소가 듬뿍듬뿍 올라올 수밖에. 봄에는 돼지고기 쌈으로 상추 대신 유채가 주인공 자리를 차지하는 것은 당연지사.

마지막으로 재미있는 제주음식의 독특한 점은 단순하다는 것.
'도대체 어떤 레시피로 만들었기에 이런 예술적인 맛이 나올까?'
궁금함에 살짝 주인장에게 비법을 물어본다.
"배추하고 생선 넣고 그냥 끓이면 돼. 매콤한 거 좋아하면 고추 조금 썰어서 넣고."
원재료가 맛있기 때문에 어떻게 만들어도 맛있는 게 제주음식. 그러니 굳이 이것저것 복잡하게 만들 필요가 없다. 그리고 이 배경에는 제주문화도 숨어있다. 천하무적 제주해녀는 물질도 하고 밥도 하고 집안일도 해야 했다. 일하는 여성이 집에서 매번 밥상을 차리는 것은 쉽지 않은 일이다. 그러니 빨리 만들어먹을 수 있는 간편 요리법이 발달할 수밖에 없었다. 진짜를 단순하게 요리하는 것이 최고임을 보여주는 것이 제주 전통 음식이다.

시흥해녀의집

조개죽이 맛있는

INFO

ADD 서귀포시 성산읍 시흥하동로 114
TEL 064-782-9230
TIME 07:00~21:00
OFF 연중무휴

해녀의집이라고 하면 비슷한 음식을 낼 것 같지만 꼭 그렇지는 않다. 섭지해녀의집에 깅이바다참게죽이 있다면 시흥해녀의집에는 조개죽이 있다. 시흥해녀의집 바로 옆에 조가비박물관이 있어서일까. 시흥해녀의집은 조개죽이 잘 어울린다.

기본으로 깔리는 반찬부터 마음에 든다. 대부분의 제주 식당에서는 밑반찬이 비슷하고 단순하다. 그런데 시흥해녀의집 밑반찬은 다르다. 해산물로 나온 것도 마음에 들지만, 다양한 종류가 기분 좋게 만들었다. 김치와 함께 깅이튀김과 톳나물, 미역무침, 우뭇가사리가 가득 담겨 나왔다.

조개죽은 따뜻하고 부드러웠다. 죽 속에 묻혀있는 조갯살은 간이 들어 감칠맛도 났다. 시흥해녀의집에서는 제주 바다에서 직접 잡은 조개로 조개죽을 만든다. 조개회도 맛볼 수 있다. 조개를 그다지 좋아하지 않는다면 전복죽을 선택할 수도 있다.

풍경도 그만이다. 왼쪽에는 시흥리의 에메랄드빛 바다가, 오른쪽에는 늠름한 성산일출봉이 눈을 시원하게 만들어준다. 조개죽 한 그릇에 몸도 마음도 따뜻해지는 곳이다.

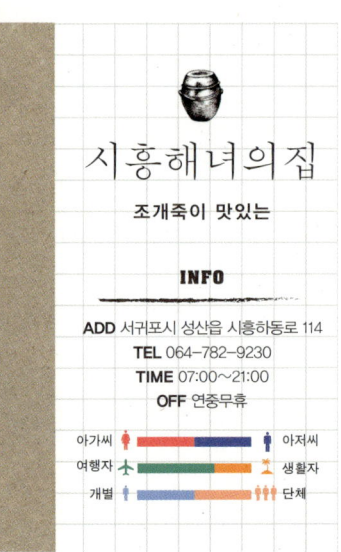

시흥해녀의집 옆에 있는 조가비박물관의 벽

조개죽도 밑반찬도 맛깔나다.

도두해녀의 집

새콤달콤 한치물회

INFO

ADD 제주시 도두항길 16
TEL 064-743-4989
TIME 10:00~21:00
OFF 연중무휴

아가씨 ━━━ 아저씨
여행자 ━━━ 생활자
개별 ━━━ 단체

도두항을 한바퀴 둘러보고 도두해녀의 집에서 한치회를 맛보면 완벽한 제주 여행이 완성된다.

여름에 물회를 먹으러 가면 고민스럽다. 한치물회와 자리물회를 두고 무엇을 먹어야 할지 한참을 머뭇거린다. 다행스럽게도 도두해녀의집에서는 그런 걱정을 할 필요가 없다. 한치물회가 맛있기 때문이다. 자리물회는 메뉴판에도 없다.

한치물회를 주문하면, 그릇 한가득 살아서 하늘거리는 한치가 나온다. 목포의 산낙지와는 꿈틀거림이 다르다. 살아있는 한치를 보며 즐거워하는 스스로가 부끄럽기도 하지만, 생물이 더 맛있는 건 어쩔 수 없다.

싱싱한 한치의 식감은 쫄깃하면서도 부드럽다. 자리물회가 씹는 맛이라면, 한치는 누르는 맛이다. 한치물회를 먹다보면 자연스럽게 감탄사가 나온다. 도두해녀의집에서 내는 한치물회는 된장을 기본으로 하는 제주식은 아니다. 고추장이 들어가서 관광객이 좋아할 새콤달콤한 맛이다. 한치물회만큼이나 인기 있는 메뉴는 한치덮밥. 수북하게 한치가 쌓여 나온다.

해녀의집이라는 이름에 걸맞게 갓돔, 벵어돔, 황돔과 같은 싱싱한 회도 낸다. 자리가 넓어 대가족이 와도 편하게 앉을 수 있다. 빼곡하게 배들이 정박해 있는 도두항의 평화로운 풍경은 덤이다. 공항에서 멀지 않아 접근성도 좋다. 근처에 전복물회로 유명한 순옥이네명가가 있다.

지나치면
후회할
그 집

해산물

함덕잠녀해녀촌

조천에서 함덕으로 가는 해안도로를 따라가다 보면 해안도로 바로 옆에 붙어있는 잠녀해녀촌이 나온다. 담벼락에 벽화로 해녀를 그려놓았으니 금세 발견할 수 있다.
함덕 앞바다에서 잡은 해물로 보통의 해녀의집 메뉴에 보통의 해산물이 나오는 곳인데 일단 위치가 좋다. 실내에서는 창을 통해 시원한 함덕의 바다 풍경을 볼 수 있다. 비바람이 불어도 상관없이 편하게 앉아서 해산물에 소주 한잔하고 따끈하게 성게보말죽 한 그릇으로 배를 채울 수 있는 곳이다. 여기에 앉아서 소라회 한 접시 먹고 있으면 여기가 바로 제주구나, 하는 생각이 든다.

INFO
ADD 제주시 조천읍 조함해안로 410
TEL 064-782-6769
TIME 07:00~21:00
OFF 연중무휴

경미휴게소

성산포 동네사람이 잘 삶은 문어에 소주 한 잔하고 남은 문어를 넣어 라면을 끓여먹던 집이었다. 그런데 이제는 문어가 아닌 해물라면 집으로 유명해져서 동네 어르신은 보이지 않고 젊은 여행객이 바글바글하다. 가끔은 옛날 모습이 그리워진다. 성산 쪽에 가면 꼭 들러서 문어 한 접시라도 시켜먹는 곳. 파란 벽에 가득 써놓은 낙서가 이 집의 트레이드마크처럼 됐는데, 너무 지저분해지면 가끔 새로 페인트칠을 한다.
해물라면만 먹고 나오면 경미휴게소의 진수를 놓치는 것. 성산포 앞바다에서 잡아온 돌문어를 삶아서 먹어봐야 한다. 성게알이 보이면 성게알밥도 놓치지 말 것.

INFO
ADD 서귀포시 성산읍 일출로 259
TEL 064-782-2671
TIME 05:00~18:30
OFF 연중무휴

보성시장 순댓국 골목에는 허영만의 〈식객〉에 출연해서 유명해진 감초식당이 있다. 감초식당만 있는 줄 알고 찾아가보면 보성시장 건물 안이 온통 순댓국 집이라서 깜짝 놀랄 것이다. 제주사람에게 보성시장 안에 있는 순댓국 집 중에서 어디가 제일 맛있냐고 물어보면 감초식당을 말하는 사람도 있지만 각자 자기가 좋아하는 순댓국 집이 있다. 유명세를 치르는 감초식당에 사람이 제일 많지만 맛나식당, 현경식당, 어머니순대, 하영순대 등 보성시장 내 순댓국 집은 다 각자 자기만의 개성을 가지고 손님을 맞고 있다. 갈 때마다 어느 집으로 들어가야 할지 고민할 수밖에 없다.

보성시장의 순댓국은 동문시장 순댓국하고는 조금은 다른 모습을 하고 있다. 순댓국에 배추와 콩나물과 같은 야채를 듬뿍 넣어준다. 진하면서도 개성이 있는 국물, 저렴하면서도 푸짐한 순대와 머리고기, 내장. 정말 이 가격에 이렇게 많이 줘도 괜찮나 싶을 정도로 푸짐하다.

순대를 좋아하는 사람에게는 천국과 같은 곳이다.

보성시장

개성 만점 순댓국 집이 모인 골목

INFO

ADD 제주시 동광로1길 32
TEL 064-752-3094
TIME 09:00~20:00
OFF 첫째 일요일

아가씨 / 아저씨
여행자 / 생활자
개별 / 단체

진하면서 개성있는 국물. 저렴한 가격까지 흐뭇한 보성시장 순댓국

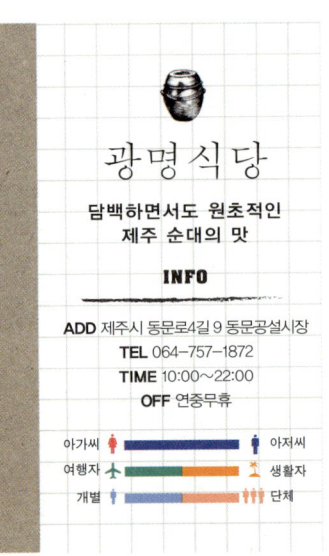

광명식당

담백하면서도 원초적인
제주 순대의 맛

INFO

ADD 제주시 동문로4길 9 동문공설시장
TEL 064-757-1872
TIME 10:00~22:00
OFF 연중무휴

아가씨 ■　　　　　아저씨
여행자 ■■　　　　생활자
개별 ■■　　　　단체

동문시장의 순댓국 집 광명식당. 제주 순대를 맛보기 위해 꼭 들러야 하는 곳이다.

두툼한 순대와 각종 부산물이 넉넉하게 들어있다.

제주에서 가장 큰 전통시장인 동문시장을 헤매다보면 안쪽 깊숙한 곳, 공영주차장 건물 주변에 순댓국 골목이 있다. 그중에서도 주차장건물 1층에 자리잡고 있는 광명식당은 여느 시장에 가도 있는 그런 순댓국 집처럼 보인다.

제주에서 제일 맛있는 음식을 꼽아보라고 한다면 흔히들 흑돼지고기나 해산물을 꼽겠지만 나는 순대를 꼭 집어넣는다. 제주의 순대는 육지의 병천순대나 백암순대, 이북식 아바이순대 등과 비교해도 전혀 뒤지지 않는다. 그도 그럴 것이 고기 맛 좋기로 유명한 제주의 돼지고기와 제주의 전통순대 만들기 비법이 섞여있기 때문이다. 제주 식당은 돼지고기 삶기의 고수들이다.

제주 전통순대는 '수애'라고 하는데 돼지창자에 선지만 가득 들어있어서 소시지와 비슷한 느낌이 난다. 하지만 수애는 요즘 제주에서도 맛보기가 쉽지 않다. 대부분 다양한 재료가 들어간 육지 스타일의 순대다. 다

소 뻑뻑한 느낌의 순대보다는 다양한 재료가 들어있는 순대가 더 먹기 좋고 익숙해서 거부감이 없다. 그래도 제주 전통순대 수애가 궁금하다면 가시리 나목도식당에 가서 순대국을 시켜보면 어떤 스타일로 나오는지 알 수 있을 것이다.

광명식당 순대는 다양한 재료가 들어간 순대다. 그런데 맛을 보면 육지식 순대하고는 조금 다르다. 야채가 많이 들어있는 병천순대하고도 완전히 다르고, 이북식 아바이순대하고 더 비슷한데 기름기가 덜 느껴지는 담백한 맛이라 먹기가 훨씬 편하다.

식당 한쪽에는 커다란 곰솥에서 육수를 계속 끓이는데 육수에는 스무 가지 정도의 양념을 넣는다고 한다. 국물이 진하고 구수하다. 서울의 뽀얗고 잡내 없는 순대국하고는 다른 느낌. 더 원초적이라고 해야 할까? 두툼한 순대와 각종 부산물이 넉넉히 들어가서 순댓국 한 그릇으로도 든든하다.

순대와 머리고기도 킬로그램 단위로 포장해서 파는데 숙소에 들어가서 편하게 술 한잔 하면 좋다. 가격 싸고 푸짐하다.

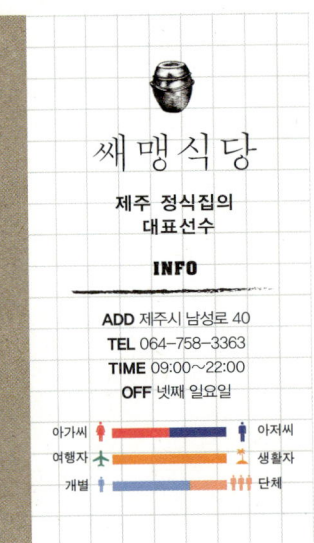

쌔맹식당

제주 정식집의 대표선수

INFO

ADD 제주시 남성로 40
TEL 064-758-3363
TIME 09:00~22:00
OFF 넷째 일요일

집밥 먹듯이 편안하게 식사할 수 있는 쌔맹식당

제주라고 해서 매번 흑돼지나 회를 먹을 수는 없는 법. 여행을 하더라도 한 끼 정도는 집밥 같은 밥을 먹고 싶다. 주머니 사정을 생각해야 하는 것도 현실. 이럴 때 갈만한 곳이 제주현지인이 많이 찾는 식당이다. 저렴한 가격에 든든하게 먹을 수 있기 때문이다. 제주에 있는 정식집의 대표선수가 쌔맹식당이다. 용담동 남성로터리 부근에 자리하고 있으며, 오랫동안 제주현지인의 사랑을 받고 있다. 간판에는 18년 전통이라고 쓰여 있지만, 수년째 같은 간판을 보고 있으니 18년 이상 이 자리에 있었던 것은 분명하다. 쌔맹이라는 귀여운 이름은 '시멘트'라는 설도 있지만, 정확한 유래는 주인도 모른단다. 세월이 흐르면서 주인이 여러 번 바뀌었기 때문이다.

대표메뉴는 1인분에 6000원인 쌔맹정식. 쌔맹정식에는 생선구이와 제육볶음, 달걀말이를 중심으로 김치와 멸치볶음, 샐러드, 계절 나물이 곁들여진다. 물론 제주 식당 모든 테이블에 빠지지 않는 채소와 고추가 함께 나온다. 국은 계절마다 다른데, 여름에는 메밀을 푼 국에 호박잎을 넣어 담백한 국을 낸다.

제주의 대표 정식집. 6000원이면 훌륭한 한상을 받을 수 있다. 단, 전라도 한상과 비교하지 말 것. 여기는 제주도다.

여기에 옥돔이 올라가면 옥돔정식, 연탄갈비가 들어가면 연탄갈비정식이 된다. 남자들에게는 연탄갈비정식이, 여자들에게는 옥돔정식이 인기가 많다. 커플이 간다면? 고민할 것 없이 두 가지를 모두 시키면 된다. 제주 옥돔이 유명하지만 막상 식당에 가면 맛있는 옥돔을 먹기가 쉽지 않은데 이곳의 옥돔은 씨알이 크지는 않지만 제대로 옥돔 향이 나서 맛있게 먹을 수 있다.

'제주도는 정식집이 유명하다며? 얼마나 맛있나 보자!'라고 기대하는 것은 금물이다. 눈을 휘둥그렇게 만들 요리가 나오는 것은 아니다. 그러나 가격대비 성능을 따진다면, 충분히 감사한 마음으로 먹을 수 있다.

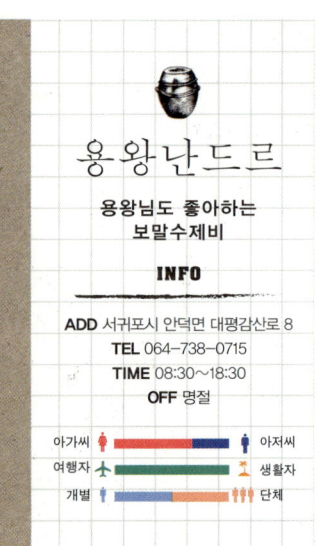

용왕난드르

용왕님도 좋아하는
보말수제비

INFO

ADD 서귀포시 안덕면 대평감산로 8
TEL 064-738-0715
TIME 08:30~18:30
OFF 명절

아가씨 ━━━ 아저씨
여행자 ━━━ 생활자
개별 ━━━ 단체

제주 서남쪽 올레 8코스와 9코스 사이의 대평리는 방콕의 여행자 집합소 카오산로드를 떠오르게 한다. 북적거리는 메인도로는 없지만 수많은 여행자가 모이는 게스트하우스와 새로운 스타일의 식당이 모여 바닷가 마을의 정취가 변하고 있기 때문이다.

예전에는 제주사람도 잘 모르던 숨어있는 마을이었다. 당연히 숙소도 식당도 마땅치 않았다. 장선우 감독의 물고기카페가 대평에 들어서 사람들이 신기하게 생각했을 정도였다. 올레 12코스를 걷고 난 다음날 8코스를 걸었다. 한 코스를 마쳤다는 만족감과 함께 주린 배를 채우기 위해 식당을 찾는데, 대평리는 너무도 조용했다. 그때 배고픈 여행자 앞에 구세주처럼 나타난 식당이 용왕난드르였다.

이름도 특이한 용왕난드르. 입구에는 귀여운 용왕님이 그려져 있고, 위에는 용왕난드르 향토음식 체험장이라고 쓰여 있다. 난드르는 '넓은 들판'을 뜻하는 것으로, 용왕난드르는 바다로 뻗어나간 들, 용왕이 나온 들이라는 의미란다. 대평리를 품고 있는 오름 군산은 동해 용왕 아들이 스승의 은혜에 보답하기 위해 만들었다는 이야기가 내려오고 있어 이 마을을 용왕난드르 마을이라고 부르고 있다.

제주 보말을 넣어 만든 보말수제비는 대평리에서 편하고 맛있게 먹을 수 있는 한 끼 식사다.

대표메뉴인 보말수제비를 주문했다. 테이블 위에 수제비가 놓이고서야 알았다. 보말이 고둥의 제주방언이라는 것을. 과거 제주 얕은 바닷가에는 보말이 흔했다. 보말은 단백질이 부족한 제주사람에게 단백질을 공급해주던 고마운 먹거리였다. 그래서 서귀포에서는 '보말도 궤기여고둥도 고기다'라고 했다.

그런 보말을 재료로 만든 보말수제비는 육지에서 먹던 수제비와는 달랐다. 쫀득한 수제비에 풍부한 미역과 보말이 섞여있었다. 색도 진하고 국물에서는 바다 맛이 풍겼다. 반찬으로 나온 배추나물도 매력적이었다. 한 가지 아쉬운 것이, 생각보다 보말의 양이 적다는 점이었다. 홍합짬뽕처럼 그릇이 넘치게까지는 바라지 않았지만, 꽤 많이 들어 있을 줄 알았는데 몇 번 숟가락으로 뜨고 나니 자취를 감춰버렸다. 하기야, 작은 소라 속에서 꼬챙이로 속살을 하나하나 빼서 만들었을 생각을 하면 이해가 되기도 한다.

보말수제비는 보말을 삶은 후 일일이 껍질에서 속살을 꺼내 참기름에 볶다가 보말 삶은 물을 넣어 끓이고, 물이 끓으면 불려놓은 미역을 넣고 한번 더 끓여 만든다.

용왕난드르는 대평리 주민이 공동사업으로 직접 운영한다. 올레를 걷는 이들에게 인기지만, 보말수제비만을 위해서 대평리를 찾아도 후회하지 않을 식당이다. 대평포구 시내버스 종점에 있어 찾기도 쉽다.

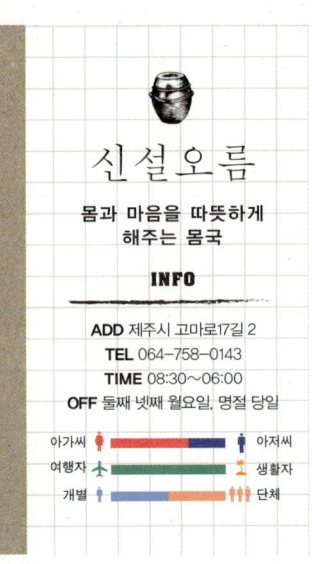

신설오름

**몸과 마음을 따뜻하게
해주는 몸국**

INFO

ADD 제주시 고마로17길 2
TEL 064-758-0143
TIME 08:30~06:00
OFF 둘째 넷째 월요일, 명절 당일

음식은 맛으로만 먹는 것이 아니라 기억으로 먹는다. 몸국은 육지사람에게는 이름부터 생소하지만, 제주사람에게는 잊혀진 추억을 꺼내주는 음식이다. 아이를 낳아본 제주여인이라면 몸국을 온몸으로 기억하고 있을 것이고, 해녀는 힘든 물질 후에 힘을 채워준 몸국 한 그릇을 든든함으로 기억하고 있을 것이다. 잔칫집에서 흥겹게 놀아본 사람이라면 몸국으로 마무리하던 흥겨운 분위기를 떠올릴 것이다.

몸국은 이름 그대로 몸을 넣은 국이다. 몸국의 몸은 모자반해초을 말하고 국은 고기를 푹 곤 국물을 말한다. 조리법은 간단하지만 인내심을 필요로 한다. 먼저 돼지사골육수에 고기를 삶아내고, 여기에 몸을 계속 끓인다. 그리고 메밀가루를 넣으면 배지근한 맛의 몸국이 완성된다.

몸국을 맛보면 '배지근하다'는 표현을 알게 된다.

제주 식당의 밑반찬은 단출하다.
그러나 싱싱하고 푸짐하다.

몸국에 들어있는 몸은 칼슘과 요오드, 단백질이 많아 영양이 풍부하고, 메밀은 섬유소가 많아 소화에 좋은 것으로 알려져 있다. 고기 삶을 때 떨어진 고기조각을 통해 동물성 단백질을 공급받고 몸을 통해 식물성단백질을 섭취할 수 있다. 제주가 고향인 서명숙 제주올레 이사장은 음식에 대한 추억을 담은 〈식탐〉이라는 책에서 이렇게 말했다.
"몸국 국물을 떠넣으면서 위장이 아니라 영혼을 채우고 있다는 느낌을 받았다."
제주에서 몸국을 내는 곳은 그다지 많지 않다. 원래 집에서 해먹던 음식이기 때문이다. 제주에서 제대로 된 몸국을 맛보고 싶은 이들이 찾는 곳이 식당 신설오름이다. 음식점이 모여있는 제주시내가 아니라, 주택가 안에 있다.
처음 몸국을 먹었을 때가 잊혀지지 않는다. 몸국 예찬론을 적지 않게 들어온 터라 몸국의 맛은 어떨지 궁금했다. 호기심과 함께 느끼하면 어쩌나 걱정스럽기도 했다. 김이 모락모락 나는 국 한 그릇이 테이블 위에 턱 놓였을 때, 오랫동안 보고 싶던 친구를 만나는 기분까지 들었다. 국물 한 숟가락 떠먹었는데, 의외로 밍밍했다 이 맛이 배지근한 맛이라

주택가에 자리하고 있는 신설오름

따끈한 몸국 한 그릇이면, 피곤한 몸과 마음이 확 풀어진다.

는 것을 알기까지는 꽤 오랜 시간이 걸렸다. 메밀가루 덕분에 국물은 걸쭉했다. 조심스럽게 몸과 밥을 담아 입에 넣었다. 부드러운 몸이 혀끝에서 살랑거렸다. 몸국의 다소 심심함을 없애주는 해결사, 애배추와 멜젓도 빠지면 안 된다. 아삭아삭한 배추를 멜젓에 찍어 먹으면, 씹는 즐거움도 느껴진다.

몸국을 처음 먹던 날은 제주의 바람이 여전히 거세던 3월 어느 날이었다. 봄이 올 것 같지 않은 날씨였는데 몸국 한 그릇을 비우고 나니, 봄을 맞이할 수 있을 것 같은 기분이 들었다. 이후에 여러 번 몸국을 맛봤지만, 시간이 흘러도 몸국과의 첫 만남을 기억하는 것은 몸국 한 그릇으로 그 해의 봄을 맞이했기 때문이리라. 역시 몸국은 몸뿐만 아니라 기억까지 채워주는 국이었다. 🙂

정겨운 분위기의 식당 내부. 한쪽에는 야채와 주류가 깔끔하게 정리되어 있다.

지나치면
후회할
그 집

몸국

김희선몸국

제주시 용두암 옆 용연다리 옆에 있다. TV 예능프로에 나와서 유명세를 톡톡히 치르는 중이다. 외국인이 깜짝 놀라는 식당이름 중에 할머니몸국이 있는데 여기는 김희선몸국이다. 유명 탤런트 이름이 아니라 사장님 이름이다. 유명해지기 전, 포장마차 같은 분위기에 사람 좋은 사장님의 푸근함과 부드럽고 시원한 몸국 맛에 종종 가던 곳이다. 이곳의 몸국은 제주사람이 생각하기에는 좀 가볍고 맑다. 돼지에서 우러나온 '배지근한 맛'보다는 해초 느낌이 더 올라온다. 그런데 오히려 이런 가볍고 부담 없는 맛이 몸국을 처음 접하는 이들에게는 더 편하게 다가가는 것 같다. 김희선몸국은 산뜻해서 좋다.

INFO
ADD 제주시 흥운길 73
TEL 064-745-0047
TIME 07:30~17:00
OFF 일요일

어머니몸국

제주시에서 동쪽 함덕으로 가는 길 중간의 조천 구길가에 자리잡고 있는 어머니몸국. 작고 오래된 간판처럼 식당도 작다. 옛날 오래된 돌집을 식당으로 개조해서 영업하고 있는데 테이블이 몇 개밖에 안 되는 곳이다. 그래도 자리에 앉으면 구수한 몸국 냄새가 기분 좋게 해준다. 맛 또한 투박한 제주 옛날 맛이다. 손님이 많은 날에는 재료가 일찍 떨어져서 문을 닫는 경우도 종종 있다.

INFO
ADD 조천읍 신북로 245
TEL 064-783-9818
TIME 06:00~21:00
OFF 연중무휴

우진해장국

**따끈한 고사리육개장에
마음까지 느긋해지는**

INFO

ADD 제주시 서사로 11
TEL 064-757-3393
TIME 05:30-24:00
OFF 연중무휴

아가씨 / 아저씨
여행자 / 생활자
개별 / 단체

식당에 해장국이라는 이름이 붙어있지만 인기 많은 메뉴는 제주식 고사리육개장이다. 요즘에는 고사리육개장에 대한 정보가 많아서 대략 어떤 음식인지 알고 시키는 경우가 많지만, 처음에 고사리육개장을 받았을 때의 당혹감이 생각난다. 뜨거운 뚝배기에 허여멀건 풀죽 같은 음식이 나왔는데 이름만 육개장이지 전혀 다른 생소한 음식이었다.

모양만 보면 전혀 맛있어 보이지 않는다. 문화적인 충격을 받을 수밖에 없는 음식이다. 그런데 한 숟가락 떠서 입안에 넣으니 고사리의 구수한 맛이 참 좋다. 죽처럼 부드럽고 따끈해서 속이 풀어지는 느낌이다. 새로운 맛의 세계다. 고사리육개장과 비슷한 음식은 아무리 생각해봐도 없는 것 같다. 순댓국하고도 다르고 돼지국밥하고도 다르고, 같은 제주음식인 몸국하고도 다르다.

고사리육개장은 돼지고기와 뼈를 푹 고은 국물에 고사리를 듬뿍 넣고 실처럼 풀어질 때

이젠 24시간 영업은 아니고 밤 12시까지만 영업하고 있어서 아쉽긴 하지만 역시 제주도 고사리육개장을 맛있게 먹을 수 있는 곳이다.

까지 끓여서 메밀가루를 풀어 걸쭉하게 만든다. 돼지와 고사리, 메밀이라는 제주도의 식재료가 만난 제주도만의 음식이다.
제주도 중산간 내륙지역에서 잔칫날 만들어서 나눠먹는 잔치음식이다. 상대적으로 해안가에서는 돼지국물에 해초인 모자반을 넣어 끓인 몸국을 많이 먹었을 것이다.
제주 전통음식이지만 고사리육개장을 먹을 수 있는 식당은 그리 많지 않은데 우진해장국은 언제든 구수하고 부드러운 국물이 생각날 때 찾을 수 있는 곳이라서 좋다. 여기는 해장국도 기본은 하고 몸국도 맛있는데 의외로 도가니탕도 푸짐하고 좋다. 그런데 놓치지 말아야 할 메뉴가 하나 더 있다. 바로 녹두빈대떡이다. 녹두와 돼지기름으로 만들어 촉촉하고 부드러우면서도 녹두 향이 그대로 살아있다. 깔끔한 제주 막걸리하고 함께 먹으면 행복해지는 그런 맛이다.

돼지고기 육수에 고사리를 실처럼 풀어지게 끓이고 메밀가루를 푼 고사리육개장은 제주에서만 맛볼 수 있는 토속음식이다. 구수하고 부드럽고 깊은 맛이 있다.

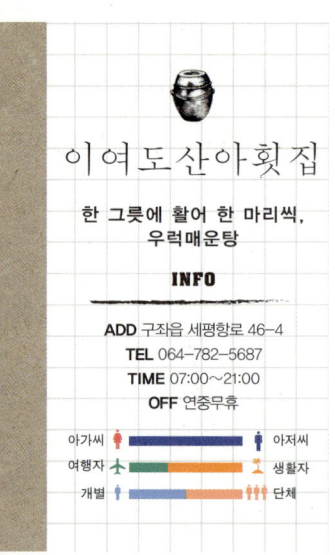

이여도산아횟집

한 그릇에 활어 한 마리씩, 우럭매운탕

INFO

ADD 구좌읍 세평항로 46-4
TEL 064-782-5687
TIME 07:00~21:00
OFF 연중무휴

싱싱하게 살아있는 우럭을 한 마리 통으로 넣어서 끓인 생선 맑은탕.
시원하고 시원하다.

세화는 규모가 큰 편이다. 구좌읍사무소와 파출소, 우체국 등 관공서가 있고, 꽤 큰 규모의 하나로마트가 있다. 바닷가 쪽에서는 오일장도 열린다. 매주 토요일마다 '벨롱장'이라는 벼룩시장도 열려서 조용하던 마을은 특색 있는 젊은이들이 모여서 북적인다.
세화의 매력은 무엇보다도 바다다. 물이 저 멀리 밀려나가는 썰물 때면 숨겨두었던 세화 해변이 모습을 드러내는데 모래사장이 하도 곱고 넓어서 바다로 마구 뛰어들고 싶어진다.
보통은 세화오일장 옆에 있는 은성국밥에 가서 배지근한 국밥 한 그릇을 먹지만 이날따라 시원하고 얼큰한 생선국물이 먹고 싶어서 이여도산아를 찾았다. 평범해 보이는 외관에 생선매운탕이나 회, 물회 등을 파는 전형적인 바닷가 식당이다.
실내에 커다란 수조가 있는 것이 특이한데 수조 안에는 활한치가 미끈하게 헤엄치고 있고, 우럭이나 쥐치 같이 제주 근해에서 나는 생선이 가득하다.

이곳 사장님은 우도 출신 해녀 할머니로, 젊었을 적엔 거제나 남해까지 해녀 원정을 나가서 몇 년씩 살기도 했다고. 세화로 돌아와 식당을 시작한 지 20여 년이 됐다. '이어도'가 아닌 '이여도'가 된 것은 서울에서 어떤 사람이 '이어도'를 상표등록해버려서 더이상 쓸 수 없었기 때문이다. 이어도를 쓸 수 없어서 아쉽지만 그게 뭐 대수인가. 작대기 하나로 상표 분쟁도 피해가고 음식 맛만 좋으면 되니.

전날의 쓰린 속을 달래기 위해서 일행은 매운탕을 시켰다. 지리도 맛있다고 하지만 얼큰한 국물이 필요했기 때문이다. 주문을 받은 사장님은 주방에서 커다란 뜰채를 들고 오더니 인원 수대로 수조에서 살아서 펄떡펄떡 뛰는 우럭을 잡는다. 탕에 쓰는 생선을 활어로 하다니!

한참을 기다려서 나온 매운탕에는 우럭이 통으로 한 마리씩 들어있다. 국물은 제주도스럽지 않을 정도로 빨간색 고춧가루 국물인데 통으로 들어간 우럭의 맛과 시원한 무, 그리고 얼큰한 고춧가루 양념이 어우러지니 속이 뻥 뚫리는 것같이 시원하다. 회를 쳐서 먹어도 될 정도로 싱싱하게 살아있는 생선을 넣어서 끓였으니 생선의 육질이야 말할 것도 없이 탱글탱글하고 상쾌한 맛까지도 느껴진다.

매운탕을 먹고 있자니 생선맑은탕도 궁금해서 지리도 한 그릇 추가했다. 역시 수조에서 물고기 한 마리가 건져지고 잠시 후에 지리가 나왔다. 맑은 탕이지만 청양고추가 들어가 알싸한 매운맛이 있는데 생선의 순수한 맛을 즐길 수 있으니 지리 역시 훌륭하다. 같이 간 제주도 후배는 어렸을 때 집에서 많이 먹었던 그런 맛이라고 눈물이 핑 돌 정도로 좋아한다. 육지사람인 나는 이렇게 맛있는 생선탕을 이런 가격으로 먹을 수 있으니 그 고마움에 눈물이 핑 돈다.

아침 7시부터 영업을 시작하고 저녁 7시에서 8시면 문을 닫으니 아침 일찍 들러서 식사를 해도 좋고 저녁 일찍 찾아가서 소주 한잔하면서 하루를 마무리를 해도 좋을 그런 식당이다.

얼큰하게 고춧가루로 맛을 낸
우럭매운탕.
역시 살아있는 생선으로
만들어서 살이 탱글탱글하다.

정성듬뿍 제주국

김이 모락모락
정성이 모락모락
시원한 장대국

INFO

ADD 제주시 무근성7길 16
TEL 064-755-9388
TIME 10:00~15:00, 17:30~21:00
OFF 일요일

아가씨 ■■■■ 아저씨
여행자 ■■■■ 생활자
개별 ■■■■ 단체

정성듬뿍 제주국은 왠지 식당이 있을 것 같지 않은 곳에 있다. 오래된 지방 소도시의 카페형 술집이 자리잡은 골목은 낮시간이라 한산했다. 제주국이라는 간판을 보고도 장사를 하고 있는지 확신이 들지 않았다. 그러나 조심스레 문을 열자마자 제대로 찾아왔음을 직감했다. 깔끔하게 정리된 주방과 김이 모락모락 나는 테이블 위의 국, 아름다운 음식으로 채워진 메뉴판을 보니 내가 찾던 집이 맞았다.

정성듬뿍 제주국을 찾은 시간은 아침. 오전에는 장대국과 각재기국이, 저녁에는 막걸리 한잔에 멜튀김이나 멜무침이 술안주로 인기다. 정성이 얼마나 듬뿍 들어 있을까 기대하며 장대국을 주문했다. 장대는 머리가 넙대대한 생선인데 장태라고도 한다.

주전자에 따뜻한 보리차가 먼저 나왔다. 오돌오돌 떨고 있었는데 손과 마음을 녹이기에 딱이었다. 밑반찬은 미역무침과 멸치조림, 콩나물무침, 김치, 생채까지 다섯 가지가 올랐다. 이중에서 눈길을 사로잡은 것은 멸치조림이었다. 멜튀김과 멜조림이 유명한 집이지만, 조림이 반찬으로 나올 줄이야. 큼지막한 멸치를 어찌 그리 맛있게 졸였는지. 크고 딱딱해서 주의를 기울여야 하지만, 맛있는 멸치조림을 먹는데 그쯤이야. 다른 반찬도 맛이 좋다.

무와 장대가 들어가서 시원하고 담백하면서도 매콤한 장대국. 식사도 되고 속풀이도 되는 아름다운 국물요리다.

정성듬뿍 제주국은 맛있는 생선국을 내는 집이다. 저녁에는 막걸리에 멜튀김이나 멜무침을 곁들여 먹는 이가 많다.

멸치조림 맛에 빠져 있을 때 무와 함께 맑게 끓인 장대국이 나왔다. 하얀 무에 쌓여 다소곳이 누워있는 연분홍빛의 장대 한 마리. 맛을 보기 전에 빛깔에 빠져버렸다. 장대의 희디흰 속살은 담백하면서 적당히 부드러웠다. 젓가락으로 집었을 때 형태를 유지하고 있지만, 입안에 들어가면 살살 부스러져 녹아내린다. 채 썬 무가 잔뜩 들어간 시원한 국물에 청양고추의 칼칼함. 거기에 큼지막한 장대 한 마리가 어우러져 장대국만의 멋진 한 그릇을 완성시켰다.

맛있는 장대국에 깔끔한 밑반찬을 곁들여 먹다 보니, 제주에 오길 참 잘했다는 생각이 들었다. 제주 아닌 어디에서도 이런 국을 맛보긴 힘들 테니까.

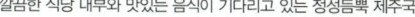

깔끔한 식당 내부와 맛있는 음식이 기다리고 있는 정성듬뿍 제주국

화순 중앙식당
제주 시골의 맛

INFO

ADD 서귀포시 안덕면 화순로 108
TEL 064-794-9167
TIME 08:00~21:00
OFF 연중무휴

현지인의 사랑을 듬뿍 받는 중앙식당.
보기만 해도 침이 꼴깍 넘어가는 성게보말국.

식당을 소개하다보면 주로 제주시내나 서귀포시내에 있는 식당을 추천하게 된다. 일단 영업시간도 길고 숙소로 되돌아갈 때 동선도 고려해야 하기 때문이다. 굳이 시골에 있는 식당까지 들춰내서 맛집으로 소개할 필요는 없을 거란 생각도 든다. 어차피 제주도 음식점 정보는 인터넷만 뒤져봐도 많이 나오니까. 하지만 화순에 있는 중앙식당은 한번 언급해야 할 필요가 있는 식당이다. 제주스러운 음식을 느끼기에는 이곳이 제격이기 때문이다.

산방산이 지척으로 보이는 화순읍내는 한가한 제주 시골 읍내 모습을 하고 있다. 중앙식당 앞도 역시 한가하다. 그런데 막상 문을 여니 식당 안이 손님으로 가득 차 있었다. 이 많은 사람은 도대체 어디서 온 것인가 어안이 벙벙했다.

칼칼한 갈치국. 두고두고 생각난다.

주문 받으러 온 삼촌이나 주방에서 요리하는 삼촌들 목소리도 크고 씩씩하다. 주문은 보말성게국과 갈치국. 보말성게국은 성게미역국에 보말을 넣어서 좀더 진한 맛을 낸다. 녹색빛이 도는 진한 국물을 먹어보면 몸에 좋을 것 같은 느낌이다. 갈치국도 더 말할 나위가 없다. 두툼한 갈치와 시원한 배추, 그리고 칼칼한 청양고추가 어우러진 맛은 담백하면서도 고소하고 시원하다.

관광객은 거의 없는 왁자지껄한 분위기 속에 맛있는 제주음식을 먹고 있으니, 마치 제주도민이 된 것 같다.

지나치면 후회할 그 집

갈치국

네거리식당

예전 소박했던 네거리식당은 넓게 확장 이전해서 좀더 크고 화려해졌다. 갈치국 맛이야 크게 변하지는 않았지만 역시 음식은 분위기로 먹고 들어가는 것 같다. 네온이 반짝이는 건물 장식이 영 어색해졌다. 그래도 제주산 생은갈치만 쓴다는 표시만큼 갈치의 맛은 싱싱하고 국물은 시원하다.
갈치 값이 많이 올랐는지 갈치국과 갈치조림 가격도 덩달아 올랐다. 이젠 제주에서도 갈치는 큰맘 먹고 가야 먹을 수 있는 금치가 되었다.

INFO

ADD 서귀포시 서문로29번길 20
TEL 064-762-5513
TIME 평일 07:00~22:00,
휴일 09:00~18:00
OFF 명절

아가씨 / 아저씨
여행자 / 생활자
개별 / 단체

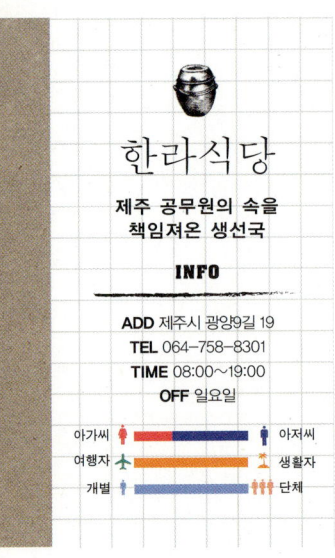

한라식당

제주 공무원의 속을
책임져온 생선국

INFO

ADD 제주시 광양9길 19
TEL 064-758-8301
TIME 08:00~19:00
OFF 일요일

아가씨 / 아저씨
여행자 / 생활자
개별 / 단체

두툼한 갈치가 들어있는 것이 특징이다.

제주시청 정문에서 동쪽 방향을 보면 한라식당이라는 오래된 간판의 식당이 눈에 띈다. 시간의 세례를 받은 오래된 식당, 외관에서부터 이 집은 맛집이라는 느낌을 받는 곳이다. 메뉴는 물회와 생선구이, 조림, 국 종류가 있는데 메뉴에서부터 제주 식당이다. 바로 옆에 제주시청이 있어서 예전부터 공무원 손님이 꾸준히 찾던 곳이다. 상대적으로 관광객은 거의 찾기 힘들다. 관광객은 바로 근처의 유명한 제주 향토음식점인 도라지식당 몇 년 전에 다른 장소로 이전을 주로 찾았기 때문인데 덕분에 한라식당은 좀더 토속적인 맛을 유지하고 있다.

한라식당의 대표메뉴는 역시 갈치국. 갈치가 워낙 비싸져서 다른 국보다 비싸지만 두툼한 갈치의 두께를 보면 불만이 없다. 갈치국에 들어가는 갈치는 역시 덩치가 큰 은갈치를 써야 제 맛이 나기 때문이다.

또 다른 별미는 옥돔국이다. 먹기에는 너무 귀엽게 생긴 옥돔이 한 마리 통째로 들어가는데 무의 시원한 맛과 옥돔의 담백한 살이 잘 어울린다. 최고의 속풀이 음식이 아닐까?

지나치면
후회할
그 집 🏠

생선국

표선 어촌식당

표선에는 표선해수욕장 근처에 식당이 모여 있지만 의외로 눈에 띄는 식당이 없다. 호텔 직원들에게 맛집을 물어봐도 다 비슷하다는 대답뿐. 하지만 어촌식당은 사랑하지 않을 수 없으니 바로 시원한 옥돔지리 덕분이다. 옥돔지리는 싱싱한 옥돔과 무채를 넣어 끓이고 청양고추와 파로 마무리한다.
이곳은 큰 옥돔을 사용하고 청양고추를 듬뿍 넣어 칼칼하게 매운맛을 강조했다. 덕분에 맑은 생선국이지만 속이 확 풀리는 신기한 경험을 하게 된다. 바닷가 식당답게 반찬도 제주스러운 해초와 젓갈이 맛있게 나온다. 매운 걸 잘 먹지 못하면 주문할 때 미리 청양고추를 빼달라고 하는 것이 좋다.

INFO

ADD 서귀포시 표선면 민속해안로 578-7
TEL 064-787-0175
TIME 09:00~21:00
OFF 연중무휴

앞뱅디식당

각재기국으로 제일 유명한 곳이 다음에 소개하는 돌하르방식당이지만 제주 곳곳에 각재기국을 내놓는 식당이 꽤 많다. 그중에서도 앞뱅디식당은 공항과 가깝고 영업시간도 길어서 편하게 찾아갈 수 있다. 가게도 넓게 옮겨서 기다릴 일이 없다는 것도 좋다.
이곳의 메뉴는 각재기국과 멜국, 멜튀김이다. 각재기국은 된장을 풀어서 구수하게 끓이는데 생선을 냉동으로 쓰는 경우가 있어서 살이 퍽퍽할 때가 많다. 그에 비해 멜국은 시원하고 구수한 부드러움이 있다. 멜튀김도 맛이 좋은데 서너 명이 가서 멜튀김 하나에 각자 국 하나씩 시키면 배부르게 먹을 수 있다.

INFO

ADD 제주시 선덕로 28
TEL 064-744-7942
TIME 08:30~21:30, 일요일 08:30~14:00
OFF 둘째 넷째 일요일

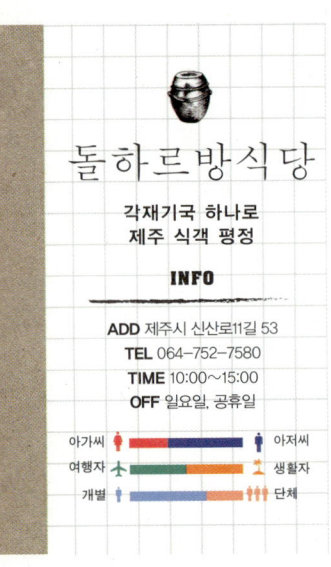

돌하르방식당

각재기국 하나로
제주 식객 평정

INFO

ADD 제주시 신산로11길 53
TEL 064-752-7580
TIME 10:00~15:00
OFF 일요일, 공휴일

아가씨 ■■■ 아저씨
여행자 ■■■ 생활자
개별 ■■■ 단체

어쩌면 이렇게 이름이 딱 어울릴까 싶은 식당이 있다. 돌하르방식당이 그렇다. 빨간 티셔츠에 흰머리가 성성한 강영채 할아버지가 국자를 들고 주방에서 진두지휘하는 모습을 보면, 돌하르방식당을 잊지 못한다. 돌하르방식당은 제주도민이 애정하는 식당이다. 줄서는 것을 유난히 싫어하는 제주사람도 여기에서는 예외 없이 줄을 서서 기다린다. 대기줄이 많아도 문을 열고 식당 삼촌에게 몇 명이라고 얘기만 하면 대기 예약이 된다. 굳이 이름을 적을 필요도 없다. 이곳에서만 맛볼 수 있는 시원한 각재기국 맛뿐 아니라 막걸리를 부르는 편안한 분위기도, 오후 3시면 정확히 문을 닫는 주인장의 고집스러움도 특별하다.

돌하르방식당 명함을 보면 '촐래맛'이라는 생소한 단어가 적혀 있다. 촐래는 멜젓을 희석시켜 무를 넣고

돌하르방식당의 각재기국은 그야말로 제주스러운 음식이다.
생선국이 익숙하지 않은 여행자도 맛있게 먹을 수 있다.

끓인 것으로, 모양은 된장찌개 같지만 맛은 젓갈 맛이다. 과거 제주에는 반찬할만한 것이 마땅치 않아 집에서 멜젓을 끓이고 우영밭에서 키운 푸성귀로 쌈을 싸먹곤 했다. 촐래맛이란 바로 제주의 밥상을 책임지던 전통의 맛을 의미하는 것이다.

돌하르방식당의 대표메뉴는 각재기국. 각재기와 슈음배추를 넣고 된장을 약간 풀어 바르르 끓여낸다. 뜨끈한 국물을 맛보면 그 뜨겁고도 시원한 맛에 저절로 '커어~'라는 감탄사가 터져나온다.

각재기는 제주에서 전갱이를 부르는 말. 제주의 다른 식당에도 각재기국을 내는 곳이 많지만 돌하르방식당만이 갖고 있는 특별한 맛이 있다. 반찬으로 주는 고등어조림이나 구이도 맛있고 싱싱한 고등어가 들어왔을 때만 주문할 수 있는 고등어회도 기가 막힌다. 야들야들하고 부드러운 고등어회는 입안에 들어가서 이리저리 춤을 춘다.

돌하르방식당에 가기 전에 먼저 시계를 보자. 영업시간이 10시부터 3시까지. 그리고 가서도 놀라지 말자. 자리가 부족할 때는 합석도 감수해야 한다. 사람들을 보는 것도 재미있다. 크지 않은 자리에 아침부터 막걸리판이 벌어진다. 해장하러 왔다가 분홍색 막걸리를 가볍게 한잔하는 것은 통과의례.

등 뒤에는 제주도민 가족이 각재기국을 집에서 미역국 먹듯 자연스럽게 먹고 있다. 그 옆에는 돌하르방식당에 처음 온 관광객이 신기해하며 사방을 두리번거리고 있다.

집에 돌아오면 각재기국의 시원함만큼 생각나는 것이 왁자지껄한 돌하르방식당의 분위기다. 얼른 제주에 다시 내려가서, 분홍색 막걸리 한잔에 돌하르방식당의 국물 한 숟가락 넘기고 싶은 마음 간절하다.

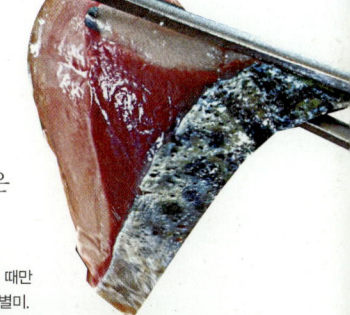

물 좋은 고등어회가 들어올 때만 먹을 수 있는 고등어회도 별미.

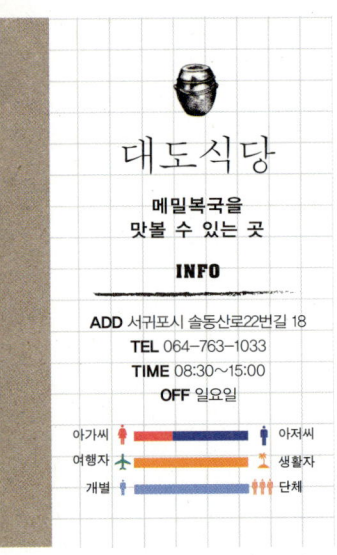

대도식당

메밀복국을
맛볼 수 있는 곳

INFO

ADD 서귀포시 솔동산로22번길 18
TEL 064-763-1033
TIME 08:30~15:00
OFF 일요일

아가씨 / 아저씨
여행자 / 생활자
개별 / 단체

복어살과 무채를 끓이다가 메밀가루를 풀어 만드는 메밀복국. 우아한 맛이 난다.

서귀포 천지연폭포 입구 교차로에서 나포리호텔 옆길로 들어가면 왼편에 빨간색 간판의 대도식당이 보인다. 서귀포주민들의 입맛을 사로잡은 복어전문점이다. 대부분의 복어 집은 술손님을 받기 위해 밤늦도록 영업하는 것이 보통인데 이 집은 오후 3시면 문을 닫는다. 저녁장사를 포기한 복어 집이라니.

그래도 아침부터 점심시간까지 식당은 온통 제주도민 손님으로 가득 차 있다. 가장 인기가 많은 메뉴는 김치복국이나 복매운탕인데 이건 다른 곳에서도 먹을 수 있으니 이곳만의 독특한 메뉴인 메밀복국을 먹어보길 권한다. 메밀복국은 복어살과 무채를 넣어 끓이다가 메밀조배기 수제비를 툭툭 끊어 넣고 메밀가루를 풀어서 걸쭉하게 나온다. 메밀가루

로 국물을 걸쭉하게 만드는 음식이 제주에는 흔한 편이지만 이렇게 맑은 생선국에 넣어서 파는 식당은 이곳이 거의 유일한 것 같다.

그럼 맛은 어떨까? 국물을 한 술 떠서 맛을 보면 아무 맛도 없는 듯하면서도 우아한 맛이 난다. 복어의 깔끔한 맛과 감칠맛, 거기에 무에서 나오는 시원한 맛이 있고, 메밀이 주는 푸근함이 있다. 뱃속이 따뜻해진다. 입으로는 별 맛이 느껴지지 않지만 배가 맛을 느끼는 것 같다. 연일 무리했던 속이 편안해지면서 몸의 피로가 풀린다. 무심하게 몇 점 툭툭 들어있는 메밀조배기도 먹어본다. 아이들이 좋아할 맛이 아니다. 입안에 착착 붙는 쫄깃한 식감과 거리가 멀다. 까끌하게 입안을 돌아다니는데 메밀 향이 은은히 풍긴다.

이런 이율배반적인 음식이 또 있을까? 맛이 없으면서도 맛있는 음식이다.

오후 3시면 문을 닫는다. 메밀복국 맛을 보고 싶다면 서둘러야 한다.

메밀복국 한 그릇이면 속이 따듯해진다.
속을 편하게 만들고 싶을 때 찾으면 좋다.

화성식당

지친 몸과 영혼을 위로해주는
접짝뼈국

INFO

ADD 제주시 일주동로 383
TEL 064-755-0285
TIME 07:00~17:00
OFF 명절

아가씨 / 아저씨
여행자 / 생활자
개별 / 단체

제주도에는 접짝뼈국이라고 이름도 낯선 신기한 음식이 있다. 돼지갈비 근처에 있는 접짝뼈라는 부분을 잘 고아서 메밀가루를 풀어서 스프처럼 만들어 먹는 음식인데 지금은 다른 식당에서도 내놓고 있지만 몇 년 전까지만 해도 제주시 삼양에 있는 화성식당에 가야만 먹을 수 있었다.

화성식당은 도민이 주로 찾는 식당이다. 간판의 글자는 낡았고 전화번호 앞자리는 두 자리다. 그만큼 오래된 식당이다. 쉬는 날도 많고 영업시간도 짧아서 아무 때나 생각난다고 갈 수 있는 식당이 아니다. 그런데도 식사시간이면 언제나 손님으로 북적거린다.

접짝뼈국은 낯선 음식이다. 걸쭉하고 뽀얀 스프 같은 국물에 잘 삶아진 뼈가 들어있는데 뼈 주위에는 부드러운 고기와 물렁뼈가 붙어있다. 메밀을 푼 국물은 잘 식지 않고 부드럽다. 뼈에 붙은 고기도 적당히 씹는 맛이 있으면서 부드럽다. 좀 심심한 맛인데 청양고추 다진 걸 넣어서 칼칼한 매운맛을 더하거나 김치국물을 넣어서 먹기도 한다.

삼양해수욕장 근처 화성식당은 돼지와 메밀을 넣은 접짝뼈국과 생선국으로 유명한 식당이다.
제주도만의 느낌으로 가득차 있다.

반찬도 단순하지만 제주스러운 느낌이 물씬 풍긴다. 계절마다 다른 쌈채소가 나온다. 채소에 함께 나오는 젓갈을 조금 얹어 먹어보면 짭쪼름한 맛에 입맛이 확 당긴다.

관광객에게는 접짝뼈국이 유명해서 대부분 이것을 먹으러 오지만 제주도민은 뼈국 외에도 생선국을 먹으러 많이 온다. 각재기국이나 갈치국, 멜국, 고등어국 등 제철에 나는 생선을 제주식으로 시원하게 끓이는데 정말 맛있다. 먹어보지도 않고 생선국에 선입견을 가지지 말 것. 제주의 맛을 느껴보려면 꼭 도전해보길 바란다. 화성식당의 뼈국과 생선국은 지친 몸과 영혼을 위로해주는 힘이 있다.

접짝뼈국을 찾는 손님도 많지만 생선국을 먹기 위해 찾아오는 단골도 많다.
이곳의 각재기국은 좀더 제주 토속음식에 가까운 느낌이다.

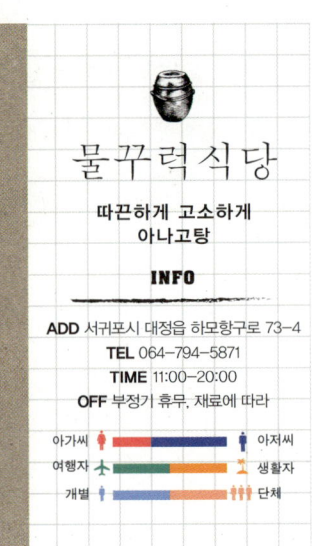

물꾸럭식당

**따끈하게 고소하게
아나고탕**

INFO

ADD 서귀포시 대정읍 하모항구로 73-4
TEL 064-794-5871
TIME 11:00-20:00
OFF 부정기 휴무, 재료에 따라

아가씨 / 아저씨
여행자 / 생활자
개별 / 단체

모슬포항구에는 멋진 식당이 많다. 물꾸럭식당은 구수하면서도 시원한 붕장어 나고탕이 좋다.

모살, 마농, 각재기, 객주리. 제주에는 재미있는 이름이 많다. 물꾸럭식당이라는 간판을 보자마자 나도 모르게 미소가 떠올랐다.

물꾸럭은 문어의 제주말. 물꾸럭식당이 있는 모슬포는 신선한 생선을 저렴한 가격에 맛볼 수 있는 곳이다. 모슬포 앞 보물창고 같은 바다에서 생선을 거둬올리기 때문이다. 옛날에는 바람과 파도가 세서 모슬포를 '못살포'라고 부르기도 했지만, 지금은 항구 안쪽에 자신만의 매력과 전통을 가진 맛집이 즐비하다.

물꾸럭식당에 자리를 잡고 음식 추천을 부탁했다. 이것도 맛있고 저것도 맛있고 하다가 갑자기 눈을 마주치더니 아나고탕 어떠냐고 물었다.

"아나고탕? 아나고도 탕으로 먹나요?"

"한번 잡숴봐."

아나고를 새콤한 초장에 찍어먹거나 구이로 먹지 않고 탕으로 먹는다니 궁금했다. 곧이어 불 위에 올려진 냄비 안에 살찐 아나고가 가득하다. 우거지가 어우러져 국물색은 황토색이었지만, 한 숟가락 입에 넣어보니 알싸함이 느껴졌다. 아나고탕의 아름다운 자태를 렌즈에 담기 위해 이리저리 고군분투하고 있었더니, 옆자리 아저씨가 안타까운 듯 한말씀하신다.

"맨도롱 홀 때 먹읍서따뜻할 때 먹어요."

더 익히면 아나고의 살이 질겨질지도 모른단다.
냉큼 아나고 한 조각을 접시에 올려놓고 맛을 봤다. 아나고의 쫄깃한 식감이 먼저 들어왔다. 아나고와 숙성된 우거지가 함께 우려진 국물 맛은 초봄의 스산함을 덮어주기에 충분했다. 이런 맛은 어떻게 생기는 것일까. 냄비를 뒤적뒤적해보지만, 별다르게 들어간 재료는 없다. 역시 아나고의 싱싱함과 푸짐한 양이 핵심 아니었을까. 아나고의 전성기는 늦은 겨울과 초봄. 이때는 냄비에 들어가는 아나고의 양도 많아진다. 그래서 이때 물꾸럭식당을 찾는다면 아나고탕을 꼭 먹어봐야 한다. 만족스러운 식사를 마치고 아나고회는 왜 메뉴에 없는지 주인 아주머니께 물었다.
"탕으로 끓여도 이렇게 맛있는데, 아나고를 왜 회로 먹어? 그리고 나는 아나고회는 못 쳐. 굳이 회를 칠 필요가 없으니까."
맞다. 남들이 다 한다고 나까지 해야 하는 것은 아니다. 내가 생각하는 좋은 방법이 있으면, 그것을 더 열심히 하면 된다. 물꾸럭식당의 아나고탕을 먹으며, 새삼스럽게 살아가는 길을 생각했다.

동귀포구식당은 동귀포구에 있지 않다. 새로 자리를 옮긴 식당은 여전히 동네사람들의 단골집이다.

동귀포구식당

탱글탱글한 복과 칼칼한 국물의 복김치탕

INFO
ADD 제주시 애월읍 하귀14길 4
TEL 064-713-3829
TIME 08:00-21:00
OFF 부정기휴무

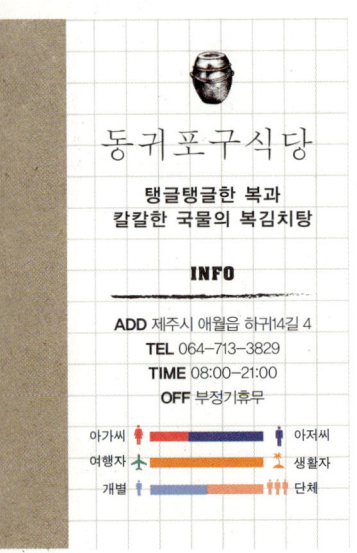

하귀 하나로마트 앞 좁은 골목을 따라 들어가니 오른쪽에 세련된 간판의 조림전문 동귀포구식당이라는 간판이 나타났다. 바람을 맞고 있는 낮은 건물. 드르륵 문을 열자 제주사투리가 먼저 손님을 맞았다. 동네 맛집이다보니 손님 대부분이 나이 지긋한 제주 어르신이다.

메뉴판을 보니 모든 메뉴가 탐났다. 갈치와 장어, 잡탕조림을 비롯해 꼼장어수육과 복지리탕까지. 메뉴판을 뚫어져라 쳐다보다 한 번도 먹어보지 않은 복김치탕으로 결정했다. 복요리는 부산이 유명해서 제주에서 복을 먹어볼 생각을 하지 않았다고 했더니, 함께 간 선배는 제주에서도 복요리를 많이 먹는다며 다른 전통음식을 먼저 찾다보니 복요리를 만날 기회가 많지 않을 뿐이라고 설명했다.

어떤 맛일지 상상의 나래를 펴고 있는데, 복김치탕이 나왔다. 신김치와 무가 냄비 가장자리에 포진해 있고 먹음직스러운 복이 가운데 자리하고 있었다. 불에 올려 국물이 보글보글 끓기 시작할 때 국물을 한 숟가락 떠 입에 넣었다. 어렸을 때 어머니가 해주던 김칫국 맛

이 났다. 칼칼한 국물 맛이 식욕을 돋웠다. 하얀 살을 가진 복은 탱글탱글한 식감을 자랑하며 즐겁게 해줬다. 함께 나오는 와사비장에 찍어먹으니 맛이 더해졌다. 복의 살을 발라먹은 후, 신김치가 우려진 국물을 떠먹으니 어르신들이 목욕탕에서 내는 '시원하다~'는 감탄사가 절로 나왔다. 분홍색 제주 막걸리를 주문하지 않을 수가 없었다.

옆자리에서는 마침 동네 어르신 모임이 한창이었다. 커다란 냄비가 좁아 보일 정도로 수북히 쌓인 장어가 상 한가운데 놓이자, 분위기가 한층 올랐다. 한라산 소주를 주거니 받거니 하면서 웃음을 나누는 어르신들을 지켜보는 것만으로도 뿌듯함이 밀려왔다.

계산을 하려고 보니 얼마든지 가져갈 수 있는 제주 귤이 가득 쌓여 있었다. 겨울 제주의 후한 귤 인심은 여행자를 한번 더 행복하게 만든다. 동귀포구식당. 관광객이 모여 있는 곳이 아닌, 제주사람 속에서 제주의 진한 맛을 보고 싶은 이에게 추천하고 싶은 곳이다. 한 가지 주의할 점. 동귀에 있었는데 하귀로 자리를 옮겼다. 동귀에서 찾으면 안 된다는 말씀.

탱글탱글한 복어살과 시원하고 칼칼한 김치가 어우러진 복김치탕. 제주에서는 생선을 국이나 탕으로도 많이 먹는다.

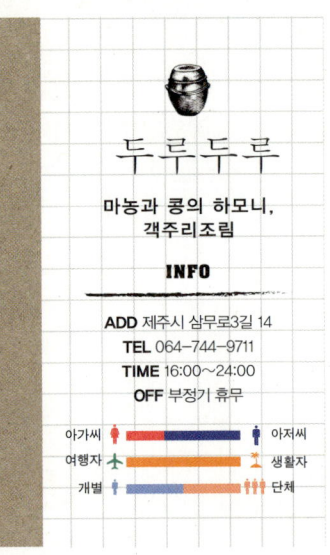

두루두루

마농과 콩의 하모니,
객주리조림

INFO

ADD 제주시 삼무로3길 14
TEL 064-744-9711
TIME 16:00~24:00
OFF 부정기 휴무

제주시에서 제주방언을 듣고 싶다면, 식당 두루두루에 가면 된다. 두루두루식당은 관광객보다는 제주도민에게 사랑받는 곳이기 때문이다. 힘겨운 일을 마치고 저녁에 한잔하기 좋은 제주시 중심에 위치하고 있다. 삼삼오오 모여 객주리조림을 가운데 두고 회포를 푸는 모습이 정겹다. 객주리조림 한 그릇만으로 자연스럽게 제주에 녹아드는 기분이 든다.

객주리는 쥐치를 부르는 제주말이다. 옛날에는 너무 많이 잡으면 버리곤 했다. 그러나 앞일은 알 수 없다고, 그렇게 무시당하던 객주리가 지금은 귀하신 몸이 됐다. 객주리조림의 주인공으로 재탄생하면서 사람들은 쥐치를 다시 보기 시작했다.

두루두루의 객주리조림은 달짝지근하면서 매콤하다. 하얀 속살은 부드럽기 그지없다. 조림의 핵심은 무. 객주리 밑에는 무가 가득 깔려 있다. 객주리는 5월부터 8월이 산란기로, 여름철이 제일 맛있다. 두루두루 식당의 객주리조림에는 특별한 것이 있다. 바로 볶은 콩과 마농. 볶은콩 덕분에 객주리조림은 고소한 맛을 품게 되었다. 마농도 제

여름철에 가장 맛있는 객주리조림.
매콤한 맛이 좋다.

마농지와 함께 먹으면 비린내가 나지 않는다.

주음식에서 빠지지 않는 재료 중 하나로, 마늘대를 말한다. 제주 남서부 지역이 주산지. 그곳에 가면 한참을 달려도 끝없이 마늘밭이 이어진다. 제주 전통음식을 내는 음식점에서는 마농지가 기본 반찬으로 자주 등장한다. 그런 마농이 객주리조림에서는 비린내를 없애주는 일등공신이다.

조림과 함께 객주리회도 맛이 좋다. 비늘이 없는 생선인 쥐치는 복어처럼 살이 탄탄하고 담백하면서 은은하게 단맛이 있다. 객주리 전문식당이지만 계절에 나오는 생선회나 조림도 좋다. 늦은 시간까지 술 한잔 곁들이면서 식사할 수 있는 식당이다.

제주 조리법으로 만들어진 두루두루의 객주리조림. 두루두루는 제주도민과 함께 제주의 풍미에 푹 빠지기 좋은 곳이다.

삼보식당

오분작의 맛을 추억하게 하는
해물뚝배기

INFO

ADD 서귀포시 중정로 25
TEL 064-762-3620
TIME 08:00~21:00
OFF 연중무휴

20여 년 전 제주 여행. 아무 정보 없이 제주 시외버스 터미널에서 서귀포행 버스를 탔다. 그때 누군가가 제주에 가면 오분작뚝배기를 꼭 먹어보라고 한 이야기가 기억나서 물어물어 찾아간 곳이 삼보식당이다.

지금도 그때 맛봤던 오분작뚝배기 맛이 기억날 정도로 맛있었다. 아쉽게도 이제는 오분작뚝배기를 먹기가 힘들어졌다. 양식이 되는 전복과는 달리 오분작은 양식이 되지 않는 자연산인데 이제는 씨가 말랐다. 콤콤하면서도 진한 맛을 내주는 오분작과 달리 전복은 별맛이 없다. 게다가 오분작처럼 작은 걸 쓰니 맛이 나올 리가 없다. 오분작뚝배기로 명성을 날리던 진주식당에 가도 이제는 오분작이 아닌 전복뚝배기를 먹어야 한다. 가격도 너무 많이 올라서 예전처럼 만족감이 없어졌다. 그래서 요즘 제주에서 해물뚝배기를 먹으러 간다는 사람이 있으면 말리고 싶다. 양식전복 작은 거 몇 마리에 조개와 딱새우 정도 넣고 1만 원이 훌쩍 넘는 가격은 아무리 생각해도 좋게 보이질 않는다.

삼보식당의 전복해물뚝배기는 예전의 오분작뚝배기의 느낌이 남아있다. 구수하고 시원한 해물의 맛이 좋다.

곁다리로 시켜 먹는 고등어구이지만 제대로 잘 구워서 맛있다.

그래도 삼보식당은 예전 모습과 크게 바뀌지 않아서 좋다. 물론 이곳에서도 오분작을 넣은 뚝배기는 이제 먹기 힘들다. 오분작 대신 전복해물뚝배기지만 예전의 오분작뚝배기의 시원하고도 구수한 맛이 남아있다. 뚝배기 외에도 여름에는 자리물회나 자리회무침도 먹을만하고 생선구이나 생선국 종류도 괜찮다.

하지만 앞으로도 오분작은 먹기 힘들 거라는 생각을 하니 그저 아쉽기만 하고, 전복뚝배기의 가격은 아무리 생각해도 비싼 느낌이 드는 건 어쩔 수 없나보다.

지나치면 후회할 그 집

해물뚝배기

보건식당

예전 보건소 앞에 있던 식당이라서 보건식당이라는 이름이 붙은 해물뚝배기 전문점이다. 보건소는 새로 자리를 옮겼지만 여전히 해물뚝배기를 끓여내는 곳이다. 원래는 오분작뚝배기로 유명했지만 오분작의 품귀 현상으로 전복해물뚝배기로 주종이 바뀌었다.

2년 전쯤 오분작뚝배기를 주문하고 기다리고 있는데 다음 손님이 들어와서 오분작을 시키자 주인장이 오분작이 떨어졌다고 돌려보냈다. 그날의 마지막 오분작을 먹게 된 것이다. 오분작은 역시 전복보다 한 수 위의 국물 맛을 내주었다. 그날 먹은 오분작뚝배기가 마지막이 아니길 바란다.

INFO

ADD 제주시 동광로6길 19
TEL 064-753-9521
TIME 07:00-20:30
OFF 첫째 셋째 수요일, 명절

수희식당

25년 전통을 자랑하는 토속음식점

INFO

ADD 서귀포시 정방동 444
TEL 064-762-0777
TIME 08:00~21:00
OFF 명절

아가씨 / 아저씨
여행자 / 생활자
개별 / 단체

시원하면서 바다의 향이 물씬 풍기는 성게소라물회.

제주를 여행하는 사람에게 필수코스인 천지연폭포 앞. 관광객이 많은 곳이라 제주 토속음식점이 즐비하다. 그중에서도 발길을 끄는 곳은 수희식당이다. 작은 가게에서 시작해 지금은 전망 좋은 건물을 세울 정도로 규모가 커졌지만 예나 지금이나 맛이 변하지 않았기 때문이다. 많은 음식점이 건물을 올리면, 맛이 달라진다. 건물에 투자하다보니 재료에 들어가는 비용을 줄이기도 한다. 그래서 옛 명성을 유지하지 못하는 집이 한둘이 아니다. 그래서 옛 맛을 지키고 있는 수희식당이 더 빛이 난다.

화려한 맛은 아니지만, 제주 식재료의 선도를 살려 요리해 제주의 맛을 그대로 느낄 수 있다. 아무리 사람이 많아도 미리 요리해놓지 않는 것이 수희식당의 비법 중 하나다. 음식 맛의 절반은 속도. 요리는 바로 해서 먹어야 가장 맛있으니까.

수희식당이 문을 연 것은 1992년. 아담한 가게에 익숙해져서 그런지, 큼지막한 돌 위에

새로 건물을 올려 넓고 쾌적해서 좋다. 반찬도 깔끔하고 맛있다.

딱새우와 함께 각종 해산물이 맛의 하모니를 이룬다. 오분작뚝배기를 못 먹는 아쉬움을 해산물뚝배기로 달랜다.

우뚝 서있는 수희식당이 낯설다. 주차장은 텐트를 치고 싶을 만큼 넓고, 수희식당 메뉴판은 제주 토속음식으로 가득하다.

메뉴판에 아직 오분작뚝배기가 있어 주문할 수 있느냐고 물었다. 오분작이 잡히지 않아 안 된단다. 그럼 그렇지, 싶었다. 이제는 오분작뚝배기를 내는 집은 거의 없어져 환상 속의 음식이 되었다고나 할까?

수희식당에서 맛본 오분작뚝배기를 아쉬워하며 해물뚝배기를 주문했다. 위풍당당하게 뚝배기 한가운데는 딱새우가 자리하고 옆에는 다소곳이 전복이 누워있다. 각종 해산물이 만들어내는 맛의 하모니가 자꾸 숟가락을 뚝배기로 불러들였다.

수희식당은 대표메뉴를 하나만 들기가 힘들다. 제주도민에게는 시원한 성게전복물회가, 관광객에게는 갈치조림과 갈치국이 인기이기 때문이다. 게다가 나에게는 오붖작뚝배기의 아쉬움을 달래줄 해물뚝배기가 딱이다.

건물이 커지면서 예전의 수수한 맛은 사라졌지만, 대신 실내가 깔끔하고 전망이 좋아져서 많이 서운하지는 않다. 수희식당은 가끔 정방동 어르신을 모시고 식사를 내기도 하고 수익금 일부를 사랑의 열매에 기부하기도 한다니, 따뜻한 마음에 먹고 나가는 발걸음까지 가벼웠다. 👧

CHAPTER 4

깊고 진하고 싸고 넉넉한

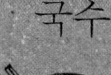

Taste MAP

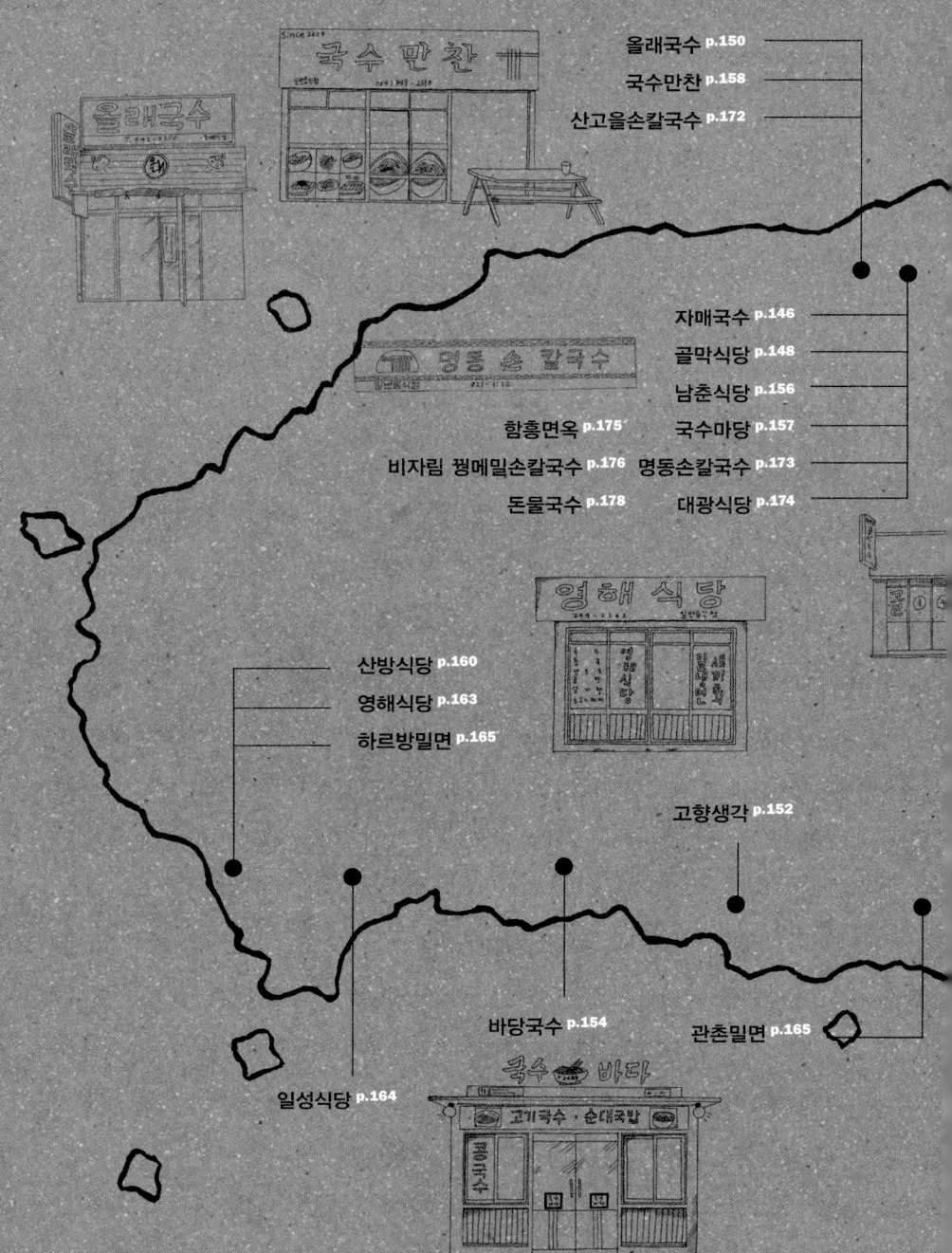

- 올래국수 p.150
- 국수만찬 p.158
- 산고을손칼국수 p.172
- 자매국수 p.146
- 골막식당 p.148
- 남춘식당 p.156
- 국수마당 p.157
- 함흥면옥 p.175
- 비자림 꿩메밀손칼국수 p.176
- 명동손칼국수 p.173
- 돈물국수 p.178
- 대광식당 p.174
- 산방식당 p.160
- 영해식당 p.163
- 하르방밀면 p.165
- 고향생각 p.152
- 바당국수 p.154
- 관촌밀면 p.165
- 일성식당 p.164

동복 해녀촌 p.170

선흘 방주할머니식당 p.166

춘자국수 p.169

Taste STORY

처음 제주도로 내려가 살기 시작했을 때 신기한 걸 발견했다. 시내 골목골목에 국숫집이 정말 많았다! 우리나라 사람이야 원래 국수를 좋아해서 여기저기에 국숫집이 있지만 제주도에서는 유독 국숫집이 많았다. 한번은 이렇게 국숫집이 많은 것이 너무너무 궁금해서 제주도 토박이에게 이유를 물어봤는데, 돌아온 대답은 이랬다.

"응? 국숫집이 많아? 난 잘 모르겠는데?"

아니! 이렇게 국숫집이 많은데 왜 국숫집이 많다는 것도 모르는 거지? 한동안 그 이유가 너무 궁금했다. 그런데 몇 년 제주에 살다보니 나도 많은 국숫집이 익숙해져서 그렇게 많다고 느끼지 않게 되었다. 오히려 육지에 나오면 국숫집이 많지 않은 것이 더 이상해졌다.

제주의 수많은 국숫집에서 파는 국수 중 대표주자는 바로 돼지고기국수다. 두툼한 건면을 삶아서 돼지뼈와 돼지고기를 폭 삶은 육수를 넣고 그 위에 돼지고기수육을 얹어서 먹는다. 모양새는 일본 돈코츠라멘과 비슷하지만 라멘보다 담백하고 고소해서 질리지 않고 먹을 수 있다. 부산 돼지국밥이나 설렁탕에 국수를 넣어먹는 것과 비슷한 맛이라고 할까. 식당에 따라 순수한 돼지육수를 쓰는 곳도 있고, 멸치육수와 돼지육수를 섞는 곳, 멸치육수에 돼지수육을 얹어주는 곳 등 다양한 변주가 가능하다. 돼지육수를 쓰는 곳도 돼지뼈를 넣는 곳과 돼지고기로만 육수를 내는 곳으로 나뉜다.

　국숫집마다 다양한 육수를 내는 것에 비해 면은 상대적으로 단순한 편이다. 육지의 중면보다 조금 더 두껍고 우동면보다 가는 건면을 쓰는 곳이 대부분이다. 가끔은 치자가 들어간 노란 면을 쓰는 곳도 있지만, 직접 제면하는 곳이 거의 없는 것은 좀 아쉽다.

　지금은 제주도에 도착하면 바로 고기국수 집으로 가는 사람이 생길 정도로 제주 향토음식으로 인정받고 있지만, 고기국수의 역사는 그리 오래되지 않았다. 건면이 본격적으로 보급되기 시작한 일제강점기부터 제주 고기국수의 시작으로 본다. 그후 70년대 혼분식 장려운동으로 밀가루 보급이 폭발적으로 늘면서 원래 제주도에서 많이 먹던 돼지국물과 만나 고기국수가 탄생했다고 보고 있다.

　제주사람의 국수 사랑은 유별나다. 오죽하면 제주에 '국수의 거리'가 생겼을까? 제주시 삼성혈 건너편 길은 그야말로 국숫집 천국이다. 국수거리를 만든 원조격인 파도식당은 아래쪽으로 옮겼지만 이 거리에는 한 집 건너 하나씩 국숫집이 자리잡고 있다. 칼호텔 쪽부터 3천냥국수, 만세국수, 국수회관, 장수국수, 신산국수, 국수고을, 국수마당, 큰언니국수, 검정보리국수, 먹자국수, 어머니손맛국수가 있다. 시내 곳곳 골목마다 국숫집 간판이 없는 곳이 없다.

국숫집 간판이 없는 실내포장마차나 순댓국 집에서도 국수메뉴가 있는 곳이 많다. 영업시간도 아침 일찍부터 새벽까지고 24시간 영업하는 국숫집도 있다. 제주에서는 1차 술자리와 2차 술자리를 끝내고 집으로 돌아가기 전에 마지막으로 국숫집에서 자기가 좋아하는 국수 한 그릇에 족발과 비슷한 '아강발'을 뜯으면서 막걸리 한잔으로 마무리하는 것이 '관례'다. 아강발은 돼지족발 중에서 발목 아랫부분을 간장양념에 삶아서 내는 음식인데 씹는 맛이 좋고 고소해서 안주로도 좋고 국수만 먹으면 허전한 이들의 배를 든든하게 채워준다. 제주에서 오래 살다보니 술자리에서 고기국수 집을 건너뛰면 뭔가 찜찜하고 속도 허한 느낌이 들어서 잠이 잘 오지 않을 정도다.

십년을 제주에 살다가 육지로 나와 다니면서 제일 힘들었던 것은 고기국수에 대한 그리움이 생길 때였다. 새벽 두세 시쯤 속이 출출할 때면 어김없이 따끈한 고기국수 한 그릇이 먹고 싶어진다. 고기국수에 대한 허기는 다른 것으로는 절대 채워지지 않는다. 면을 좋아해서 멸치국수도 좋고 칼국수도 좋고 막국수도 좋고 냉면도 좋아하지만 고기국수가 주는 그런 만족감은 없다. 아마 제주음식책을 쓰게 된 가장 큰 이유는 바로 고기국수에 대한 그리움 때문일지도 모르겠다.

하루는 통영의 바닷가에 앉아 있었다. 조용한 새벽 2시쯤. 불현듯 배가 고파졌다. 그냥 배가 고픈 게 아니라 공허했다. 고기국수 한 그릇만 먹으면 그 공허함이 채워질 것 같았지만 통영에는 고기국수 집이 없었다. 고기국수 집이 없는 바닷가가 있다니! 사실 통영에서 며칠 지내면서 제대로 된 육고기를 먹지 못했다. 통영은 해산물 천국이지만 육고기는 전멸하다시피 했다. 며칠 동안 해물만 먹은 탓에 숨 쉴 때마다 비린 느낌이 올라왔다. 그 때문이었을까? 고기국수 한 그릇만 먹으면 공허한 허기는 물론 비릿한 기분까지 모두 해결될 것만 같았는데….

그 공허함을 참지 못하고 결국 눈에 보이는 편의점에서 맥주 한 캔과 컵라면을 먹었지만 전혀 위로가 되지 못했다. 도리어 고기국수의 그리움만 더 커졌다.

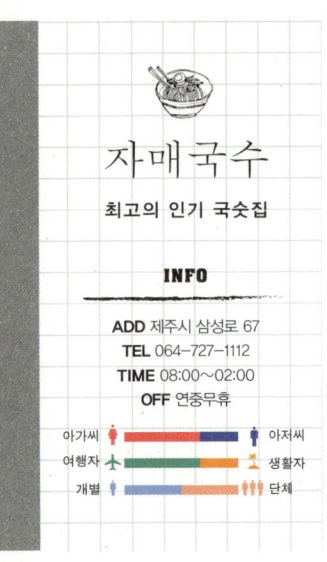

자매국수
최고의 인기 국숫집

INFO

ADD 제주시 삼성로 67
TEL 064-727-1112
TIME 08:00~02:00
OFF 연중무휴

아가씨 ──── 아저씨
여행자 ──── 생활자
개별 ──── 단체

제주시 삼성혈 국수거리를 걷다보면 고소한 냄새에 저절로 걸음을 멈추게 된다. 거리 중간쯤에 있는 작은 국숫집 앞이다. 요즘에는 시도 때도 없이 대기줄이 서 있다. 예전에 국수회관이나 바로 옆 국수마당에 손님이 몰릴 때 도민들이 대안으로 가던 자그만 국숫집이었는데 어느새 국수거리의 최강자로 자리매김했다. 국수거리 중간쯤에 길게 줄이 서있고 침이 꼴깍 넘어갈 정도로 구수한 냄새가 나는 집을 찾으면 간판을 볼 것도 없이 바로 그 집이다. 지금은 식사시간뿐 아니라 새벽까지도 줄을 서서 기다려야 먹을 수 있는 가장 인기 있는 국숫집이 됐다.

이곳의 장점은 변함없이 꾸준히 그 맛을 내려고 노력한다는 것. 손님이 몰릴 때는 가끔 육수 맛이 왔다갔다 할 때가 있어서 아쉽지만 적어도 국수를 미리 삶아서 퉁퉁 불어 있거나 주문하자마자 국수가 나오는 경우는 거의 없다. 국수를 삶는 시간은 기다려야 한 그릇의 국수가 나온다. 덧붙여 식당 이름처럼 사이좋은 자매 같은 '삼촌'들의 유쾌

정갈한 모양의 고기국수. 일본식 라면을 연상케 할 정도로 면이 노란색인 것은 치자물을 들인 국수를 쓰기 때문이다.

두툼한 오겹살을 보면 왜 자매국수에 줄을 서는지 고개가 끄덕여진다.

한 서비스는 기다림의 시간을 즐겁게 해준다. 오래 앉아 있다고 눈치를 주거나 바쁘다고 큰소리 나는 경우가 거의 없다. 덕분에 밖에서 기다리는 사람들은 이제나저제나 식사 마치기만을 기다릴 수밖에.

자매국수는 다른 곳과는 달리 노란색 치자면을 쓴다. 색깔만 보면 일본 라멘하고 비슷하다. 육수는 설렁탕 국물처럼 뽀얀 색인데 잡냄새 없고 구수하다. 질 좋은 오겹살 부위를 잘 삶아서 올린 수육 양이 꽤 많다. 이 수육만 먹어도 소주 한 병 정도는 먹을 수 있을 정도다. 일단 고기국수를 받으면 국물 맛을 보고 취향에 맞게 김가루나 고춧가루를 뿌려서 먹는다. 김가루가 너무 많이 들어가면 국수 맛을 버릴 수 있으니 최소한으로 하고 고춧가루로 매콤함을 더하면 끝까지 맛있게 먹을 수 있다. 국수 양은 예전에 비해 많이 줄었지만, 보통 사람이라면 한 그릇으로 꽤 배가 부르다. 거기에 아강발을 추가해서 국물까지 남김없이 먹으면 아주 든든하다. 국수를 좋아하거나 대식가라면 미리 '양 많이'를 주문하면 되니 걱정하지 않아도 된다. 이 집의 또 다른 인기메뉴는 비빔국수다. 고기국수와 같은 면을 쓰지만 약간 딱딱하게 삶아서 콩나물과 오이, 상추를 넣어 새콤하면서도 매콤달콤하게 양념장을 버무려서 나온다. 양념장이 어렸을 때 먹던 학교 앞 분식집의 쫄면 맛이다. 쫄면 느낌 때문인지 특히 여성에게 인기가 많다. 비빔국수 역시 질 좋은 수육을 넉넉히 올려주니 좋아하지 않을 수 없다.

면을 삶고 육수를 내는 데는 진정 고수라는 생각이 든다. 자매국수는 가능하면 식사시간을 피해서 갈 것. 국수 한 그릇 먹자고 30분 이상 기다리기는 쉽지 않은 일이지만, 그래도 기다릴만한 가치가 있다.

골막식당
고기국수의 원조집

INFO

ADD 제주시 천수로 12
TEL 064-753-6949
TIME 07:00~19:00
OFF 일요일

제주도 고기국수 집의 원조 격인 집이다. 예전 산남지역(한라산 남쪽)에서 잔치음식이나 제사음식으로 순댓국에 국수를 말아서 먹던 것을 식당으로 가져와 대성공을 거둔 곳이다. 순댓국에 국수를 말아먹는 것은 아직 가시리에 그 원형이 남아있다.

70년대 제주도 택시기사와 도민에게 전폭적인 지지를 받던 곳인데 시간이 흐르면서 유행에 뒤쳐지기 시작했다. 국수거리에서 멀리 떨어진 골막식당은 신생 국숫집이 새로운 스타일로 인기를 얻는 동안 예전 단골만이 그 맛을 잊지 못해 찾는 정도로 쇠락한 느낌을 주는 곳이었다.

골막국수의 고기국수는 우동면처럼 두툼한 면발에 수육은 거칠고 크게 잘라서 턱 하니 올렸고, 돼지고기육수와 멸치육수를 섞어 맛을 낸 육수는 미지근할 때도 많았고 가끔은 돼지누린내도 났다. 벽에 걸려있는 박정희 대통령의 사진액자조차 퇴락한 식당 느낌 그대로였다. 시대는 바뀌는데 옛날의 맛조차 잃으면서, 그나마 오는 손님도 과거 화려했던 시절을 추억하는 나이 든 손님이 대부분이었다. 나는 골막식당이 몇 년 있으면 망하거나 사람들의 기억에서 사라질 거라고 생각했다.

골막국수의 고기국수. 멸치육수와 돼지고기육수를 절묘하게 섞어 고소하면서도 시원하다. 우동면처럼 두꺼운 면과 커다란 수육은 투박하지만 묘한 매력이 있다.

그런데 골막식당이 변했다. 박 대통령 사진액자는 치워졌다. 누린내 나고 미지근하던 육수는 깔끔하면서도 깊어졌다. 너무 딱딱해서 씹기조차 힘들었던 면도 아주 좋아져 부드러움과 딱딱함의 절묘한 경계선을 유지하고 있다. 그동안 무슨 일이 있었던 것일까? 어쨌든 골막식당의 부활처럼 반가운 소식은 없다. 이를 증명하듯 손님도 늘었고 손님 층도 훨씬 젊어졌다. 이제는 걱정하지 않고 찾아가도 되는 고기국수의 명가로 컴백했다.

간판은 골막식당 골막구수로 되어 있다.

아침부터 길게 대기줄이 생기는 올래국수는 푸짐한 양과 깔끔한 맛으로 인기를 얻고 있는 국숫집이다. 부드럽게 잘 삶은 고기수육을 듬뿍 넣어준다.

올래국수

신제주 고기국수의 강자

INFO

ADD 제주시 귀아랑길 24
TEL 064-742-7355
TIME 09:30~20:30
OFF 일요일, 명절

아가씨 / 아저씨
여행자 / 생활자
개별 / 단체

올래국수가 사랑받는 이유는 무얼까? 아침부터 줄서서 기다리는 손님을 보고는 다른 곳으로 갈까, 하다가 갑자기 궁금해져서 오랜만에 순서를 기다렸다. 여기는 기다리면서 미리 주문을 해야 한다. 대기줄은 길지만 술을 팔지 않기 때문에 회전율은 빠른 편이다. 삼성혈 국수거리에서 멀리 떨어진 신제주 쪽에 자리 잡고 있지만 올래국수 앞은 항상 손님으로 길게 줄이 늘어서 있다. 이 집을 중심으로 몇 군데 국숫집이 생겨나서 신제주에 새로운 국수거리가 형성되었다. 그래도 역시 올래국수만 바글거린다. 도민의 전폭적인 지지를 얻는 곳이었는데 요즘에는 맛을 찾아다니는 관광객이 많이 몰리면서 막상 도민은 자주 가지 못하는 국숫집이 되었다.

올래국수의 매력은 푸짐함이다. 한 사람이 다 먹기 힘들 정도로 국수 양이 많고 돼지고기

수육도 푸짐하게 올려준다. 비싼 부위는 아니지만 야들야들 잘 삶은 고기를 넉넉히 넣어주니 좋아하지 않을 수가 없다. 두툼한 중면은 적당하게 삶아져서 씹기가 편하다. 육수는 맑다. 육수를 낼 때 돼지뼈를 넣지 않고 고기로만 육수를 낸 것이다. 고소하면서도 돼지누린내가 없다. 적당히 고춧가루를 뿌리고 수육을 한 점 집어먹고 국물을 마시고 면을 한입 가득 씹어본다. 맛있다는 말이 저절로 나온다. 반찬으로는 김치와 깍두기 그리고 청양고추가 나오는데 자칫 느끼할 수 있는 맛을 잡아준다. 고추를 먹을 땐 조심해야 한다. 강렬하게 매운맛을 가지고 있기 때문이다. 고추를 약간 베어물고 국수를 먹으면 느끼함이 싹 사라져버린다.

새벽까지 하는 다른 국숫집과는 달리 10시면 문을 닫고 일요일과 공휴일에도 쉬기 때문에 시간을 잘 맞춰 가야 한다. 주인 할아버지가 자리를 지키지 않는 시간에는 국물 맛이 좀 흐려지거나 면이 불어 있을 때도 있다는 것이 아쉽지만 상태가 좋을 때는 올래국수처럼 맛있는 국숫집도 드물다.

두툼한 중면과 푸짐한 고기수육, 누린내 없이 깔끔한 육수.
이 한 그릇을 위해 조금은 기다려도 좋다.

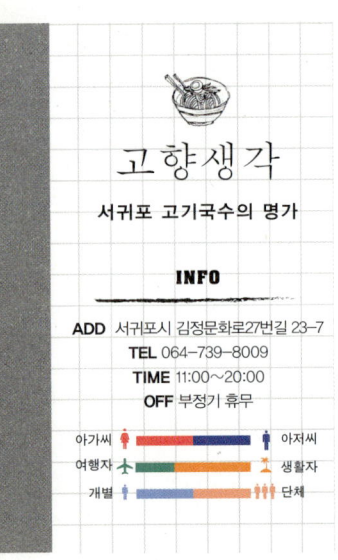

고향생각

서귀포 고기국수의 명가

INFO

- **ADD** 서귀포시 김정문화로27번길 23-7
- **TEL** 064-739-8009
- **TIME** 11:00~20:00
- **OFF** 부정기 휴무

아가씨 / 아저씨
여행자 / 생활자
개별 / 단체

서귀포 동문로터리의 허름한 포장마차 스타일의 국숫집이었던 고향생각은 지금은 강정동 신시가지 쪽으로 자리를 옮겼다. 햇빛이 잘 드는 남향 신축 건물이다. 조금은 낯설다.

지난해 이른 봄 차갑고 축축한 바람이 불던 어느 날, 추위에 으슬으슬 떨면서 들어간 고향생각에서 주인 할머니가 따끈한 고기국수 한 그릇으로 환영해주었다. 메뉴판에는 몇 가지 다른 메뉴가 있지만 할머니 혼자서 음식을 하기 때문에 거의 고기국수만 된다. 점심때와 저녁때 고기를 삶는 시간에 맞춰 가면 돔베고기도 먹을 수 있다.

허름한 국숫집 안은 난로가 따뜻하게 공기를 덥혀주고 있었다. 할머니는 건물 땅이 중국사람에게 팔려서 신시가지 쪽으로 이사를 가야 한다면서 단골손님이 잘 찾아올까 걱정이 크셨다.

서귀포 구시가지에서 신시가지 쪽으로 자리를 옮긴 고향생각. 예전 허름할 때의 느낌하고는 좀 다른 기분이지만 여전히 맛있는 국수를 내주고 있다.

고향생각의 고기국수. 할머니가 만들어주시던 푸근한 느낌은 조금은 없어졌지만 깔끔하고 정갈해서 누구나 좋아할 것 같다.

고기국수는 맛있었다. 부드럽게 삶아진 중면, 설렁탕처럼 뽀얀 국물, 넉넉히 올려주는 돼지고기수육. 잘 익은 김치와 부추무침은 국수랑 같이 먹으니 완벽하게 어울렸다. 오래되고 허름한 가게 분위기였지만 모든 것이 수십 년의 세월 속에서 하나로 어우러져 있었다. 당연히 가장 기억에 남는 국수가 되었다.

새로 옮긴 고향생각은 예전의 포장마차 분위기에서 확 달라졌다. 메뉴도 국수 쪽으로 통일하고 김치찌개와 김치전골 메뉴를 새로 올렸다. 주당들이 찾는 포장마차에서 온 가족이 함께 식사할 수 있는 깨끗하고 깔끔한 식당으로 변모했다. 이전에는 고기국수만 되던 때가 많았는데 이제는 멸치국수와 비빔국수를 시켜도 된다. 고맙게도 국수 맛은 그대로다. 게다가 돔베고기와 국수를 한꺼번에 먹을 수 있는 2인 세트메뉴도 생겼다.

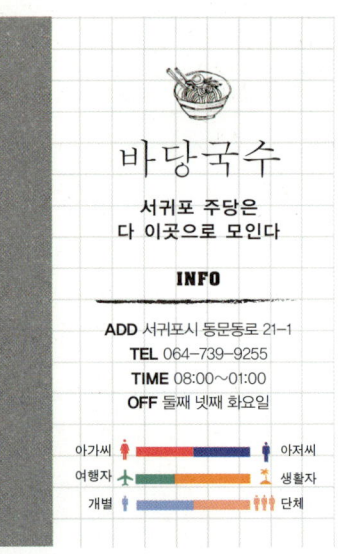

바당국수

서귀포 주당은
다 이곳으로 모인다

INFO

ADD 서귀포시 동문동로 21-1
TEL 064-739-9255
TIME 08:00~01:00
OFF 둘째 넷째 화요일

아가씨 ▮▮▮▮ 아저씨
여행자 ▮▮▮▮ 생활자
개별 ▮▮▮▮ 단체

이중섭거리에 있는 국숫집 바당국수는 서귀포 주당들의 단골이다.
국수뿐만 아니라 이런저런 안주거리도 준비되어 있기 때문이다.

서귀포 이중섭거리에서 주당의 단골 국숫집이었던 국수바다가 '바당국수'로 이름을 바꾸고 서귀포 올레시장 옆 중앙동주민센터 근처로 이전했다. 국수바다라는 상호는 같이 일하던 분이 가져가고 중문으로 옮겼는데 원래의 국수바다와 메뉴가 많이 바뀌었다. 현재의 국수바다는 TV 맛집 프로그램인 〈테이스티로드〉에 나와서 또 다른 인기를 얻고 있다. 오히려 바당국수가 이중섭거리 시절의 국수바다 메뉴와 대동소이하고 맛도 비슷해서 원래의 명맥을 유지하는 것 같다. 아쉽게도 24시간 영업은 하지 않고 지금은 새벽 1시까지만 영업하는데, 이 정도 시간만도 서귀포에서는 감지덕지다.

제주시 쪽에 국숫집이 많이 몰려있지만, 서귀포 쪽 국수사랑도 만만치 않다. 고기국수의 기원을 산남지역에서 잔치 때 돼지 삶은 육수에 국수를 말아주던 잔치문화에서 찾는 주장도 있을 만큼 서귀포 쪽에도 맛있는 국숫집이 많다.

제주시보다는 더 거친 느낌의 국수를 낸다. 그래서인지 바당국수의 고기국수는 제주시에 있는 골막식당과 많이 닮아 보인다. 큼직하게 썬 제육과 멸치와 고기육수가 어우러진 맛이다. 입에 착 달라붙는 느낌은 아니다. 하지만 두툼한 제육을 씹으면서 소주 한잔하고 따끈한 면을 후루룩 먹으면 꽤 기분 좋은 맛이 난다. 고기국수 외에도 멸치국수나 비빔국수도 괜찮은 편인데 새콤달콤한 양념장에 상추와 오이를 듬뿍 넣어준다. 역시 아강발을 시키지 않을 수가 없다. 이곳의 아강발은 양념 색이 진한 편인데 달콤하고 부드러워서 누구나 먹기 좋다.

밤에 서귀포를 헤매다보면 배가 고프지 않아도 들어가게 되는 그런 집이다.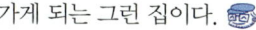

서귀포에서 밤늦도록 영업하는 바당국수는 터프한 고기국수 외에도 시원한 멸치국수와 매콤새콤한 비빔국수도 좋다. 순대와 아강발 등 안주거리도 준비돼 있다.

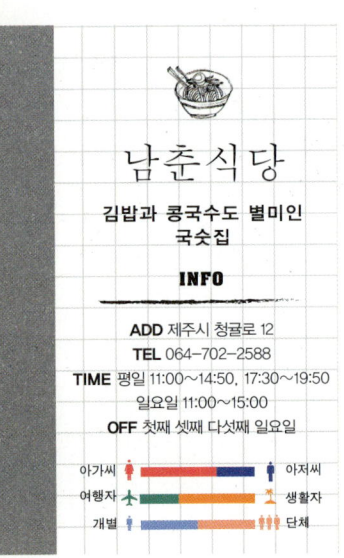

남춘식당

김밥과 콩국수도 별미인
국숫집

INFO

ADD 제주시 청귤로 12
TEL 064-702-2588
TIME 평일 11:00~14:50, 17:30~19:30
일요일 11:00~15:00
OFF 첫째 셋째 다섯째 일요일

아가씨 / 아저씨
여행자 / 생활자
개별 / 단체

찾기도 힘든 골목길에 있는 식당이지만 항상 손님으로 북적이는 남춘식당. 국수와 함께 김밥을 기본적으로 시키게 된다.

내비게이션의 도움을 받지 않는다면 외지인은 찾기가 쉽지 않다. 주택가 골목에 자리 잡은 남춘식당은 오래된 간판이 걸려 있을 뿐 밖에서 보면 장사를 하는 것처럼 보이지 않는다. 하지만 미닫이 문을 열어보면 손님으로 가득 차 있어서 깜짝 놀란다. 점심시간에는 대기줄도 길다. 김밥과 콩국수, 멸치국수에 비빔국수, 고기국수 모두 사랑받는다. 모든 메뉴가 다 기본 이상을 넘어 맛이 좋다.

거의 모든 손님이 빼놓지 않고 시키는 메뉴가 김밥이다. 국수 맛집이라기보다 김밥 맛집으로 불러도 손색이 없다. 김밥은 유부와 소고기를 잘게 다져 양념한 속이 들어가는데 짭쪼름하면서도 씹는 맛이 좋다. 마약김밥이라고나 할까? 김밥을 시켰으면 먹고 싶은 국수를 고르면 된다. 이때가 제일 고민스럽다. 고기국수는 강렬하지 않은 부드러운 맛이고, 멸치국수 육수는 시원하고 깊다. 비빔국수는 새콤달콤한 맛이 입맛을 당긴다. 여름 메뉴인 검은콩콩국수는 빼놓을 수 없는 별미다. 푸르스름한 빛을 띤 진한 콩국물은 비린내 하나 없이 고소해서 평소 콩국수를 즐기지 않는 나도 이 콩국수는 놓치지 않는다. 아니, 나는 제주도 남춘식당의 콩국수를 먹고나서 콩국수의 매력을 알게 됐다는 것을 고백해야겠다.

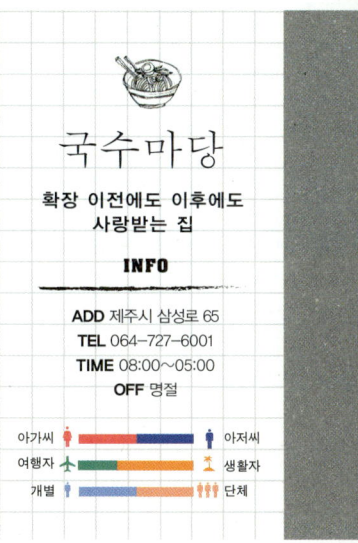

국수마당
확장 이전에도 이후에도 사랑받는 집

INFO

ADD 제주시 삼성로 65
TEL 064-727-6001
TIME 08:00~05:00
OFF 명절

아가씨 ━━ 아저씨
여행자 ━━ 생활자
개별 ━ 단체

삼성혈 국수거리 중간쯤에 자리잡고 있는 국수마당은 도민의 사랑을 듬뿍 받는 곳이다.
식당을 확장해서 언제 가든 편하게 식사할 수 있다.

국수마당은 확장하기 이전에도 푸짐하고 넉넉한 양과 맛으로 도민의 사랑을 듬뿍 받는 국숫집이다. 언제나 만족스럽게 고기국수를 먹었던 기억이 있어서인지 넓게 확장한 지금도 종종 국수마당을 찾는다. 공간이 넓고 깨끗해서 기다리지 않고 먹을 수 있다는 장점이 더해졌다.
국수 종류도 많고 몸국이나 콩나물국밥도 준비돼 있어서 메뉴 선택의 폭이 넓다. 하지만 예전의 맛을 기억하고 있는 사람에게는 좀 맛이 흐려진 느낌이다. 면이 조금 더 뜨겁게 나오기만 해도 훨씬 좋을 것 같다.

국수만찬

도민이 좋아하는 국숫집

INFO

ADD 제주시 은남3길 1
TEL 064-749-2396
TIME 11:30~23:00
BREAK TIME 15:00~17:00
OFF 화요일 오후, 수요일

아직은 관광객이 많지 않은 국수만찬은 도민들이 꽁꽁 숨겨놓고 찾아가는 집이다. 엄청나게 많은 양의 국수가 나오는데 한 그릇을 다 먹으면 허리띠를 풀어야 할 정도다.

삼성혈 국수거리나 올래국수는 관광객으로 가득 차 있기 때문에 막상 제주사람은 잘 가지 않는다. 하지만 수많은 국숫집이 있는 제주에서는 모두 자기가 좋아하는 국숫집 하나씩은 갖고 있는 법이다.

국수만찬은 그런 국숫집 중에서도 가장 주목할만한 국숫집이다. 신제주 연동 골목에 있는 국수만찬은 2007년부터 영업을 시작해 비교적 짧은 역사의 국숫집이지만 도민에게 맛을 인정받는 곳이다. 아직까지 관광객의 발길은 뜸하다. 국수거리의 국숫집이 관광객의 입맛에 맞추면서 먹기 편한 쪽으로 바뀌고 있는데, 나중에 생긴 이곳 국수만찬이 우직한 제주식 고기국수의 전통을 이어가고 있는 느낌이다.

우직한 고기국수의 전통을 이어가고 있는 국수만찬.

면 삶기, 육수 내기, 수육의 질까지 흠잡을 데가 없다. 국수 양도 많아서 웬만한 대식가가 아니라면 한 그릇 비우기가 벅찰 정도다. 국수만찬의 육수는 입에 쩍쩍 달라붙는 느낌이 들 정도로 진하면서 고소하다. 적당히 기름지면서도 시원하고 담백한 맛. 흔히 제주사람이 이야기하는 '배지근하다'라는 말의 뜻을 금세 이해할 수 있다. 국숫집이라면 으레 있는 아강발도 큼직하니 양도 많고 맛있다. 막걸리 한잔 시키지 않을 수가 없다.

적당하게 삶은 면과 넘치지도 모자라지도 않는 국물, 그리고 두툼하게 썰어넣은 수육까지, 모두 사랑하게 된다. 영업시간을 꼭 확인하고 가는 것이 좋다.

제주식 밀면의 대표주자인 산방식당의 밀면. 뜨거운 여름에 시원한 밀면 한 그릇은 사막에서 만난 오아시스 같은 기분이다.

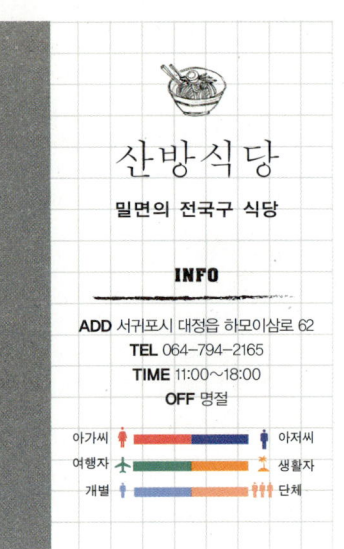

산방식당
밀면의 전국구 식당

INFO
ADD 서귀포시 대정읍 하모이삼로 62
TEL 064-794-2165
TIME 11:00~18:00
OFF 명절

아가씨 / 아저씨
여행자 / 생활자
개별 / 단체

제주에서 대기줄이 가장 긴 식당이 아닐까? 식사시간 때마다 길게 늘어선 대기줄이 식당 밖 거리까지 늘어선다. 왜 이 사람들은 이토록 뜨거운 날에 지루함과 피곤함을 견디면서 밀면 한 그릇을 먹기 위해 줄을 서 있는 걸까?

오랜 기다림 끝에 자리에 앉아서 밀면과 수육 한 접시를 시킨다. 홀과 주방은 거의 전쟁터 수준이다. 수육은 그날 만든 것이 떨어지면 주문할 수 없다. 손님이 밀려드는 날이면 오후 서너 시면 벌써 동이 나버릴 정도다. 잠시 후에 수육이 나온다. 접시에 한가득이다. 서울 냉면 집의 제육 한 접시보다 두 배는 많고 가격은 반 정도다. 고기는 비싼 부위는 아니다. 살코기와 비계의 비율이 그리 좋지 않다. 수육에는 고추장양념이 나오는데 여기에 겨자를 조금 넣어서 찍어먹는 것이 이곳의 먹는 법이다. 이 양념장은 밀면에도 듬뿍

그냥 소금에만 찍어 먹어도 맛있는 수육. 산방식당의 수육 삶는 기술은 탁월하다.

들어간다. 산방식당 마법의 양념장이다. 수육 한 점을 집어서 고추장양념을 콕 찍어서 입안에 넣는다. 큼직하게도 썰어서 입안 가득 꽉 차는 느낌이다. 그런데 맛있다. 맛없는 부위의 고기인데 기막히게 삶았다. 부드러우면서도 씹는 느낌이 쫀득쫀득하다. 보통은 고기누린내를 없앤다고 이것저것 향신료를 넣지만 여기는 그냥 고기 그 자체의 순수한 맛이다. 비법이 뭘까? 다시 한 점 입에 넣고 맛을 음미한다. 솔직히 고추장양념을 찍지 않고 그냥 소금에만 찍어먹는 게 더 맛있을 정도로 고기 맛이 좋다.

잠시 후에 밀면이 나왔다. 보통과 곱배기 중에서 선택할 수 있지만 웬만한 대식가가 아닌 이상 보통만으로도 충분한 양이다. 무더위와 기다림에 지친 나는 일단 국물부터 마신다. 시원하다. 육수 자체가 차갑지는 않다. 오히려 약간 미지근한 느낌이 나기도 하는데 목구멍 뒤에서부터 시원한 느낌이 올라온다. 그런데 이 육수의 정체를 모르겠다. 돼지고기인지 소

고기인지 해물인지, 어쩌면 모두 다 들어가는지, 아니면 그냥 MSG인지 모르겠다. 뭐 어떠랴, 시원하고 맛있으면 됐지.

양념 다대기는 반 정도는 덜어내는 것이 좋다. 밀면에 나온 다대기를 다 풀어버리면 시원한 육수 맛이 고추장 맛으로 범벅이 되는 느낌이다. 이제 면을 먹을 차례. 한 젓가락 큼직하게 잡고 입안 가득 면을 밀어넣는다. 두툼한 우동면이지만 부드럽고 탱글탱글한 탄력이 있고 질기거나 딱딱하지 않다. 면은 입안 구석구석을 간지럽히면서 도망 다니다가 결국 목구멍으로 빨려 들어간다. 매력 있는 면이다. 이렇게 먹다보니 어느새 그릇은 바닥만 보이고 배는 불룩해졌다.

'그래, 역시 이 맛이지.'

계산을 하고 나오니 대기줄은 아까보다 더 길어졌다. 산방식당의 밀면과 수육이 맛있지만 손님이 몰리는 여름 성수기에는 대기가 너무 길어진다. 식사시간을 비껴서 가는 요령이 필요하다. 손님이 많이 몰려들 때는 육수 맛이 왔다갔다 하거나 면을 깨끗이 못 빨아서 밀가루 냄새가 날 때도 있다. 하지만 콘디션 좋을 때의 산방식당은 역시 제주 밀면의 최강자라고 할 수 있다. 제주시에 있는 분점을 이용하는 것도 한 방법이다. 그런데 제주시 분점도 식사시간에는 대기줄이 생긴다는 것을 참고할 것.

영해식당

밀면의 숨은 강자

INFO

ADD 서귀포시 대정읍 하모상가로 34-2
TEL 064-794-2262
TIME 11:00~20:00
OFF 부정기 휴무

작은 제주음식점인 영해식당은 밀면의 숨은 맛집이다. 허름한 외관, 낡은 탁자와 의자, 옛날식 인테리어는 없던 추억까지 꺼내오게 되는데, 시원한 밀면을 맛보는 순간 모든 것이 새롭게 느껴질 것이다.

대정읍에는 산방식당 외에도 밀면을 맛있게 내는 식당이 몇 군데 있다. 그중에서 영해식당은 가장 최근에 찾아가본 곳이다. 내비게이션으로 겨우 찾았다. 그도 그럴 것이 그냥 길에서는 잘 보이지도 않는 작은 식당이다. 다양한 메뉴를 하는 오래된 식당인데 안으로 들어서자 작은 타일이 붙어있는 주방과 오래되고 낡은 테이블이 한눈에 들어온다. 테이블 다섯 개 정도의 작은 규모다. 이런 분위기의 식당은 대부분 맛있다. 관광객이 찾아오지는 않아도 동네 단골이 찾아와 오랫동안 장사할 수 있는 곳이기 때문이다.

메뉴는 밀냉면 외에도 국수, 몸국, 갈비탕, 만둣국, 김치찌개 심지어는 새끼회까지 다양하다. 조그만 식당에서 이렇게 다양한 차림을 하고 있는데 과연 맛이 있을까? 주문을 하고 한참 후에 밀면이 나왔다. 모양새가 좋다. 국물이 시원하면서도 적당히 달달하고 면도 씹는 맛이 아주 좋다. 밀면 안에 들어있는 수육도 부드럽고 맛있다. 따로 수육만 청해서 소주 한잔하고 싶어진다. 이 정도 맛있는 집인데도 아직까지도 소문이 많이 나지 않은 걸 보면 이곳 단골 모두가 쉬쉬하고 있는 것이다. 옆에서 먹는 몸국도 맛있어 보여서 조금 얻어 먹어봤는데 예전 잔칫집에서 오랫동안 끓여 부드럽고 진한 바로 그 몸국 맛이 난다. 여긴 숨겨두고 싶은 식당이다.

지 나 치 면
후 회 할
그 집

밀면

밀면이라고 하면 부산을 떠올리지만 제주에도 맛있는 밀면 집이 많다. 사실 이름은 같은 밀면이지만 부산의 밀면과 좀 다른 음식이라고 생각해야 한다. 부산 밀면은 면발이 가늘다. 피난시절 냉면을 만들 때 구하기 쉬운 밀가루로 면을 만들었다는 이야기처럼 메밀면을 쓰는 평양냉면과 아주 닮아있다. 하지만 제주 밀면은 면발이 우동면처럼 굵고 육수는 깔끔하고 시원하다. 밀면에 양념 다대기를 듬뿍 넣어주는 공통점은 있다. 부산 밀면과 이름이 같고 형태가 비슷할 뿐이지 먹을 때의 느낌은 다른 음식 같다. 순댓국과 돼지국밥이 모양만 비슷한 다른 종류의 음식인 것처럼. 지금은 밀면이라고 부르지만 얼마 전까지도 '냉우동'으로 불렀으니 제주식 밀면은 냉면 쪽에서 온 것이 아니라 우동하고 가깝다.

메밀면을 쓰는 냉면은 겨울에 먹는 음식이지만 제주 밀면의 계절은 여름이다. 뜨거운 여름, 땀을 비 오듯 흘린 지친 오후에 시원한 밀면 한 그릇이면 이 세상 어떤 음식보다도 맛있게 느껴질 것이다.

....

일성식당

INFO

ADD 서귀포시 안덕면 산방로 372
TEL 064-794-2876
TIME 08:00~19:00
OFF 부정기 휴무

예전에는 허름한 동네식당 분위기였는데 몇 년 전 건물을 새로 올려서 크고 깔끔해졌다. 그런데 할머니와 할아버지가 사이좋게 밀면을 만들고 배달도 하던 그때 그 시절이 더 좋았던 것 같다. 밀면 맛은 예전 맛을 그대로 유지하고 있어서 다행이다.

이곳의 밀면은 소박하면서도 쨍한 맛이 좋다. 산방식당에서와 달리 여기는 다대기를 덜어내지 않고 그대로 다 풀어서 먹어도 괜찮다. 아쉬운 것은 정식메뉴가 아니어서 알음알음 주문해야 먹을 수 있던 수육이 정식 메뉴로 등장하면서 향신료 향이 물씬 나는 평범한 수육으로 바뀌었다는 것. 그 나름대로 먹을 만하지만 예전의 차갑고 쫄깃한 수육을 기억하는 사람에게는 무척 아쉽다.

> 지나치면
> 후회할
> 그 집 🏠

하르방밀면

대정 산방식당과 멀지 않아서 산방식당에 손님이 몰려 대기줄이 길 때 찾아가던 대안 식당 정도로 생각하고 있었는데, 의외로 독자적인 스타일의 밀면을 하는 곳이다.
이곳 밀면은 얇고 조금은 질긴 면발이라 부산식 밀면을 떠오르게 하는데 육수에서도 한약재 향이 물씬 풍긴다. 몸에 좋은 톳을 넣어서 면을 만든 톳밀면도 인기메뉴고 보말칼국수와 만두를 먹는 사람도 많다. 신제주 노형동과 공설운동장 부근에 분점이 있어서 가까운 곳으로 가면 된다.

INFO

ADD 서귀포시 대정읍 동일하모로 229
TEL 064-794-5000
TIME 11:00~20:00
OFF 명절 당일

관촌밀면

서귀포시내 맛집 거리인 아랑조을거리 가운데 자리잡고 있는 관촌밀면은 서귀포시를 대표하는 밀면 집이다. 원래는 서귀포 중앙로터리 부근에서 조그맣게 하던 밀면 집이었는데 아랑조을거리 안쪽에 단독 건물로 확장이전했지만, 자체 주차장이 협소해서 근처 공용주차장을 이용하는 것이 좋다.
밀면과 함께 고기국수도 메뉴로 내놓는다. 밀면은 전형적인 제주 냉우동 스타일의 밀면이다. 약간 달달하면서도 시원한 육수에 오동통한 우동면발이 좋다. 수육만 따로 시켜먹어도 후회하지 않을 것이다.

INFO

ADD 서귀포시 서문로29번길 13
TEL 064-732-5585
TIME 10:30~19:00
OFF 일요일

선흘 방주 할머니식당

할머니가 생각나는 콩국수

INFO

ADD 제주시 조천읍 선교로 212
TEL 064-783-1253
TIME 여름 10:00~19:00,
겨울 10:00~18:00
OFF 일요일

아가씨 ―― 아저씨
여행자 ✈ 생활자
개별 👤 단체

제주 식당이 육지 식당과 다른 점 중 하나는 원산지 표시에 있다. 보통 원산지를 보면 국내산이나 중국산, 노르웨이산처럼 나라이름이 적혀있는데 제주 식당에서는 특이하게 '제주산'이라고 쓰인 표지판이 많다. 조천읍 선흘에 있는 방주할머니식당은 한걸음 더 나간다. 두부콩은 선흘리 농사 농사까지!, 단호박 선흘리, 도토리 선흘리다. 선흘에서 생산되는 것으로 직접 음식을 만들고 있다는 것이 방주할머니식당의 자존심이다.

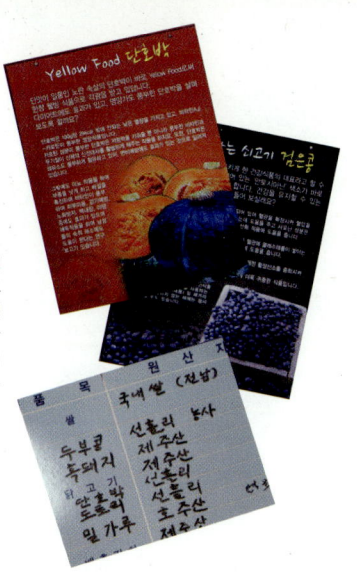

방주할머니식당의 단호박콩국수는 최고다. 쫄깃한 식감의 면과 서리태를 갈아 만든 국물은 마치 크림 파스타처럼 입안을 휘감아 들어온다.

거문오름을 품은 조천읍 선흘2리에 있는 방주할머니식당. 과연 음식점이 있을까 싶은 좁은 길을 가다보니 큰 마당에 새로 생긴 건물이 눈에 들어왔다. 다 쓰러져가던 단층 건물을 새로 깨끗하게 올렸다.

식사시간이 지났는지 식당 안에는 사람이 많지 않았고 검정콩국수를 유명하게 만든 성묘순 할머니가 친구와 담소를 나누고 있었다. 도토리묵과 두부, 보쌈, 콩국수가 적힌 메뉴판에서 오늘의 점심으로 고른 것은 콩국수와 도토리묵.

콩은 일등 단백질 공급원이다. 특히 검은콩에 들어있는 안토시아닌은 노화방지에 효과가 좋은 것으로 알려져 있다. 집에서도 부모님이 계실 때는 꼭 밥을 지을 때 검은콩을 넣곤 했다. 우리 집에서 검은콩은 건강한 삶으로 이끌어주는 상징 같은 것이었다.

방주할머니식당의 콩국수는 면이 특이했다. 밀가루에 단호박을 넣어 만든 면이라 노란색이다. 화려하진 않지만, 그릇에 담긴 연초록색 콩국물과 노란색의 단호박면은 참으로 아름다웠다. 젓가락으로 한 입 집어먹으니 고소함이 우르르 밀려왔다. 차가운 콩국물이 아니다. 오히려 온기가 느껴지는 그런 콩국물이다. 단호박면의 쫄깃쫄깃한 식감도 좋다. 정신없이 젓가락을 움직이고 있는데 할머니가 다가와 말을 거신다.

"맛있지? 내가 만든 거야."

입안 가득히 국수를 넣고 엄지손가락을 번쩍 들어올렸더니 할머니 얼굴에 미소가 번졌

새로 지은 건물(왼쪽). 건강해 보이는 검은콩. 할머니의 검은콩 자랑에 검은콩 한 봉지를 사고 말았다.

다. 흥이 난 할머니는 얼마나 좋은 콩을 쓰는지, 두부는 또 얼마나 맛있는지 한바탕 신나게 설명하셨다.

아들이 직접 농사지은 콩으로 만든 것이고, 진한 국물 맛을 위해서 얼음도 달라고 하는 사람에게만 준다고. 원재료 고유의 맛을 살리기 위해 양념은 적게 하는 것이 할머니 방식이라고 했다. 서리태가 얼마나 잘되었는지, 직접 검은콩을 가져와서 보여줬다.

방주할머니식당은 직접 만든 두부와 도토리묵밥도 유명하다. 제주 바닷물을 간수로 써서 만든 두부는 고소하고 차진 맛이 난다. 그리고 밥과 함께 대접에 넣어 비벼먹는 도토리묵밥은 쌉싸름한 맛이 좋다. 예전에 할머니가 해주시던 그 맛이 난다. 제주 시골에서 건강식인 검은콩국수를 한 그릇 먹고 나니 여행을 제대로 하고 있는 기분이 들었다.

결국 방주할머니식당을 나설 때 내 손에는 검은콩 한 봉지가 들려있었다. 사랑스러운 할머니의 검은콩 홍보에 넘어간 것. 그래도 좋다. 이 검은콩으로 콩국수는 힘들겠지만, 부모님께 맛있는 밥을 해드릴 작정이다.

직접 쑨 도토리묵과 들기름. 그리고 김치가 어우러진 도토리묵밥. 추억의 맛이다.

작은 양은냄비에 구수한 멸치냄새 풀풀 나는 국수 한 그릇. 참 별난 것 하나 없는 국수 한 그릇인데 생각만 하면 왜 이리 군침을 흘리게 만드는 걸까? 이름도 정겨운 춘자국수. 옛날에는 교복집을 했다는 이 집 할머니는 교복자유화가 되면서 교복집 문을 닫게 되자 주차장 한켠에서 조그맣게 국수를 말아 팔기 시작했다. 간판도 없던 국숫집은 단골이 사장님 이름을 따서 춘자싸롱이라고 불렀는데 이게 다 국수 맛 때문이다.

지금은 자리를 옮겨 큰길가 옆 번듯한 식당이지만 국수 맛은 그대로다. 춘자국수에서는 멸치육수를 진하게 내고 면은 미리 삶아놓는다. 주문이 들어오면 면을 토렴해서 양은냄비에 뜨거운 국물을 붓는다. 그리고 송송 썬 쪽파를 한 움큼 넣고 통깨와 고춧가루를 뿌려서 내온다. 소박하지만 어찌나 정갈한지. 게다가 양은냄비 안에 담긴 식재료의 색 조화는 단순해서 더 아름답다. 제주 국숫집답게 면은 두툼한 중면이다. 가격은 예전에 비해 많이 올랐다지만 아직도 3,000원선이다. 미리 삶아둔 면은 부드럽게 씹힌다. 한 젓가락 가득 집어서 입안에 넣으면 구수하고 시원하면서도 따끈하다. 멸치육수의 구수한 감칠맛에 부드러운 면발이 잘 어울린다. 단순한데 맛있어서 계속 먹게 된다. 이 멸치국수의 맛을 좋아하지 않을 한국사람이 있을까?

처음 춘자국수를 먹고는 집에 와서 멸치육수를 끓였다. 그 맛이 계속 기억나서 또 먹고 싶어졌기 때문이다. 긴 시간 멸치육수를 내고 면을 삶아서 국수를 만들었는데 춘자국수의 맛은 내지 못했다. 역시 춘자국수는 표선을 지날 때 잠깐 들러서 후루룩 먹고 나오는 것이 최고다.

춘자국수

단순하지만 맛있는 멸치국수

INFO

ADD 서귀포시 표선면 표선동서로 255
TEL 064-787-3124
TIME 08:00~18:00
OFF 명절

아가씨		아저씨
여행자		생활자
개별		단체

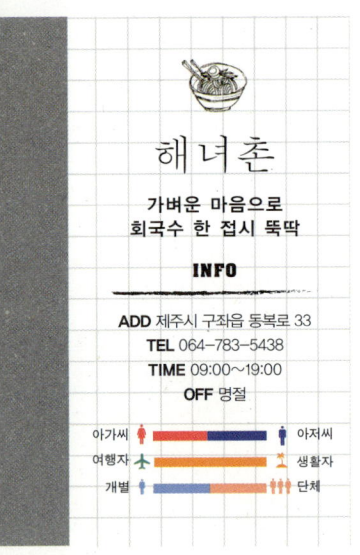

해녀촌

**가벼운 마음으로
회국수 한 접시 뚝딱**

INFO

ADD 제주시 구좌읍 동복로 33
TEL 064-783-5438
TIME 09:00~19:00
OFF 명절

제주 동쪽은 바람 많기로 유명하다. 자전거를 타고 제주일주를 하던 때였다. 내리막길에서 페달을 힘껏 밟았는데도 자전거는 앞으로 나가지 못했다. 역풍을 뚫고 나가려고 얼마나 다리를 움직였는지, 동쪽을 생각하면 허벅지의 고통이 떠오른다. 그 고통만큼 강한 또 하나의 동쪽 이미지가 있다. 동복리 해녀촌의 회국수다. 회는 먹고 싶은데 주머니는 한없이 가볍던 시절, 회국수는 신세계로 안내해줬다.

구좌읍 동복리 해녀촌은 수많은 해녀촌 중에서 횟집이 아니라 회국수 하나로 전국의 내로라하는 식도락가를 모으는 곳이다.

해녀 해남이었던 주인 부부는 제주에 온 이들이 회는 먹고 싶은데 비싸서 망설이는 것을 보고 회국수를 생각하게 되었다. 그때가 2003년. 지금은 대기표를 받아서 기다려야 할 만큼 많은 이가 찾는 집이 되었다.

동복 해녀촌의 회국수. 양념장에 마법이 숨어 있다. 넉넉하게 썰어 넣어주는 회와 중면, 그리고 야채와 양념장의 조화는 거부할 수가 없다.

회국수를 주문하면 야채와 섞인 생선회와 두툼한 중면이 접시에 나온다. 기가 막힌 맛을 내는 것은 동복리 해녀촌만의 특제 양념고추장. 피처럼 검붉은 빛깔이다. 회는 그때그때 나는 생선을 사용한다. 마트에서 보는 회보다 두세 배는 두툼한 회다. 회국수를 맛있게 먹는 방법은 국수와 야채, 회를 골고루 양념고추장으로 잘 비비는 것. 한 젓가락 입에 넣으면 싱싱한 회의 미끈한 식감과 달달하면서 매콤한 맛이 느껴지면서 만족감이 퍼진다. 입안에 착착 감기는 감칠맛이 좋다.

회국수와 함께 동복리 해녀촌의 간판스타는 성게국수다. 성게가 가득 들어있다. 성게국수 안에는 성게와 당근 외에 별다른 것이 없어 무슨 맛이 날까 의심스럽지만, 국물을 마시고 나면 의심은 어디론가 사라진다. 바다를 가득 품은 느낌이다. 이제는 처음 회국수를 먹을 때만큼 지갑을 걱정하지 않아도 되지만, 그래도 제주에 가면 꼭 동쪽에 간다. 동복리 해녀촌의 회국수를 먹으러. 😊

엄청난 양의 성게알이 들어가는 성게국수. 따끈하면서도 부드럽게 바다 향이 올라온다.

산고을 손칼국수

제주 최고의 손칼국수

INFO
ADD 제주시 신광로4길 25-1
TEL 064-744-2757
TIME 10:30~16:00
OFF 일요일

아가씨		아저씨
여행자		생활자
개별		단체

제주는 국수의 섬이다. 그런데 육지에서는 흔히 먹는 칼국수 집은 손가락으로 꼽을 정도다. 대부분의 국숫집이 건면을 삶아서 하는 고기국수 집이다보니 막상 칼국수를 잘하는 곳은 몇 없다.

제주시 연동에 있는 산고을칼국수는 그래서 더 애정이 가는 곳이다. 영업시간은 오전 10시 30분부터 오후 4시까지. 저녁장사를 안 한다. 여기서 칼국수 한 그릇 먹으려면 일찍 서둘러 가거나 아예 점심시간 지나서 가는 것이 좋다. 식사시간이면 손님으로 가득 차서 대기줄이 꽤 길다. 일단 도착하면 먼저 주문을 하고 기다려야 한다. 오후 4시까지 영업이지만 준비한 재료가 다 떨어지면 그냥 문을 닫아버리니 늦게 갈 때는 미리 확인전화라도 하고 가는 것이 좋다.

차림표를 보면 밀가루면과 메밀면이 있고, 조개육수, 닭고기육수와 소고기육수가 있으니 취향대로 골라서 주문하면 된다. 면은 직접 밀어서 손으로 써는데 찰기는 좀 떨어지고 모양은 삐뚤빼뚤하지만 진한 국물과 잘 어울린다. 칼국수 집은 김치가 맛있어야 하는데 이 부분에서는 당당히 합격이다. 칼국수 양이 푸짐하고 기본으로 작은 공기밥이 한 그릇씩 나온다. 맛있는 김치와 넉넉한 양과 맛이 이곳의 인기 비결.

제주에 왔으니 메밀면을 주문하기로 한다. 툭툭 끊어지는 면발이 익숙하지 않을 수 있지만 구수한 메밀 맛이 또다른 느낌을 준다. 여름 한정 콩국수도 좋다. 역시 양은 많다.

식사 때면 줄을 서야 하는 신제주시내의 손칼국수 집. 웬만하면 영업시간을 늘리겠지만 정해놓은 시간만 딱 영업하는 도도한 식당이다.

신제주에 산고을손칼국수가 있다면 구제주에는 명동손칼국수가 있다. 이름에 명동이 들어가지만 서울의 명동칼국수하고는 친분관계가 없는 제주도 칼국수집. 이곳도 역시 손님으로 북적인다. 저녁 7시까지 영업하는데 재료가 떨어지면 일찍 문을 닫는다. 테이블이 몇 개 안 되는 칼국수 집이라 식사 때면 대기줄이 생기는데 보통 10분 정도 기다리면 자리가 나니 기다려서 먹는 게 좋다. 주 메뉴는 칼국수지만 김밥 인기도 만만치 않다. 주변을 보면 칼국수 한 그릇에 김밥 하나씩은 다 먹고 있는데 칼국수 양도 장난 아니다. 제주에 대식가가 많은가보다.

이곳의 인기메뉴는 닭칼국수. 닭비린내 없이 깔끔하고 깊은 맛이다. 가끔 닭 찢어놓은 것에서 닭뼈가 나오니 먹을 때 조심해야 한다. 시원하고 얼큰한 김치칼국수도 좋다. 이곳에 갈 때마다 메뉴 고민을 하게 되는데 항상 옆에서 먹는 게 더 맛있어 보여 언제나 메뉴 선택에 실패하는 것 같다. 김밥을 주문하면 바로 말아서 썰어주는데 맛이 없을 수가 없다. 문제는 양이 너무 많다는 것. 여기서 칼국수와 김밥을 먹고 나오면 한동안 꼼짝도 못 할 정도다. 대신 뿌듯한 만족감으로 기분은 좋다.

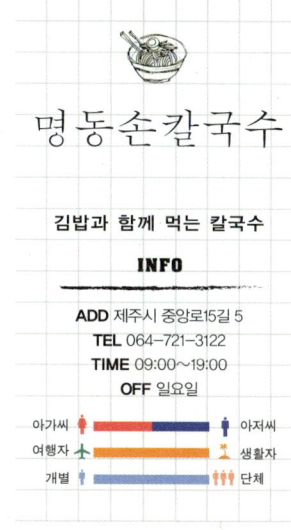

명동손칼국수

김밥과 함께 먹는 칼국수

INFO

ADD 제주시 중앙로15길 5
TEL 064-721-3122
TIME 09:00~19:00
OFF 일요일

아가씨 / 아저씨
여행자 / 생활자
개별 / 단체

구제주 중앙로에 자리잡고 있는 명동손칼국수는 칼국수가 흔치 않은 제주에서 꿋꿋하게 인기를 유지하고 있는 곳이다.

대광식당

제주에서 함흥냉면과
평양냉면 먹기

INFO

ADD 제주시 동광로4길 9-1
TEL 064-758-7768
TIME 09:00~22:30
OFF 연중무휴

제주에서 차가운 국수로는 밀면이 대세고 맛도 최고지만 가끔은 밍밍한 평양냉면도 먹고 싶고, 알싸하게 매콤한 함흥냉면도 먹고 싶어질 때가 있다. 문제는 맛있는 냉면 집을 찾기가 쉽지 않다는 것. 원래 이북음식인 냉면은 남쪽으로 내려올수록 잘하는 곳이 많지 않다. 정기적으로 냉면을 먹어줘야 하는 냉면 애호가에게 맛있는 냉면 집이 없다는 것은 정말 치명적이다. 가끔 서울에 갈 때면 일단 냉면 집부터 들러서 한 그릇 해야 겨우 냉면 갈증이 해소될 정도다.

그래도 제주에도 믿음직한 냉면 집이 있다. 제주시청 근방에 있는 대광식당인데 꽤 오래전부터 제주도에

대광식당은 제주에서 냉면이 맛있는 집으로 꼽히는 곳이다. 양파를 큼직하게 다져넣은 양념장이 새롭다.

서 맛있는 냉면을 만들고 있는 식당이다. 이곳에서는 물냉면은 평양식으로 만들고 비빔냉면은 함흥식으로 만든다. 양수겸장이라고나 할까? 둘다 먹어보면 지금은 아무래도 함흥식에 좀더 비중을 두고 있는 느낌이다. 이곳의 함흥식 냉면은 양념장에 양파 다진 것이 그대로 보인다. 믹서기가 없던 시절의 양념장 만드는 법을 아직도 유지하고 있는 듯. 식초와 겨자를 넣고 적당히 비벼서 먹어보면 좀 투박하지만 면발도 좋고 양념장도 맛있어서 제대로 함흥냉면을 먹는 느낌이다.

사실 평양식 냉면에 대해서는 할말이 좀 있는데, 예전에 자리 옮기기 전 대광식당에서 먹었던 평양냉면은 깜짝 놀랄 정도로 맛있었다. 육향이 물씬 올라오는 슴슴한 육수와 툭툭 끊어지는 메밀면은 서울에서 먹던 평양냉면보다 더 내 입맛에 맞았다. 지금 유명해진 서북면옥에 좀 더 거칠고 투박한 느낌을 살짝 가미하면 그때의 대광식당 냉면 맛이다. 하지만 지금은 면발이 질겨지고 육수도 달아진 느낌이라 그때의 감동을 받기는 힘들다. 그래도 어쨌든 제주도에서 이 정도 냉면을 먹을 수 있다는 것만으로도 감지덕지한 일이다.

냉면 외에도 갈비탕과 육개장도 맛있어서 뜨끈한 국물이 필요할 때 가면 좋다. 냉면 전문점으로 알려져 있지만 의외로 돼지갈비 수준도 상당하다.

지나치면 후회할 그 집

냉면

함흥면옥

제주 냉면의 원조라고 해야 할 정도로 전통 있는 식당이다. 처음 제주도에 간 30여 년 전에도 지금 자리에서 영업하고 있었으니 얼추 40년은 넘은 냉면 집이다. 중앙로 로타리에 자리한 함흥면옥은 그 이름처럼 함흥냉면이 맛있지만 평양식 냉면과 갈비탕도 좋은 곳이다. 하지만 이곳의 평양식 냉면은 밍밍한 맛보다는 간장의 진한 맛이 나는 냉면이고, 면도 툭툭 끊어지는 메밀면이 아니고 함흥냉면에서 쓰는 질긴 전분면을 쓴다. 서울의 함흥냉면 집에서 내는 물냉면에 더 가까운 맛이라고 할 수 있겠다. 냉면만 시켜도 서울 쪽과는 달리 밑반찬이 다양하게 깔려서 좋다.

INFO

ADD 제주시 관덕로 43
TEL 064-722-2837
TIME 11:00~21:30
OFF 둘째 넷째 일요일

아가씨 ▮▮▮ 아저씨
여행자 ▮▮▮ 생활자
개별 ▮▮▮ 단체

비자림 꿩메밀손칼국수

뜨거운 제주의 맛

INFO

ADD 제주시 정든로3길 28
TEL 064-783-3888
TIME 11:00~21:00
OFF 연중무휴

아가씨 / 아저씨
여행자 / 생활자
개별 / 단체

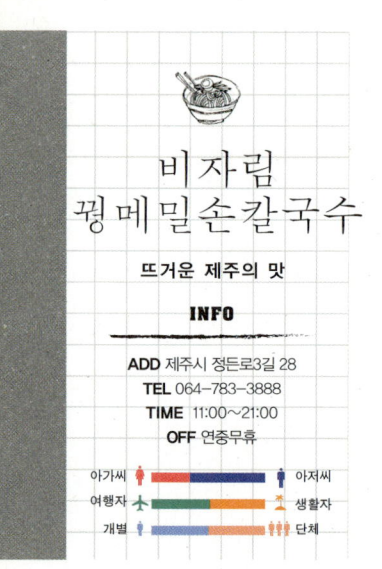

꿩과 메밀. 제주음식을 이야기할 때 빠지면 안 되는 재료다. 꿩은 제주에서 흔한 사냥감으로 중요한 단백질 공급원이었다. 메밀은 또 어떤가. 추운 겨울, 식도를 넘어가는 걸쭉한 식감의 뜨거운 메밀국수. 제주에서 겨울을 견뎌본 이라면, 꿩메밀국수의 맛이 단순한 맛 이상의 의미를 가지고 있음을 알 것이다.

제주에서 꿩은 사냥의 대상이었다. 제주는 꿩이 자라기에 좋은 환경을 가지고 있다. 지금도 중산간에서 꿩을 보는 것은 그다지 어려운 일이 아니다. 올레를 걷다가 꿩을 발견하기도 한다. 과거 가을에서 겨울로 넘어갈 즈음이 되면, 제주 남정네들은 꿩을 사냥하러 나섰다. 사냥에서 잡아온 꿩을 제주의 여인들은 메밀과 함께 만두와 국, 강정으로 만들어 내놓았다.

꿩은 육질이 연하고 담백하다. 메밀은 특유의 담백한 맛이 있다. 피를 맑게 해주는 성분 때문에 제주에서는 아이를 낳은 후 메밀을 넣은 수제비를 먹었다.

아이를 낳은 후는 아니지만, 제주 겨울의 된바람을 피해 비자림 꿩메밀손칼국수로 스며들었다. 메뉴판에는 꿩한마리부터 꿩메밀칼국수, 꿩찐만두 등 꿩과 메밀을 재료로 한 여섯 가지 음식이 있었다. 두 손을 난로 앞에 펼치면서 꿩메밀칼국수와 꿩찐만두를 주문했다.

상 위에 차려진 꿩메밀칼국수와 꿩찐만두는 별다른 반찬 없이 단출했다. 진해 보이는 국물에 두꺼운 메밀국수가 잠겨 있었다. 꿩메밀칼국수의 맛을 보기 위해 젓가락을 들었다가, 바로 숟가락으로 바꿨다. 메밀이 찰기가 없어 뚝뚝 끊기기 때문에, 아예 국물과 면을 함께 맛보기 위해서였다. 뜨거운 국물이 식도를 넘어가서 속을 편안하게 어루만져줬다. 자극적인 맛이 없어 엔돌핀이 돌지는 않았다. 그렇지만 몸이 좋아하고 있구나, 하는 느낌이 들었다. 조심스레 한 숟가락 떠먹고 나서는 후후 불면서 한 그릇을 후딱 비워냈다. 정작 꿩고기는 그다지 많이 들어있지 않았지만, 메밀과 꿩이 어우러져 낸 국물 맛으로도 충분히 만족스러웠다. 꿩찐만두는 1인분에 만두 여덟 개가 나왔다. 만두 속을 유심히 살펴봤다. 당면과 파를 비롯해 보통 만두에 들어가는 재료에 꿩고기가 아주 잘게 썰어져 있다. 양도 조금 들어있어 꿩고기의 맛을 구분해내기는 쉽지 않았다. 자극적인 음식에 길들여져 있는 입맛에 꿩메밀손칼국수와 꿩찐만두는 다소 심심했다. 심심하지만 자꾸 생각날 것 같은 맛이랄까.

겨울에 제주의 여인들이 왜 꿩메밀손칼국수를 먹었는지, 고개가 끄덕여졌다. 어느 길에 있든지 바람이 거세게 불면, 꿩메밀손칼국수의 진한 국물이 그리울 것 같다.

메밀과 꿩이 어우러져 건강한 맛을 낸다. 메밀을 사용해 면은 뚝뚝 끊어진다. 만두 속에는 잘게 썬 꿩고기가 들어있다. 자극적인 맛이라고는 찾아볼 수 없다.

툭툭 끊어지는 메밀면은 젓가락으로 먹기보다는 숟가락으로 먹는 것이 더 편하게 느껴진다.

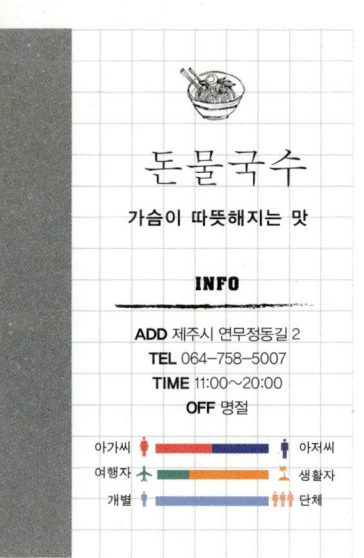

돈물국수
가슴이 따뜻해지는 맛

INFO
ADD 제주시 연무정동길 2
TEL 064-758-5007
TIME 11:00~20:00
OFF 명절

제주의 수많은 국숫집 중에서 꿩메밀칼국수만 전문적으로 하는 식당이다.

동문로터리에서 제주여상 방면 건입동 골목 안의 오래된 식당인데 여전히 꿩메밀칼국수로만 승부를 보는 곳이다. 여름에는 계절메뉴로 검은콩국수를 하는데 이것도 별미다.

꿩메밀칼국수 맛은 어떨까? 어렸을 때부터 먹어왔던 제주사람과는 달리 내게는 추억의 음식이 아니라 신기한 음식이다. 제주에 살면서 종종 먹게 되지만 일부러 찾아먹을 정도의 맛은 아니다. 그런데 여기 돈물국수의 그것은 내게 새로운 맛의 추억을 심어주었다.

자리에 앉아서 주문하면 툭툭 칼국수를 자르는 소리가 들린다. 반찬은 맛있는 배추겉절이와 깍두기, 그리

제주여상 옆골목에 자리잡고 있는 돈물국수. 꿩메밀칼국수만 하는 국숫집이다.

고 무채나물이다. 그런데 이 무채나물이 참 맛있다. 물기가 없이 마른 느낌인데 씹는 맛이 좋고 담백하다. 메밀과 찰떡궁합이다.

잠시 후에 쪽파와 김을 듬뿍 얹은 칼국수가 나온다. 순메밀 반죽이라 면은 길지 않고 손가락 길이 정도로 짧다. 젓가락으로 먹는 것보다는 숟가락으로 떠서 먹는 것이 더 편하게 느껴질 정도. 국물 맛은 무미한 맛에 가까울 정도로 밍밍하지만 툭툭 끊어지는 메밀면과 함께 먹다보면 은은히 감칠맛이 느껴진다. 이 맛을 설명하기가 참 힘들지만 가슴이 따뜻해지는 기분이다.

맛있다고 감탄하면서 먹는 음식은 아니지만 먹고 나면 참 맛있다. 오후의 나른한 햇빛에 앉아서 먹은 꿩메밀칼국수는 그렇게 내 기억 한 페이지에 기록되었다.

꿩을 삶아낸 뽀얀 국물에
두툼한 메밀면과 시원한 무가 들어가 있다.

CHAPTER 5
-
진짜 바다 것들의 향연

해산물

Taste MAP

- 모슬포해안도로식당 p.190
- 황금손가락 p.213
- 만선식당 p.192
- 솔참치 p.216
- 마라도횟집 p.198
- 삼성혈해물탕 p.220
- 모살물 p.201
- 오래옥식당 p.223
- 어우늘 p.206
- 스시황 p.211
- 순옥이네명가 p.193
- 오로섬 p.196
- 오연 p.213
- 물항식당 p.194
- 해물다우정 p.222
- 백선횟집 p.200
- 슬기식당 p.224
- 동문시장 수산물코너 p.204
- 용담골 p.209
- 스시도모다찌 p.212
- 항구식당 p.187
- 만선바다횟집 p.192
- 어진이네횟집 p.184
- 보목해녀의집 p.193
- 쌍둥이횟집 p.202
- 죽림횟집 p.203

Taste STORY

　사면이 바다인 제주도에서는 해산물을 빼놓고는 음식 이야기를 할 수 없다. 고등어와 갈치는 말할 것도 없고 옥돔, 자리돔, 객주리, 따치, 어랭이, 물꾸럭, 각재기 등 이름도 낯선 제주도의 싱싱한 해물에 눈이 휘둥그레진다. 게다가 특이한 요리법도 많다. 육지에서는 상상도 못 할 생선국이 즐비하고, 된장에 무쳐서 시원하게 먹는 물회도 별미다. 사실 요리라고 할 것도 없이 바닷가에 있는 해녀의집에서 싱싱한 소라나 홍삼을 큼직하게 썰어 초고추장에 찍어먹으면 '이게 제주구나!' 하는 생각이 저절로 난다.

　그런데 사실 제주에서도 회는 비싸다. 통 크게 수십만 원짜리 다금바리를 척척 시킬 수 있는 사람이라면 무슨 걱정이 필요할까? 하지만 단돈 몇 천 원의 가격 차이로 고민에 고민을 거듭하는 여행자에게는 싸고 맛있는 제주 해산물을 마음껏 먹을 수 있는 식당이 필요하다. 다행스럽게 제주에는 그런 식당이 곳곳에 숨어있다. 소박하지만 맛있는 회와 해산물을 맛볼 수 있는 곳, 투박하지만 넉넉한 인심이 느껴지는 곳, 관광객보다는 제주 사람이 주로 찾는 곳, 그런 식당을 주로 소개하려고 한다.

어진이네횟집

제주의 여름을 책임지는
자리물회

INFO

ADD 서귀포시 보목포로 84
TEL 064-732-7442
TIME 11:00~20:00
OFF 화요일

제주 물회는 다르다. 포항의 새포항물회식당과 속초의 봉포머구리식당을 비롯해 전국 물회 집 순례를 즐기던 내게 제주의 물회는 고개를 갸웃거리게 만들었다. 물회라고 하면 싱싱한 생선과 어우러진 달짝매콤한 맛이 핵심이라고 생각했다. 그런데 제주 물회에서는 달지 않고 대신 깔끔담백한 맛이 났다. 차이는 기본 양념에 있었다.

고추장과 고춧가루 그리고 사이다가 들어가는 동해 물회와 달리 제주식 물회는 된장을 기본으로 한다. 단맛이 없거나 있어도 달다는 느낌보다는 구수한 느낌이 더 많이 난다. 요즘은 육지사람 입맛에 맞춰 고춧가루가 더해진 물회도 쉽게 찾아볼 수 있지만, 역시 제주 물회라면 된장이 으뜸이다.

더위에 입맛이 떨어지는 여름, 자리회와 각종 야채를 썰어놓은 그릇에 된장과 식초를 넣고 조물조물 섞은 후 냉수를 넣어서 먹으면 이보다 더 시원할 수 없다.

어진이네의 물회는 양도 넉넉하고 맛있다. 특히 뜨거운 여름에 바다를 바라보면서 먹는 자리물회 한 그릇이면 제주의 무더위를 한방에 이겨낼 수 있을 정도로 시원하다.

지금은 물회를 먹기 위해 식당을 찾지만, 과거 제주에서는 집에서 주로 먹었다. 그래서 제주가 고향인 친구들에게 어느 집 물회가 맛있냐고 물으면 "우리 집 물회가 제일 맛있다"라는 답이 돌아오곤 한다.

제주의 많은 물회 집 중에서도 어진이네 횟집을 찾는 이유는 맛과 풍경 때문이다. 서귀포시 보목동 보목포구 제지기오름 입구 바닷가에 위치하고 있어, 식당 앞에 서 있는 것만으로도 마음이 시원해진다.

자리돔으로 유명한 서귀포 보목은 근처 횟집 모두가 자리돔을 메뉴로 내놓는다. 보목의 자리돔은 크기가 작고 뼈가 야들야들해서 물회로 만들어먹기 제일 좋다. 그중에서 유독 어진이네에 사람들이 줄을 선다. 조금 허름하고 복잡하긴 해도 풍경을 바라보면서 먹는 자리물회 한 그릇이 주는 만족감이 있다.

사실 어진이네는 손님이 몰려드는 곳이라 너무 정신이 없고 복잡하다. 여름철에는 대기만 1시간이 걸릴 정도. 무뚝뚝한 응대에 살짝 마음이 상할 때도 있다.

어진이네횟집에서 인기 있는 메뉴는 자리물회. 자리물회의 재료인 자리돔은 제주 사람에게 톡톡히 효자 노릇을 하는 물고기다. 단백질과 칼슘이 풍부해 먹을 것이

자리물회에는 자리가 듬뿍 들어있다. 오도독 씹는 맛이 좋다.

많지 않던 시절, 제주사람에게 영양을 공급해준 고마운 생선이다.
자리물회의 특징은 뼈와 껍질을 제거하지 않고 회로 만든다는 것. 처음 먹을 때는 가시에 찔릴까 걱정이 되는데, 몇 번 먹다보면 오도독 오도독 씹히는 식감을 즐기게 된다. 자리돔을 입안에 오물거리면 날된장 맛이 스며들어 고소함이 입안에 스르르 퍼진다. 깻잎과 오이, 식초, 깨를 넣어 비빈 자리물회 한 사발이면 더위가 한걸음 도망간 것이 느껴진다. 음식을 주문하면 꽁치구이도 한 접시 나온다. 가끔 식은 꽁치구이도 나오지만, 서비스 음식이라고 생각하면 감지덕지다.
테이블 위에는 제주도 물회 집답게 빙초산이 식초병과 사이좋게 놓여있다. 제주사람은 일반 식초보다 톡 쏘는 빙초산을 넣어먹는 걸 좋아한다. 빙초산이 딱딱한 자리돔의 뼈를 삭게 해서 부드럽게 만들어준다고 한다. 익숙하지 않은 사람은 빙초산을 넣을 때 특히 조심해야 한다. 꼭 국물 맛을 보면서 넣어야 한다.
여름, 평상에 앉아 푸른 바다를 보며 물회 한 그릇 맛볼 수 있는 어진이네횟집. 자리돔 회가 아니라 어떤 음식을 먹어도 한 그릇 뚝딱 비울 수 있을 것 같다.

보목포구 옆 제지기오름 앞에 자리잡고 있는 어진이네 횟집은 바다 풍경도 좋아서 보목에서 가장 인기 많은 물회 집이다.

모슬포항은 겨울에는 방어로, 여름에는 자리로 유명하다. 물살이 거칠기로 유명한 이곳 앞바다에서 잡히는 생선은 거센 파도와 싸워 제주의 다른 바다생선보다도 찰지고 맛이 좋기 때문이다. 모슬포항구의 식당은 모두 대단한 맛집이다. 겉보기에는 고만고만하게 허름한 것이 비슷하지만 각자의 장점을 살려가면서 사이좋게 식당을 하고 있다.

그중에서 항구식당은 자리돔으로 가장 유명한 곳이다. 자리돔을 먹으려고 항구식당에는 언제나 손님으로 북적인다. 혼자서는 잘 가지 않지만 육지에서 손님이 올 때는 항구식당에 데리고 갈 때가 많다. 제철 자리로 만든 한상차림을 이 식당처럼 맛깔나게 내는 식당은 찾아보기 힘들기 때문이다. 자리물회는 말할 것도 없고, 뼈째 썰어서 된장에 푹 찍어먹는 자리강회도 별미다. 자리는 살이 탱탱하고 씹는 맛이 좋은데 흰살 생선과는 다르게 진한 맛이 있어서 된장에 찍어 먹어야 제 맛이 난다. 자리구이는 부드러우면서도 고소하다. 그냥 고소한 게 아니라 '꼬소~'하다. 작은 생선이라는 게 아쉬울 따름. 이렇게 한상을 차리면 자리돔을 다양하고 푸짐하게 먹을 수 있다.

항구식당
모슬포에서 가장 유명한 식당

INFO
ADD 서귀포시 대정읍 하모항구로 64
TEL 064-794-2254
TIME 평일 09:00~20:00.
주말 10:00~22:00
OFF 연중무휴

모슬포에서 가장 유명한 항구식당은 자리돔 전문점으로 항상 손님으로 북적이는 곳이다. 다른 음식도 좋다.

> 알수록 맛있는 정보

제주에서라야 진가가 발휘되는
자리돔

일단 자리돔 이야기부터.
자리돔은 몸길이가 10~18cm가량인 바닷물고기이다. 몸은 달걀 모양인데 등 쪽은 회갈색을 띠며 배 쪽은 푸른빛이 나는 은색을 띤다. 입은 작고 흑갈색이며, 가슴지느러미 기부에는 동공 크기의 흑청색 반점이 있다. 무리를 지어 서식하며 동물성 플랑크톤을 먹고 산다. 산란은 6~7월에 하는데 수컷이 산란 세력권을 형성한다. 암컷은 알을 암반에 붙이고 수컷은 부화할 때까지 지킨다.

―국립생물자원관, 한반도 생물자원 포털 SPECIES KOREA

자리돔은 남해안과 제주도 쪽에서 나는 난류성 어종이다. 전국에서 온갖 생선이 모이는 서울 노량진수산시장에서도 보기 힘든데, 아마도 사람들이 먹는 방법을 몰라서 팔리지 않기 때문일 것이다. 손바닥만한 조그만 크기에 거무튀튀한 색깔도 사람들의 눈길을 끌지 못한다. 제주도의 생선으로 잘 알려진 옥돔은 그 맛과 예쁜 생김새로 육지에서도 인기가 있지만 이 작고 못생긴 자리돔은 제주 밖으로 나가면 찬밥 신세다.

알수록 맛있는 정보

하지만 제주도에서는 자리돔이 제대로 대접을 받는다. 자리돔은 제주도의 여름을 책임진다. 회로 시작해서 구이, 조림, 물회, 젓갈까지. 이 작은 생선 하나가 제주도의 맛을 더욱 풍성하게 해준다. 사정이 이렇다보니 자리돔을 먹을 기회는 제주 여행뿐이다. 이 낯선 생선을 처음 먹는 사람은 화들짝 놀랄 수도 있다. 처음 보는 생김새에 회를 뜨면 뼈하고 지느러미까지 그대로 떠서 된장을 찍어먹는다. 상상했던 그 회가 아니다.

하지만 눈을 감고 자리를 먹어보라. 고소하면서도 감칠맛이 도는 그 맛. 그리고 오도독 씹는 맛에 빠지지 않을 수가 없을 것이다.

이렇게 제주에서 가장 흔하고 인기 많은 자리돔은 제주도 해안가 전역에서 쉽게 먹을 수 있지만 가장 유명한 곳은 모슬포항과 보목항 쪽이다. 자리돔이 난류성 어종이라 물이 따뜻한 곳에서 잘 자라고 뼈도 연하기 때문에 이곳에서 잡힌 자리돔이 맛있다. 그리고 흔하게 나오기 때문에 요리법도 발달했다.

자리돔 요리는 회로 먹고 굽고 조리고 물회를 만들어 먹는다. 그렇게 먹어도 제철에는 많이 나기 때문에 젓갈로도 만들어서 두고두고 먹는다. 이 자리젓은 생선젓갈 중에서도 맛이 좋기로 유명하다.

자리돔은 여름 생선이다. 물이 따뜻해져야 잡히기 시작하는데 보목에서는 좀 이른 5월에 자리돔축제를 해서 자리돔의 계절이 돌아왔음을 기뻐한다. 이때부터 제주도의 뜨거운 여름이 시작되는 것이다.

자리돔 중 제일 큰 놈은 구이로 먹는다. 중간 놈은 강회나 물회로 먹고, 더 작은 것은 젓갈로 만들어 먹는데, 여름에 가장 인기 있는 건 역시 물회다. 자리돔 머리와 내장을 떼고 뼈째 썰어서 채소와 된장을 풀어 조물락거리고 냉수를 부어 시원하게 먹는다. 자리물회는 산초와 비슷한 재피잎이 필수인데 민트같은 톡쏘는 향이 강해서 관광객이 많이 가는 식당에서는 재피를 빼는 경우가 많다. 제주식 물회는 된장으로 간을 하지만 역시 관광객이 많이 가는 식당에서는 된장보다는 고추장과 고춧가루 비율을 높이는 곳이 많다.

뜨거운 여름 제주에서 땀을 뻘뻘 흘리다가 시원한 자리물회 한그릇이면 더위가 저만치 달아난다. 이 기분을 느껴봐야 제대로 된 물회를 먹었다고 할 수 있겠다. 그렇게도 더운 제주의 무더위와 싸우면서 만들어진 음식이니까.

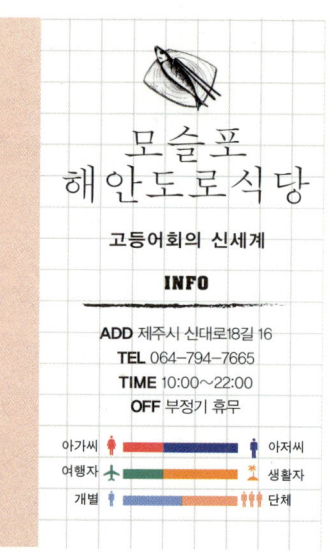

모슬포 해안도로식당

고등어회의 신세계

INFO

ADD 제주시 신대로18길 16
TEL 064-794-7665
TIME 10:00~22:00
OFF 부정기 휴무

아가씨 ━━━ 아저씨
여행자 ━━━ 생활자
개별 ━━━ 단체

솔직히 말해서 고등어회는 그렇게 땡기지 않았다. 제주에 살기 시작하면서 여러 회를 먹을 기회가 생겼지만 고등어만은 피하고 싶었다. 검푸른 빛으로 번쩍거리는 고등어는 표범같은 줄무늬까지 있어서 왠지 무서웠다. 조림을 하거나 노릇노릇 굽기만 해도 맛있는 고등어지만 회까지 먹고 싶지는 않았다. 일본식 고등어초회시메사바는 생회가 아니어서 그나마 먹을 수 있었지만 그냥 고등어회는 서울의 횟집에서 몇 번 입에 대보고는 씹는 맛이 물컹물컹하고 비린내도 좀 나서 나랑 맞지 않는 음식이라고 생각하고 있었다. 그러다가 몇 년 전에 제주시내에 고등어회가 맛있는 식당이 새로 생겼다고 해서 궁금증에 찾아가봤다. 좀 생뚱맞게 연동 신시가지 가운데 자리잡은 식당인데 이름은 더 생뚱맞은 모슬포해안도로식당이다. 원래는 진짜로 모슬포해안도로 쪽에서 식당을 운영하다가 여러 이유로 자리를 시내 쪽으로 옮기게 되었다고.

김에 밥을 얹고 고등어회와 초간장양념, 마늘과 고추를 올려 함께 싸먹는 방식이다. 고등어회의 기름진 맛을 없애주면서도 배부르게 먹을 수 있다.

고등어회는 싱싱하지 않으면 먹기가 힘들다. 선명하게 보이는 비키니 모양의 붉은 살과 반짝반짝 빛나는 선명한 줄무늬는 고등어의 상징과 같은 것이다.

결론부터 말하자면 이 식당에서 고등어회를 먹어본 이후로 고등어회는 내가 제일 좋아하는 회 중 하나가 되었다.

일단 고등어회를 주문하면 몇 가지 반찬이 깔리고 부추와 양파, 고춧가루가 들어간 양념장이 나온다. 그리고 밥과 김도 같이 나온다. 일본식 횟집에서 나오는 곁들이음식(일명 스키다시)은 아예 없다. 한국식 반찬이 나올 뿐이다. 고등어회는 아이스팩 위에 가지런히 얹혀져서 나온다. 선명한 줄무늬도 보이고, 살 속에 발갛게 비키니 모양 삼각형도 보인다. 일단 고등어회 한 점을 양념장에 찍어서 맛을 본다. 물컹물컹한 느낌이 아니라 살캉살캉하다. 조금은 기름지지만 식초가 들어간 간장양념장이 그 맛을 잡아준다. 입안을 한참 간지럽히며 돌아다니던 고등어는 어느새 목구멍 뒤로 사라져버린다. 고소하고 기름진 맛에 소주 한잔이 저절로 들어간다.

이제는 본격적으로 고등어회를 먹을 차례. 일단 김을 손 위에 얹고 밥을 얹은 후에 고등어회 한 점을 집어 양념장을 듬뿍 묻히고 마늘과 고추를 얹어서 쌈을 싼 후에 먹는 것이 방법이다. 밥에는 고소한 참기름 양념이 되어있다. 이렇게 먹으니 밥과 김, 고등어회가 어우러지면서 새로운 맛이 난다. 느끼함과는 거리가 먼 새로운 스타일의 고등어회쌈밥이다. 소주가 또 한잔 안 들어갈 수가 없다.

두세 점 먹으면 기름진 맛 때문에 질려버리던 고등어회가 완전히 새로운 맛으로 변신했다. 나는 그날 이후 고등어회와 사랑에 빠졌다. 제주에서 특별한 음식을 찾는 육지 손님이 온다면 이곳으로 데려온다. 열이면 열 모두 나처럼 이 맛있는 고등어회와 사랑에 빠진다.

이름과는 달리 제주시 노형동에 자리잡고 있다. 제주식으로 김을 싸먹는 고등어회를 한번 먹어보면 기존에 갖고 있는 고등어회에 대한 선입견이 달라질 것이다.

지나치면 후회할 그 집

고등어회

만선식당

모슬포해안도로식당은 모슬포를 떠나서 제주시내로 들어왔지만, 또 다른 고등어회 전문점인 만선식당은 모슬포항을 지키고 있다. 바닷가 옆에서 먹는 고등어회는 또 다른 별미다. 바로 문밖에 바다가 일렁거리고 고깃배가 지나간다.

이곳도 김과 밥을 함께 줘서 고등어회를 싸먹는 방식이다. 이렇게 김에다 싸먹는 고등어회는 모슬포식이라고 해도 무방하겠다. 모슬포 뱃사람들이 기름기 많은 고등어를 맛있게 먹기 위해 개발했을까? 맛은 어디가 더 낫다 못하다 하기 힘들 정도니 이동 경로에 맞게 식당을 선택하면 된다.

INFO

ADD 서귀포시 대정읍 하모항구로 44
TEL 064-794-6300
TIME 11:00~21:00
OFF 연중무휴

만선바다횟집

모슬포 만선식당 분점이라고 하는데 만선식당 제주 지점이 아니고 만선바다식당이다. 상차림이 만선식당과 약간 다르다. 공항 가까운 연동에 있어 비행시간이 빠듯한데 고등어회를 꼭 먹어야겠다면 바로 이곳이다. 고등어회를 김에 싸먹게 준비해주는데 몇 가지가 추가된다. 제주도 전통음식인 돼지고기적갈과 조그만 전복이 더 나온다. 돼지고기적갈은 꼬치에 돼지고기를 꽂아서 프라이팬에 지져서 먹는 제주 전통음식이다. 또 고등어를 갈아서 추어탕처럼 끓인 고등어해장국도 맛보기로 준다. 근처 모슬포해안도로식당이 술꾼의 모임터라면 이곳은 가족단위나 관광객이 훨씬 많다.

INFO

ADD 제주시 삼무로 1길 6
TEL 064-742-6300
TIME 11:30~22:00
OFF 첫째 셋째 수요일

물회

보목해녀의집

보목리에서 어진이네횟집이 관광객이 많이 가는 식당이라면 보목해녀의집은 주로 제주 사람이 가는 식당이다. 어진이네는 물회에 된장과 함께 고춧가루로 양념해 관광객도 맛있게 먹을 수 있는데 보목해녀의집은 원래 제주식대로 된장이 주가 되는 양념이다. 이 된장물회가 좀 투박하기는 해도 구수하고 맛있다. 물회에 넣어먹는 재피도 따로 주는데 향이 강하니 약간만 넣어서 맛을 내야 한다. 어진이네에 비해 복잡하지 않아서 기다릴 필요가 없다는 것도 장점이다. 여름철에는 이 집도 대기줄이 생기니 식사시간을 비껴가면 좋다.

INFO
ADD 서귀포시 보목포로 46
TEL 064-732-3959
TIME 10:00~20:00
OFF 연중무휴

순옥이네명가

도두항에 항상 대기줄로 바쁜 집이 순옥이네명가다. 해녀가 직접 운영하는 전복 집이고 넉넉하게 주는 물회와 시원한 해물뚝배기가 좋은 집이다. 그런데 최근 유명세를 타면서 번호표를 뽑고 한참을 기다려야 한다. 싱싱한 해물을 쓰는 식당은 맛이 비슷하지만 순옥이네명가가 인기를 얻는 것은 내용이 푸짐한 물회 때문이다. 전복과 해삼, 성게알이 들어가는 순옥이네 물회가 인기가 좋은데 전복 양과 내용을 보면 왜 인기가 많은지 알 수 있다. 단 양념은 된장을 푼 제주식이 아니라 새콤달콤한 고추장양념이다.

INFO
ADD 제주시 도공로 8
TEL 064-712-3434
TIME 09:00~20:30
BREAK TIME 15:30~17:00, OFF 명절

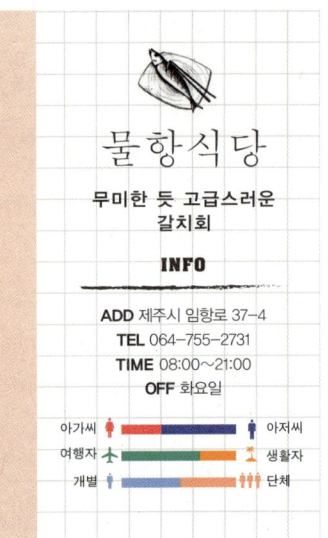

물항식당

무미한 듯 고급스러운
갈치회

INFO

ADD 제주시 임항로 37-4
TEL 064-755-2731
TIME 08:00~21:00
OFF 화요일

아가씨 ━━━━━ 아저씨
여행자 ━━━━━ 생활자
개별 ━━━━━ 단체

고등어회와 함께 갈치회는 제주에서 맛봐야 하는 횟감이다. 고등어회가 기름기가 많아 고소하고 부드럽게 씹는 맛을 가졌다면 갈치회는 부드러우면서 은은한 풍미가 있는 고급스러운 맛이다. 하지만 제주에서도 제대로 된 갈치회를 맛보기는 그리 쉽지 않다.

제주 횟집에서는 곁들이음식 중에 은색으로 반짝반짝 빛나는 갈치회가 서비스로 나오는 경우가 많다. 이 서비스 갈치회는 얇고 딱딱한 씹는 맛만 있고 제대로 된 갈치 향이 올라오질 않는다. 이것은 업자가 작은 갈치를 미리 포를 떠서 횟집에 공급해주면 횟집에서는 그걸 썰어서 서비스로 내주는 것이다. 흔히 이것을 먹고 갈치회를 먹어봤다고 하는데, 그래서 제주에서 갈치회가 맛있다는 소리를 듣기가 쉽지 않은 것이다.

요즘 고등어회 인기는 많이 높아졌는데 갈치회는 예전 같지 않다. 고등어의 경우 양식 고등어가 공급되면서 일년 내내 회를 낼 수 있는데, 갈치는 아직도 양식을 하지 못하기 때문에 공급이 일정치 않은 것이 문제인 것 같다. 갈치도 성질이 급해서 잡히자마자 죽어버리기 때문에 갈치회를 먹을 수 있는 곳은 갈치가 들어오는 항구 옆 식당이다.

제주시 서부두 옆에 오랫동안 자리를 지키고 있는 물항식당은 갈치와 고등어, 자리돔 등 제주의 해물로 맛있는 요리를 만드는 곳이다.

심심한 맛의 갈치회. 가끔 그 맛이 그립다.

그중에서 서부두 옆 물항식당은 오랫동안 그 자리를 지키면서 제주 향토음식을 내는 곳인데 여기 갈치회가 참 맛있다. 어른 손가락만큼 큼직하고 길쭉길쭉하게 썰어서 낸다. 뽀얀 갈치살이 꼭 떡처럼 보인다. 가격에 비해 양이 적어 보이지만 막상 먹다보면 갈치회 한 접시에 소주 서너 병은 그냥 넘어갈 정도의 양이다. 갈치회는 부드럽고 은은한 맛이라 초고추장에 찍어먹으면 무슨 맛인지 당최 알 수가 없다. 식초와 간장을 섞은 양념장에 찍어먹는데 사실 그것도 강하다. 그냥 소금에 살짝 찍어서 먹으면 좋을 맛이다. 한번은 회를 좋아하는 사촌동생과 함께 이곳에 가서 갈치회를 먹은 적이 있다. 육고기를 싫어하고 참치를 무척 좋아하는 식성의 동생인데 제주에 살면서도 갈치회를 한 번도 못 먹었다는 말에 같이 물항식당으로 갈치회를 먹으러 간 것이다.
처음 먹어보는 생선이라 조심스럽게 간장을 찍어서 맛을 음미하던 동생이 말했다.
"형, 신기하게 아무 맛도 안 나요."
이 말에 한참을 웃었다. 그만큼 갈치회는 담백하고 무미한 맛이다. 아무도 밟지 않은 눈 내린 마당에 뽀드득하고 첫 발을 내딛을 때의 맛이라고나 할까. 가끔 그 무미한 맛이 미치도록 그리워진다.

오로섬
압도적인 크기의 통갈치구이

INFO

ADD 제주시 여영길 10-6
TEL 064-742-9899
TIME 08:30~19:30
OFF 연중무휴

사람들은 제주에만 오면 갈치가 그렇게 먹고 싶은가 보다. 막상 제주사람은 갈치가 너무 비싸져서 다른 생선을 먹는다. 갈치를 사려고 시장에 나가면 큰 거 한 마리에 3, 4만 원을 줘야 하니 꼭 갈치가 필요한 상황이 아니면 저렴하면서도 맛있는 다른 생선을 사서 먹는다.

제주의 갈치는 은빛이 아름답게 반짝이는 은갈치인데 크면 클수록 고소하고 맛있다. 작은 갈치는 가격은 싸지만 먹을 것도 별로 없고 요리를 해도 보람이 없으니 차라리 참고 있다가 좀 비싸더라도 굵은 당일바리 갈치를 먹는 게 훨씬 좋다.

커다란 갈치 한 마리를 통으로 구운 통갈치구이. 4인 정도가 배불리 먹을 수 있을 정도의 양이다.

오로섬은 제주공항 근처 용두암해안도로에서 살짝 뒤편에 있는 갈치와 해물 전문식당이다. 주로 관광객이 한 자리에서 이것저것 즐길 수 있도록 세트 메뉴를 구성한 것이 특징이다. 갈치스페셜은 갈치회와 갈치구이, 갈치조림이 나오고 식사로는 성게국이 나와 다양한 갈치 맛을 볼 수 있게 해준다. 오로섬스페셜은 생선회와 흑돼지, 한치물회, 전복볶음밥, 갈치조림, 옥돔구이, 성게국을 한꺼번에 맛볼 수 있다.

이번에는 통갈치구이라는 메뉴가 새로 나왔다고 해서 먹어보았다. 깔끔한 반찬이 깔리고 잠시 기다리자 진짜 통갈치구이가 나왔다. 머리부터 꼬리까지 그대로 구웠는데 크기도 엄청나다.

문제는 이날 식사를 같이 한 사람이 채지형이라는 것. 아무리 대식가라도 둘이서 이 커다란 통갈치를 해치우지는 것은 불가능해서 먹고 남은 갈치구이는 포장해올 수밖에 없었다.

제주공항 근처에서 아침부터 영업하는 곳이라 편하게 식사하고 공항에 갈 수 있는 장점이 있다. 제주도민보다는 관광객에게 특화되어 있는 식당이지만 이 정도라면 언제나 만족하고 나올 수 있다.

겨울 제주를 상징하는 대방어로 꽃 같이 한 접시를 내주었다. 참치처럼 방어도 부위별로 다른 맛이 난다.

마라도횟집

방어의 열풍을 이끌다

INFO

ADD 제주시 신광로8길 3
TEL 064-746-2286
TIME 11:00~24:00
BREAK TIME 14:00~16:00
OFF 부정기 휴무

아가씨　　　　　아저씨
여행자　　　　　생활자
개별　　　　　　단체

겨울은 제주 방어의 계절이다. 특히 물살이 센 마라도 근방에서 잡힌 방어는 대한민국 최고의 방어로 인정받고 있다. 그래서 매년 겨울이 시작될 무렵 모슬포에서는 방어축제가 벌어진다.

모슬포가 아닌 제주시내 연동에 있는 마라도횟집은 이 방어를 가장 맛있게 먹을 수 있게 해주는 식당 중 하나다. 방어는 크면 클수록 맛있는데 커다란 방어 한 마리를 즉석에서 해체해서 접시 단위로 팔고 부위에 따라 다양한 조리법으로 즐길 수 있게 해준다. 예전에는 그렇게 맛있는 생선 취급을 받지 못하던 방어였는데 이곳 마라도식당에서 방어를 먹어보고는 '방어가 이렇게 맛있는 생선이었나?'라고 생각했을 정도다. 최근 몇 년 새 겨울 방어 열풍을 일으키는 데 큰 역할을 한 식당이다.

식당에 들어서면 입구에서 커다란 대방어를 해체하는 모습을 볼 수 있다. 방어는 참치처럼 큰 대방어가 맛

방어회뿐만 아니라 머리구이나 김치탕도 추천메뉴. 머리구이는 인기가 많아서 금세 동이 난다.

있다. 부위별로 맛이 다르기 때문에 담백한 맛과 기름진 맛을 모두 즐길 수 있는 생선이다. 주문은 접시 단위로 하는데 요즘에는 대방어 한 접시와 다른 생선을 곁들이고 튀김을 끼워주는 세트메뉴 위주로 판매하고 있다. 어차피 대방어 한 접시로는 양이 좀 모자라서 하나를 더 시키게 되는데 주문할 때 먹고 싶은 것을 몽땅 시키면 양도 넘치고 가격도 그에 따라 많이 올라간다.
방어회 외에도 인기메뉴는 방어김치내장탕과 뼈구이, 방어튀김 등인데 기름진 방어와 김치의 궁합은 기가 막히고, 뼈구이에는 발라먹을 살이 많아서 이게 또 술을 부른다.
방어전문점이지만 생굴회도 싱싱하고 맛있어서 꼭 곁들여서 시키는 메뉴. 언제나 손님이 많아서 시끌벅적한 분위기지만 이것도 또 다른 매력이다. 역시 인기가 많은 집이라 시간을 잘못 잡으면 오래 기다려야 하는 것이 단점이다. 방어철인 겨울이 지나면 일반적인 제철 생선으로 요리한다.

방어살 튀김이나 생굴도 맛있게 나온다. 겨울 제주가 기다려지는 이유다.

백선횟집

제주도민이 사랑하는 곳

INFO

ADD 제주시 도남로 10
TEL 064-751-0033
TIME 17:00~23:30
OFF 명절

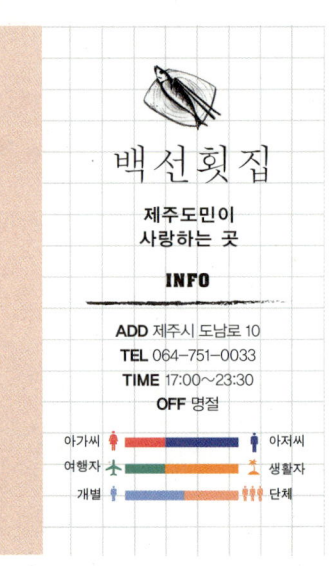

백선횟집은 따치를 인절미처럼 굵고 길게 썰어서 내준다. 씹는 맛이 쫀득하면서 독특한 향미가 느껴진다.

도민이 사랑하는 횟집의 대표주자는 제주시 도남동 백선횟집이다. 골치 아프게 어떤 생선을 고를지 고민하지 않아도 된다. 오직 인원수에 맞게 대중소 사이즈만 고르면 끝이다. 따치독가시치, 따돔 전문 횟집이다. 독가시치라는 이름처럼 쏘이면 무척 아픈 독가시가 있는 생선이다. 따치는 독특한 냄새 때문에 별로 인기가 없었는데 백선횟집은 이 따치를 가지고 아주 맛있게 회를 떠서 낸다. 따치가 잘 잡히지 않는 철에는 숭어나 광어 등을 곁들여서 양을 맞추기도 한다.

곁들이음식은 단촐하다. 쌈과 몇 가지 제주스러운 반찬이 나오고 회가 나오기 전에 냉동참치와 광어, 한치 정도를 조금 올린 접시가 나온다. 냉동참치야 그저 그렇지만 광어회의 찰기가 참 좋다. 소주 한잔하면서 잠시 기다리고 있으면 따치회가 나오는데, 마치 인절미처럼 두툼하고 길죽하게 썰어놓은 모습에 처음 본 사람은 눈이 휘둥그레진다.

따치회 한 점을 된장에 푹 찍어서 입안 가득 물고 씹으면 그 두툼하면서도 찰진 느낌에 저절로 고개를 끄덕이게 된다. 와자지껄 시끄러운 분위기 속에서 덩달아 목소리가 커지면서 따치회 한 점에 술잔을 부딪치다보면 어느새 소주병이 한가득 쌓인다.

기본으로 나오는 매운탕에는 제주에서는 흔치 않게 수제비가 들어있다. 그런데 이 매운탕도 마음에 든다. 양도 많을 뿐더러 얼큰하면서도 시원한 깊은 맛이 있다. 따치회와 소주로 얼큰해진 상태에서 딱 좋은 맛이다. 다시 소주가 추가된다.

백선횟집에서는 조심해야 한다. 맛있는 따치회와 매운탕, 떠들썩한 분위기로 과음하게 되기 때문. 직접 운전하고 간다고 소주잔을 뒤집어놓고 떡처럼 큼직한 따치회를 질겅질겅 씹고 있으면 참 처량해지니 웬만하면 대리운전 부를 생각하고 맘껏 마시는 게 좋다.

몇 년 전에 친구들과 이곳에서 신나게 따치회와 소주를 먹고 계산하러 나오다가 발을 접질러서 한 달 동안 깁스를 하고 다녔던 기억이 되살아났다. 내 발목과 맞바꾼 맛이지만 그 가치는 충분히 있었다.

지나치면 후회할 그 집

횟집

모살물

백선횟집이 구제주 쪽 서민 횟집이라면 이곳은 신제주 서민 횟집의 대표주자다. 주 종목은 다르지만 저렴하고 맛있다. 메뉴는 훨씬 다양하다. 객주리, 한치, 우럭, 따치, 아나고, 세꼬시, 어랭이. 모듬은 작은 게 2만 원, 큰 게 3만 원이다. 어종은 계절별로 조금씩 달라지지만 어떻게 이런 가격이 나올 수 있을까? 제주스러운 단촐한 반찬인데 회가 나오는 순간 깜짝 놀랄 정도로 양이 많다. 2만 원짜리를 시켜도 곁들이로 조금씩 회도 주고 지리탕도 시원하고 맛있다. 넓지 않아 대기줄도 길어질 수 있고 시끌벅적해 정신이 없을 수도 있지만 맘 놓고 맛있는 회를 먹을 수 있다.

INFO

ADD 제주시 삼무로3길 14
TEL 064-713-0309
TIME 17:00~01:00
OFF 연중무휴

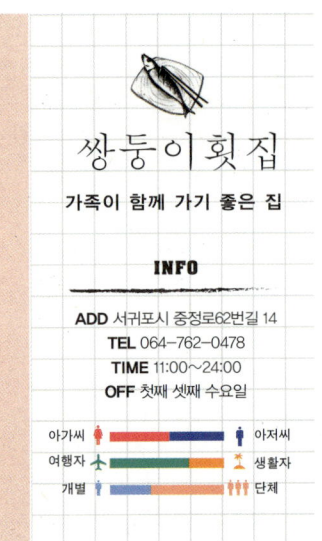

쌍둥이횟집
가족이 함께 가기 좋은 집

INFO
ADD 서귀포시 중정로62번길 14
TEL 064-762-0478
TIME 11:00~24:00
OFF 첫째 셋째 수요일

다양한 해산물이 골고루 나오는 쌍둥이횟집. 가족단위 여행자에게 안성맞춤이다.

솔직히 말하면 회를 좋아하고 생선의 종류와 질을 따지는 사람에게 쌍둥이횟집은 맛집이라고 하기에는 뭔가 부족하다. 하지만 제주 여행에서 어린아이부터 부모님까지 모시고 갈 수 있는 횟집을 추천하라면 쌍둥이횟집이다. 적당한 가격에 다양한 해산물과 반찬, 음식을 이곳처럼 꾸준하게 내는 곳은 찾기 힘들기 때문이다. 이것저것 먹다보면 막상 회가 나왔을 때쯤은 배가 가득 차버린다.

예전에는 서귀포 매일올레시장 입구 쪽에 있던 인기 많은 시장 횟집이었는데 몇 년 전에 큰 건물을 짓고 자리를 옮겼다. 새로 옮긴 곳도 손님으로 문전성시다. 자리를 잡고 앉으면 일단 전복죽과 각종 해물이 한접시 올라오는데 여기서부터가 메인처럼 보인다. 여기에서 기가 죽으면 안 된다. 이후에도 비빔국수, 전복

지나치면 후회할 그 집

횟집

죽림횟집

서귀포 죽림횟집은 쌍둥이횟집의 라이벌로 인식될 정도로 상차림 스타일이나 식당 콘셉트가 비교되었다. 예전에 죽림횟집이 이중섭거리 입구 쪽에 있을 때는 손님이 더 많았고 지명도도 높았는데 새로 확장 이사한 자리가 묘하게 찾아가기 힘들고, 쌍둥이횟집이 시장 횟집에서 대형 횟집으로 변신하면서 쌍둥이횟집에 손님이 더 많이 몰리는 듯하다. 다금바리나 구문쟁이 같이 비싼 회가 메뉴판에 올라 있지만 대부분 상대적으로 싼 모듬회로 주문하게 되는데, 곁들이 해산물을 먹다보면 적지 않은 양의 메인 회가 나온다. 큼직큼직 썰어서 씹는 느낌이 남다르다.

INFO

ADD 서귀포시 솔동산로 5-1
TEL 064-733-7688
TIME 11:30~22:00
OFF 연중무휴

구이와 소라꼬치, 산낙지, 전복회, 삶은새우, 갈치회, 고등어회, 자리강회, 개불 등이 나오고, 메인 회가 나온다. 그런데 여기서 끝이 아니다. 미역국과 볶음밥, 튀김, 돈가스 등이 또 나오고 매운탕과 지리에서 고를 수 있는데 특이하게 수제비 반죽을 갖다줘서 직접 수제비를 떠서 먹을 수 있게 해준다. 마무리는 차갑고 달달한 팥빙수다. 대기시간도 길고 정신없이 먹게 되는 단점이 있지만 4명에 10~15만 원 가격에 다양한 음식이 나오니 큰 불만이 없다. 편하게 앉아서 해물뷔페를 먹는 기분이랄까? 어른이 좋아하는 음식과 아이도 좋아하는 음식이 골고루 나오니 선택할 때 고민을 덜하게 되는 곳이다.

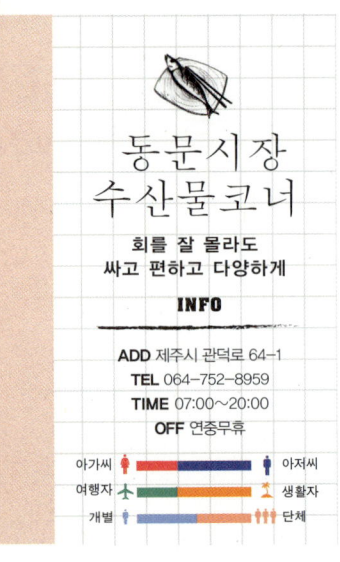

동문시장 수산물 코너

회를 잘 몰라도
싸고 편하고 다양하게

INFO

ADD 제주시 관덕로 64-1
TEL 064-752-8959
TIME 07:00~20:00
OFF 연중무휴

아가씨 ▌▌▌▌▌ 아저씨
여행자 ▌▌▌▌▌ 생활자
개별 ▌▌▌▌▌ 단체

동문시장 수산물 코너에 가면 1만 원 단위로 포장해서 회를 판다. 적당히 마음에 드는 걸 골라서 가지고 가거나 뒤편에 있는 식당에 들어가서 세팅비를 내고 먹으면 된다.

몇 년 전만 해도 시장 활어 집에 가서 생선을 고르면 그 자리에서 회를 썰어서 포장해주는 방식이었는데 최근에는 미리 포장을 해놓고 하나에 1만 원 정도에 판매하는 곳이 늘었다. 처음에는 포장된 회에 대한 좋지 않은 기억이 있어서 꺼리다가 몇 번 먹어보니 가격에 비해 양과 질이 아주 훌륭했다. 대형마트의 포장회하고는 차원이 다르다. 생선을 잘 모르는 사람도 흥정하지 않고 미리 포장된 것 중에서 골라 사면 되니까 편리하고 가격 부담도 없으니 일석이조! 회전율이 빨라 선도가 좋고 보기보다 양도 적지 않아서 한 사람이 한두 접시 정도면 배부르게 먹을 수 있다.

이런 포장회가 좋은 이유가 또 하나 있다. 제주도는 시장에서 바닷가까지 무척 가깝다. 테이크아웃을 해서 시장 근처 탑동에 가거나 차를 타고 경치 좋은 바닷가 적당한 곳에 가서 자리를 잡고 먹으면 된다. 펜션이나 숙소에 가져가면 소주 한잔 곁들여서 편하게 먹을 수도 있다. 날씨가 좋지 않을 경우에는 회포장하는 집 근처에 자리 세팅비만 받고 상을 차려주는 집을 이용하면 된다.

제주바다에서 잡히는 생선들을 한 자리에서 볼 수 있다.
먹기 위해서가 아니라도 꼭 가봐야 할 곳.

여름 제주의 밤바다는 한치배들의 환한 집어등 불빛으로 축제를 벌이는 것 같다. 오징어랑 비슷하게 생겼지만 다리가 짧고 살이 우윳빛으로 뽀얀 한치는 씹는 맛이 부드럽고 감칠맛이 좋다. 여름 밤바다를 바라보며 한치회를 먹는 기분은 다른 어느 것과도 바꿀 수 없는 제주의 즐거움이다.

한치는 특별한 회썰기가 필요하지 않고 싱싱하면 다 맛있다. 여름 제주에는 한치회를 하는 곳이 많은데 그 중에서도 제주시 용연 옆에 있는 한두기의 횟집촌이 여름 밤바다를 바라보면서 한치회에 소주 한잔하기에 좋다. 용연다리를 사이에 두고 동쪽은 동한두기, 서쪽은 서한두기라는 이름인데 여름이면 바닷가 쪽으로 데크를 놓고 야외 자리를 만들어놓는다. 시원한 파도소리와 먼 바다에 나가있는 어선의 집어등 불빛 그리고 제주공항으로 쉼 없이 뜨고 내리는 항공기의 소음까지도 낭만적으로 느껴진다.

이곳 횟집촌 메뉴에 빠지지 않는 것이 닭백숙이다. 한치회와 닭백숙이 그렇게 어울리는 것 같지는 않는데 모두 한결같이 닭백숙을 한다. 사실 한치회 한 접시만으로는 양이 차지 않고 계속 차가운 회만 먹고 있으면 아무리 여름밤이라도 배탈이 날 수 있을 텐데 닭백숙이 그 빈 자리를 절묘하게 채워준다.

한두기 횟집촌

여름의 호사
한치회

INFO

ADD 제주시 삼도2동
TEL 064-787-3124
TIME 08:00~19:00
OFF 부정기 휴무

아가씨 ━━━━━━ 아저씨
여행자 ━━━━━━ 생활자
개별 ━━━━━━ 단체

제주 전복에는 일종의 환상 같은 이미지가 있다. 물속에 풍덩 뛰어들어서 자맥질을 하다가 커다란 전복을 한 손에 잡고 물 위로 솟아오르는 해녀의 이미지다. 하지만 요즘은 제주에서도 대부분 완도산 전복으로 음식을 한다. 전국 전복 생산량의 80% 이상을 완도산이 차지하는 현실에서 어쩔 수 없는 일이다.

그래도 전복요리를 잘하는 곳이 제주 곳곳에 있다. 탑동 라마다호텔 맞은편에는 전통을 자랑하는 유빈과 산호전복, 화진전복, 이가전복이 몰려있고, 멀리 동쪽 한동리에는 제주 전복양식장에서 운영하는 명진전복이 있다. 그중에서 먼저 소개할 곳은 어우늘이다.

어 우 늘
전복의 재발견

INFO

ADD 제주시 연북로 222
TEL 064-743-5131
TIME 11:30~22:00
OFF 일요일, 명절

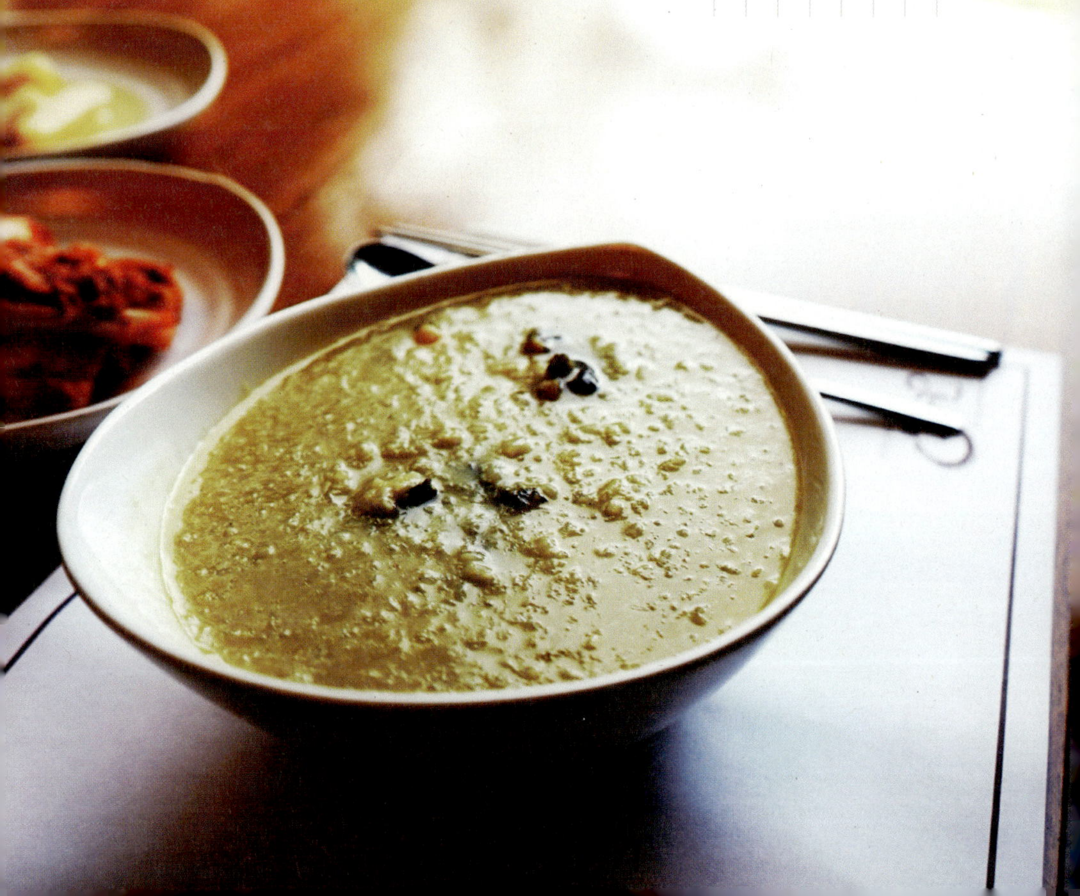

부모님이나 가족이 함께 제주 여행 계획을 세운다면, 리스트 맨 위에 올릴 식당이 어우늘이다. 우아한 분위기에서 정갈하고 맛깔스러운 전복요리를 맛볼 수 있기 때문이다. 가족과 여행한다면 부지런을 떨어 미리 방을 예약해보자. 고즈넉한 방안에서 보는 풍경이 한 폭의 그림이다. 통유리 밖으로 보이는 대나무가 바람에 흔들릴 때면 마음도 살랑댄다. 오손도손 놓여있는 김장독을 보면서 전복을 오물오물 씹노라면, 입안에 있는 전복뿐만 아니라 온 공기가 나를 건강하게 만들어주는 것만 같다. 홀에서 먹는 맛도 좋지만, 방에서 가족끼리 오붓하게 전복 한상을 받으면 세상 부러울 것이 없어진다.

신제주와 구제주를 잇는 연북로에 자리한 어우늘은 밖에서 보면 전복요리 집처럼 보이지 않는다. 이탈리안이나 프렌치 레스토랑이지 않을까 싶지만, 전복전문점이 맞다. 깔끔하면서도 현대적인 인테리어를 보면 과연 전복요리를 잘할 수 있을까 의심도 든다. 그러나 한번 맛보면 감탄사가 절로 나온다. 전복을 이렇게도 먹을 수 있구나, 하고.

제주에서 전복요리는 쉽게 접할 수 있다. 해녀의집을 비롯해서 웬만한 제주 전통음식을 하는 식당에서는 전복죽이나 전복돌솥밥이 메뉴에 올라있다. 그러나 어우늘의 전복은 조금 다르다. 전복간장조림, 전복

전복의 다양함을 즐길 수 있는 어우늘.
공간이 넓어 가족모임 장소로도 좋다.

버터구이, 전복초밥, 전복볶음, 전복회 등 전복을 여러 조리법으로 만들어 전복이 얼마나 다양하게 변신할 수 있는지 보여준다.

전복이 몸에 좋은 것은 다 아는 사실. 체내 흡수율이 좋아서 보양식으로 잘 알려져 있다. 조개류 중에서는 귀한 종류에 속해 가격도 저렴하지 않다. 양식이 가능해 예전보다는 저렴하게 전복요리를 맛볼 수 있지만 전복이 귀하다는 인식은 기본적으로 깔려 있다. 전복은 늦가을부터 초겨울까지 알을 낳기 때문에 가을이 가장 맛있다.

어우늘에서는 주로 코스 요리를 주문하지만, 부담 없이 찾는 메뉴는 역시 전복죽과 게우 돌솥밥이다. 게우는 녹색의 전복내장으로, 게우돌솥밥은 게우를 넣어 고소하고 향긋하다. 전복죽에도 전복내장인 게우가 들어가 옅은 녹색을 띤다. 첫번째 숟가락을 넣으면 입안에 고소함이 퍼지고, 두번째 숟가락을 넣으면 바다의 짭조름함이 느껴진다. 전복죽을 처음 받을 때는 양이 많다고 놀라지만, 부드럽게 들어가는 맛 때문에 금방 한 그릇을 비우게 된다. 반찬으로 나오는 양념게장도 어우늘을 사랑하게 만드는 반찬이다. 양념게장 전문점 이상의 맛을 낸다. 반찬이니 다 먹고 한 접시 더 청해도 된다. 게우돌솥밥과 전복죽 한 그릇만으로 맛있는 보약을 먹은 기분이 든다.

어우늘에 갈 때는 시간을 넉넉하게 잡는 것이 좋다. 아기자기하게 포토존을 꾸며놓아, 셀카 삼매경에 빠질만한 곳이 많다. 공항에서 가까운 것도 큰 장점이다.

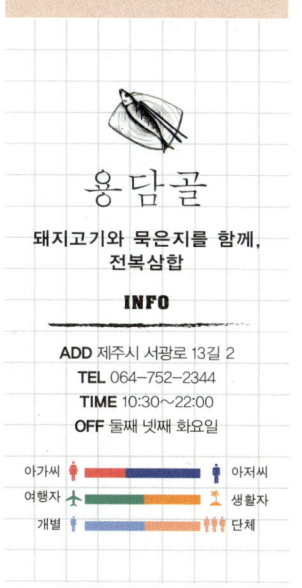

용담골

돼지고기와 묵은지를 함께,
전복삼합

INFO

ADD 제주시 서광로 13길 2
TEL 064-752-2344
TIME 10:30~22:00
OFF 둘째 넷째 화요일

용담골은 전복과 돼지고기를 묵은지와 다시마로 싸서 먹는 전복삼합을 개발해서 꾸준히 인기를 모으고 있다. 다양한 전복요리와 제주 향토음식을 즐길 수 있는 곳이다.

우리나라 사람은 삼이라는 숫자를 좋아하나보다. 뭐든지 삼세판이다. 음식도 삼합을 만들어먹는다. 전라도 목포에 가면 홍어와 돼지고기, 김치를 함께 먹는 홍어삼합이 있고 장흥에는 소고기와 키조개, 버섯을 함께 먹는 장흥삼합이 있다.

용담골은 제주에서 전복삼합을 개발해서 꾸준히 손님을 끄는 식당이다. 개업한 지 얼마 안 돼 친구들과 같이 갔는데 전복삼합이라는 음식을 먹고는 꽤 맘에 들어 주변에 많이 소문을 냈다. 지금은 완전히 자리를 잡아서 꾸준히 손님이 드나드는 식당이 되었다. 새송이를 깐 전복버터구이, 삶은돼지고기, 묵은지와 쌈다시마가 나오는데 이를 같이 깻잎에 올려 쌈을 싸먹으면 살짝 기름지면서 부드럽고 상큼한 맛의 전복삼합이 탄생되는 것이다.

전복삼합 말고도 전복성게물회나 전복뚝배기, 전복죽의 맛도 기본 이상이고, 조그만 상어인 존다니^{계상어} 된장찌개도 특이하면서도 맛있어서 음식이 두루두루 맘에 든다.

특별나지 않은 전복을 가지고 새로운 음식을 개발한 노력과 꾸준히 정성을 다하는 모습이 느껴져서 항상 믿고 가는 식당이다.

명진전복

아름다운
전복돌솥밥 한 그릇

INFO

ADD 제주시 구좌읍 해맞이해안로 1282
TEL 064-782-9944
TIME 09:30~18:30
OFF 화요일

아가씨 / 아저씨
여행자 / 생활자
개별 / 단체

제주 동쪽 끝 한동리를 지나다보면 해안도로 옆에 차가 줄줄이 주차된 식당이 있다. 도로 한쪽을 차들이 막아설 정도로 손님이 많다. 전복양식장에서 운영하는 식당 명진전복이다. 워낙 구석에 있는 식당이라 근처 게스트하우스 주인장들이 손님과 함께 종종 가던 전복 집이었는데 어느새 유명세를 타서 항상 손님으로 북적이는 전복 집이 되었다.
이곳의 대표메뉴는 전복돌솥밥. 뜨거운 돌솥 안에 전복내장이 들어가 거뭇거뭇한 밥과 얇게 저민 전복살이 꽃처럼 예쁘게 올라 있다. 이것을 간장양념과 함께 비벼먹는다. 전복 자체가 맛이 순하고 다른 전복 집에서도 많이 하는 그리 특별할 것 없는 전복돌솥밥이지만 멋진 동쪽 바다가 시원하게 한눈에 보이는 식당 위치와 직접 전복양식을 해서 요리한다는 점이 매력적이다. 하지만 대기시간이 너무 길다. 식당에서는 술 종류를 팔지는 않지만 밖에서 사온 걸 먹을 수 있는데 대기줄 때문에 눈치가
보여서 편하게 앉아 술 한잔하기는 힘들다. 식사시간이 아닌
조용한 시간에야 가능한데 이제는 조용한 시간이 없다.

제주 동쪽에서 가장 대기줄이
긴 식당이다. 기다릴 자신이 있
는 사람만 갈 것.

스시황의 초밥은 다양하고 예뻐서 좋다. 노란색 강황밥도 특이하다.

제주에서는 싱싱한 생선을 그대로 회로 먹는 걸 더 좋아하기 때문에 스키다시가 잔뜩 나오는 한국형 횟집이 대세다. 그래서 숙성회와 요리를 내는 일식이나 초밥 집이 상대적으로 적었다. 제대로 된 일식을 먹으려면 특급호텔 일식당에 가는 게 차라리 속 편할 정도였다. 최근 몇 년 사이에 일식집과 초밥 집이 문을 열고 있는데 바다가 가까운 제주도 특성상 싸고 맛있는 집이 조금씩 생겨나고 있다.

그중에서 노형동 주택가 안에 있는 스시황은 생긴 지 얼마 되지 않았지만 서울에 있는 유명한 초밥포차를 연상시킬 정도로 저렴하면서도 맛도 좋은 초밥을 내면서 제주도민 사이에서 알음알음 인기를 끌고 있는 곳이다. 식사시간에는 대기손님이 길게 줄을 서는데 아직은 주로 제주도민이다. 점심세트 10,000원, 스시황세트 15,000원인데 다양한 초밥을 예쁘게 한 접시 주고 거기에 튀김, 우동이 같이 나온다. 특이하게도 밥에 강황을 넣어서 노란색을 띠는데 맛이 강하지 않아서 초밥에 그리 거슬리는 편은 아니다. 초밥 하나 시켜서 생맥주 한잔 마시거나 제주도 스타일로 한라산소주를 곁들이는 것도 좋다.

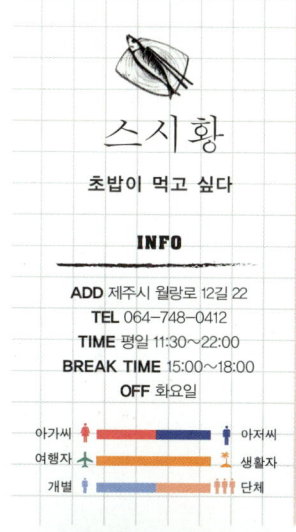

스시황
초밥이 먹고 싶다

INFO

ADD 제주시 월랑로 12길 22
TEL 064-748-0412
TIME 평일 11:30~22:00
BREAK TIME 15:00~18:00
OFF 화요일

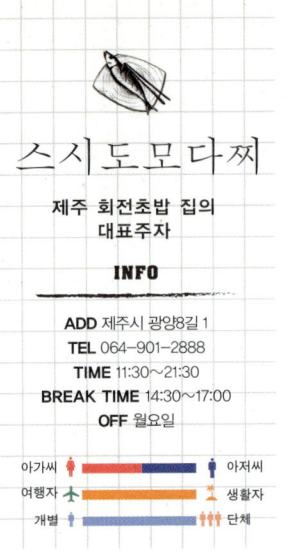

스시도모다찌

제주 회전초밥 집의
대표주자

INFO

ADD 제주시 광양8길 1
TEL 064-901-2888
TIME 11:30~21:30
BREAK TIME 14:30~17:00
OFF 월요일

아가씨 ──────── 아저씨
여행자 ──✈──── 생활자
개별 ─────────── 단체

제주시청 건너편 골목 입구의 회전초밥 집 스시도모다찌는 제주에서 회전초밥의 인기를 이끌어온 곳이다. 모든 접시가 1,600원이다. 그렇다고 초밥의 질이 떨어지는 것은 결코 아니다.

실내는 좁은 편인데, 가게 규모에 비해서 주방 인원이 많다. 네 명의 요리사가 쉼 없이 초밥을 만든다. 그 정도로 바쁘게 레일은 돌아가고 접시는 금세 사라진다. 초밥 레일 위에는 다양한 종류의 초밥이 '나를 먹어줘'라며 자태를 뽐낸다. 원산지 표시를 보니 일본산 생선을 쓰지 않는다. 일단 생맥주를 한 잔 시키고 열심히 돌고 있는 초밥을 골라본다. 모든 초밥이 같은 가격이니 머릿속으로 계산할 필요가 없다. 웬만큼 배불리 먹어도 2만 원이 넘기 힘들다. 물론 사람마다 다르다.

가격이 싸기 때문에 고급어종 초밥보다는 가성비가 좋은 것이 많지만 그렇다고 싸구려 느낌은 아니다. 연어마요네즈, 광어, 광어지느러미, 껍질 붙은 도미, 제주스러운 고등어, 매콤한 타코 와사비, 단새우, 껍데기를 구운 전갱이, 빨간 참치 등 이십여 가지의 정성들인 다양한 초밥이 나와 만족스럽다.

일단 스시도모다찌에 한번 가보면, 다른 회전초밥 집에 갈 때마다 이곳이 생각나고 그리워질 것이다.

지나치면
후회할
그 집

초밥

황금손가락

제주도에 초밥 열풍을 몰고온 집이 아닐까? 이곳 역시 합리적인 가격에 다양한 초밥과 우동, 튀김을 세트로 내서 인기다. 주문하면 초밥보다 먼저 소바와 알볶음밥, 뜨끈한 돌솥에 어묵이 듬뿍 들어간 우동과 튀김까지 나온다. 일본 초밥 집 스타일에 한국식 곁들이음식이 나오는 격이랄까? 초밥을 먹기 전에 이미 배가 부를 정도로 양이 적지 않다. 초밥접시에는 다양하지는 않지만 제법 구색이 갖춰진 초밥이 나온다. 가격은 1만 원, 1만 5,000원, 2만 원으로 부담 없이 먹을 수 있다. 한라수목원 올라가는 길에서 신비의도로 옆으로 확장이전해서 예전처럼 불법주차를 하지 않아도 되어 접근성이 좋아졌다.

INFO
ADD 제주시 1100로 2961
TEL 064-746-8281
TIME 11:30~21:00
OFF 월요일

오연

사실 제주에서 초밥 이야기를 할 때 빼놓으면 안 되는 곳이 오연초밥이다. 예전에는 칠성통에 있었는데 지금은 탑동 안쪽 주택가로 들어갔다. 처음 문을 연 지 벌써 35년이 넘은 제주 초밥 집의 할아버지격일 듯. 초밥만 시켜도 다른 음식이 많이 나온다. 튀김과 생선회 약간, 샐러드, 생선구이가 항상 차려지고, 그 다음에 나오는 초밥접시에는 싱싱한 제철 생선으로 만든 초밥이 한가득이다. 연어나 새우는 그렇다 쳐도 길게 자른 광어 지느러미나 방어뱃살초밥은 감탄하지 않을 수 없다. 특히 고등어회초밥을 좋아한다면 오연에 꼭 가보길. 한 접시 가득한 고등어초밥을 질리게 먹을 수 있다.

INFO
ADD 제주시 서부두남길 16-1
TEL 064-752-4660
TIME 12:00~22:00
OFF 둘째 넷째 일요일

알수록 맛있는 정보

1년 내내 풍성한 제주 바다, 제철 해산물

봄 남쪽에서 따뜻한 바람이 불어오기 시작하면 제주 바다는 수면 위로 멜이 뛰어오르는 걸 감상할 수 있다. 이제 봄이 된 것이다.

멸치 제주말로는 '멜'이라고 하는 멸치는 청어목 멸치과로 제주에서 남해안까지 봄을 대표하는 생선이다. 성질이 급해서 잡히자마자 바로 죽어버려 멸치라는 이름이 붙었다고. 제주에서는 싱싱한 멜로 멜국이나 조림을 해먹는데 비린맛 없이 무척 시원하다. 나머지는 젓갈을 만드는데 돼지고기를 구워서 찍어 먹으면 그 맛있는 제주돼지의 맛이 더욱 증폭된다. **전갱이** 제주도에서는 전갱이라는 이름보다는 '각재기'라는 이름으로 더 친숙한 등푸른생선이다. 육지에서는 고등어에 밀리지만 이웃 일본에서는 가장 사랑받는 국민 생선이다. 제주도에서는 배추와 된장을 풀어서 '각재기국'으로 즐겨 먹는다.

여름 여름 제주 밤바다는 환하게 어등을 켜놓은 어선들로 장관을 이룬다. 그 대부분이 한치어선이다.

한치 오징어의 일종. 표준명은 화살오징어. 다리가 한 치 정도밖에 안 돼 한치라는 애칭이 붙었다. 오징어에 비해 부드러우면서도 달콤하다. 자리돔과 함께 제주의 여름을 대표하는 어종이다. 특히 활한치는 여름에서 초가을까지만 먹을 수 있다. 여름 휴가철을 위한 제주의 선물이다. **자리돔** 제주의 여름을 책임지는 조그만 물고기다. 매해 5월이면 서귀포 보목리에서 자리돔축제를 연다. 드디어 자리돔의 계절이 온 것이다. 뼈째 썰어서 물회로 먹거나 뼈가 억센 것은 구워먹고, 젓갈로 만들어 알뜰하게 먹는다. 자리물회는 된장을 기본양념으로 각종 야채와 식초를 넣어서 시원하고 구수하다. **부시리** 흔히 제주도 횟집에서 '히라스'라는 이름으로 파는 생선인데 겨울을 대표하는 방어와 크기와 모양이 비슷하다. 방어는 겨울 생선이라 횟집에서 여름에는 히라스를 권한다. 부담 없이 먹을 수 있는 생선인데 방어와 마찬가지로 덩치 큰 녀석이 맛있다.

알 수 록 맛 있 는 정 보

가을 뜨거웠던 여름이 지나고 선선한 바람이 불면 생선에 살이 오르기 시작한다. 이때부터 제주를 대표하는 어종인 갈치, 고등어 그리고 옥돔의 철이다.

옥돔 제주에서는 그냥 '생선'이라고 하면 바로 옥돔을 가리킬 정도로 제주를 대표하는 생선이다. 살은 희고 지방이 적고 비린내가 없다. 싱싱한 옥돔은 물회로 만들어 먹거나 옥돔국을 끓여 먹기도 하지만 대부분은 꾸덕꾸덕 말려서 구이로 먹는다. 옥돔만의 독특한 향미와 짭짜름한 맛이 제대로 밥도둑이다. **갈치** 제주 갈치는 윤기 있는 은백색으로 찬란하게 빛이 나서 '은갈치'라고 부른다. 가을에 제주 근해에서 잡히는 갈치는 두툼하고 맛도 깊다. 단백질이 풍부하고 지방도 적당해 담백하면서 달콤한 맛이 좋다. 주로 구이와 조림으로 먹지만 싱싱한 당일바리 갈치는 회로도 즐길 수 있다. **고등어** 수온이 10℃~22℃의 따뜻한 바다를 좋아하는 회유성 어종으로 갈치와 함께 제주를 대표하는 어종이다. 봄이 되면 제주 바다로 몰려와서 북으로 올라갔다가 9월부터 1월 사이에 다시 남으로 내려간다. 산란기는 5~7월경인데 가을에 맛이 최고로 올라간다. 예전부터 제주에서는 싱싱한 고등어회를 맛볼 수 있는데 지금은 양식기술 발달로 1년 내내 고등어회를 즐길 수 있다.

겨울 제주의 겨울은 차가운 바람으로 꽁꽁 얼어가지만 한껏 기름이 오른 생선들로 배는 따뜻해진다. 모슬포 방어축제를 시작으로 제주의 겨울이 시작된다.

방어 겨울 제주바다를 대표하는 생선이다. 바닷속 깊은 곳에서 거센 조류를 헤치면서 살아가는 방어는 자리돔과 정어리, 멸치 등 다양한 작은 어류를 먹고 겨울에는 가득 살이 올라 절정의 맛을 이룬다. 덩치가 크고 육질이 좋기 때문에 회와 구이, 찜, 튀김, 조림 등 다양한 요리로 즐길 수 있다. **쥐치** 제주에서는 '객주리'로 불리는 생선인데, 우리가 아는 쥐치포를 만드는 그 쥐치가 맞다. 해파리를 먹는 쥐치는 바다 생태계에서 중요한 역할을 하지만 최근에는 그 개체수가 많이 줄어 점점 보기 힘든 귀한 생선이 되었다. 하지만 제주도에서는 수조 속을 헤엄치는 쥐치를 많이 볼 수 있는데 가을부터 겨울까지가 제철이다. 쫀득쫀득한 식감의 쥐치는 회로도 먹고 조림으로도 먹는데 그 탱글탱글한 식감에 빠지지 않을 수가 없다. **독가시치** 제주에서 '따치' 또는 '따돔'이라고 하는 생선이다. 해초를 즐겨먹어서 생기는 특유의 냄새 때문에 인기가 없었지만 지금은 그 시원하고 깨끗한 맛으로 사랑받는다. 제주도에서 흔하게 잡히는 생선인데 힘이 좋아서 낚시꾼에게 인기가 좋다. 독가시치란 이름에서 알 수 있듯 독이 있는 지느러미가 있어 찔리면 무척 아프다.

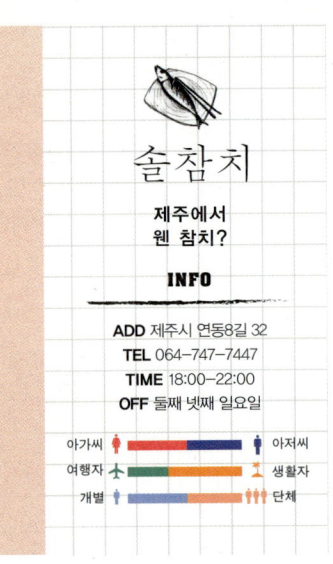

솔참치

제주에서 웬 참치?

INFO

ADD 제주시 연동8길 32
TEL 064-747-7447
TIME 18:00-22:00
OFF 둘째 넷째 일요일

제주도에서 웬 참치회냐고 물어볼 사람이 많겠지만 절대로 실패하지 않는 나만의 비밀무기 같은 곳이다.

제주에 놀러온 친구한테 "참치회 먹으러 갈까?"라고 하면 십중팔구 입이 삐죽 나온다. '제주까지 와서 참치라니, 제주에는 맛있는 돼지고기도 있고 싱싱한 활어회나 해산물이 넘쳐나는데 냉동참치라니, 그딴 건 서울에도 수두룩하다고!'라고 생각하는 것 다 안다. 하지만 참치라고 다 같은 참치가 아니다. 2만 원에 무한리필되는 참치를 생각하면 안 된다. 솔참치는 특별하다. 절대로 실패하지 않는 나만의 비밀무기라고나 할까? 그동안 솔참치에 만족하지 않은 사람은 없었다. 믿음직한 식당이다. 비록 바닷가가 아닌 연동 신시가지 가운데 있지만, 참치를 먹지 바다를 먹는 건 아니니까.

일단 참치 자체가 좋다. 참치의 경우 최고급 참다랑어부터 싸구려 새치까지 종류도 다양하고 부위별로도 큰 차이가 있는데 솔참치에서는 적어도 저가의 싸구려 부위는 아예 없다. 한번은 집에서 참치다타키를 해보려고 솔참치 사장에게 기름기 없고 담백한 부위를 좀 구해달라고 했더니 그런 부위는 아예 들여놓지 않는다는 답이 돌아왔다. 결국 마트에 가서 냉동참치를 사서 해먹었는데 맛이 있을 리가 없다. 그냥 다음부터는 솔참치에 가서 주는 대로 먹기로 결심했다.

그만큼 솔참치는 맛있는 부위가 잔뜩 나온다. 넓은 접시에 예쁘게 장식된 참치를 보면 마치 꽃다발을 한아름 받는 기분이다. 거기에 돌나물무침이나 씻은묵은지 같은 밑반찬이 참치의 맛을 정리해주고, 작은 종지요리도 다 맛있다. 참치 한 점에 하얀색 한라산소주 한잔을 먹다보면 어느새 기분좋게 취해버리고 주인장과는 형동생이 되고, 옆에 있는 사람은 친구가 되는 곳이다. 그러면 또 어떤가? 여긴 제주도니까.

각지불

산속에서 먹는
해물찜

INFO

ADD 제주시 조천읍 남조로 1751
TEL 064-784-0809
TIME 11:30~20:00
BREAK TIME 15:30~17:30
OFF 부정기 휴무. 명절

제주 내륙 숲속에서 해물찜을 먹는다? 언뜻 이해가 되지 않는 상황이지만 제주에는 그런 식당이 있다. 바다와 멀리 떨어진 중산간 내륙에 자리한 교래리는 토종닭으로 유명한 마을이지만 해물찜으로 유명한 각지불 식당도 이곳에 있다. 갈 때마다 손님이 가득 차 있어서 깜짝 놀란다. 이 산속까지 해물찜을 먹으러 오는 사람이 많다니! 물론 그 속에는 나도 포함돼 있지만.

이곳의 인기메뉴는 역시 매콤한 해물찜이다. 딱새우, 꽃게, 낙지, 홍합 등이 꽉 들어차 있는데 콩나물보다는 해물이 월등히 많다. 주문할 때는 매운맛을 정할 수 있는데 보통맛은 그렇게 맵지 않다는 걸 참고할 것. 처음에는 산속이라 해물이 싱싱하지 않으면 어떡하나 걱정했다. 제주도는 섬이지만 교래리는 제주사람에게는 바다와 아주 멀리 떨어진 내륙 같은 곳이니까. 하지만 이 가격에 이 정도 퀄리티의 해물찜을 먹제주 내륙 깊은 산속에서 먹는 아구찜은 전국 최고 수준이라고 해도 될 정도로 양이 많고 맛도 좋다.

을 수 있다는 것은 거의 불가능에 가깝지 않을까. 아구찜도 해물찜과 비슷하게 나오는데 콩나물보다 아구가 더 많이 나와서 감동이다. 서울의 아구찜 집에서 "이건 아구찜이 아니라 콩나물찜이야"라고 농담하면서 먹던 음식이 이곳에서는 그야말로 아구찜이 나오니. 게다가 매운 양념도 자극적이지 않고 적당히 칼칼하니 나처럼 매운 걸 잘 먹지 못하는 사람도 기분 좋게 먹을 수 있다.

빨간 양념에 밥을 볶아달라고 해서 먹을 수도 있지만 그냥 따끈한 밥에 콩나물 듬뿍 얹어서 먹는 걸 좋아하기 때문에 공기밥도 하나 시켰다. 먹다보니 밥맛도 참 좋다. 좋은 쌀로 지은 밥이다. 식당에서 이렇게 맛있는 밥을 먹은 적이 드물기 때문에 감동받는다. 그러고 보니 반찬도 하나하나 맛있다. 이 산속까지 사람들이 찾아오는 이유는 이런 사소한 것에서부터 감동을 받기 때문이리라.

각지불에 또 매력적인 메뉴가 있는데 바로 아구탕이다. 아무 정보 없이 그냥 아구탕을 시키면 깜짝 놀란다. 빨간 양념이 아니라 들깨가루가 들어간 하얀 양념으로 나오는데, 상당히 매력적이다. 부드러우면서도 고소한 들깨국물에 아구의 맛이 잘 어울린다. 사랑하지 않을 수 없는 식당이다.

매콤한 찜은 누구나 좋아할 맛! 아구탕은 들깨가루가 들어간 하얀 국물인데 이것도 별미다.

삼성혈해물탕

**해산물 가득,
시원하고 구수한**

INFO

ADD 제주시 선덕로 5길 20
TEL 064-745-3000
TIME 11:30~22:30
OFF 연중무휴

삼성혈해물탕은 삼성혈 근처에 없다. 삼성혈에서 멀리 떨어진 신제주도청 뒤편에 자리하고 있으니 삼성혈 앞에서 헤매지 않도록. 예전 삼성혈 앞에서 해물탕집을 할 때의 이름을 자리를 옮긴 후에도 그대로 가지고 있는 것이다. 근처에 다른 해물탕 집도 있지만 유독 이 집만 손님으로 북새통을 이룬다.

이곳 해물탕의 특징은 일단 비주얼로 압도한다는 것. 큼직한 무쇠솥에 커다란 키조개를 비스듬히 깔고 그 위에 대합과 뿔소라, 꽃게, 가리비, 전복을 쌓아서 올리고 마지막으로 꿈틀거리는 돌문어 한 마리를 턱 하니 올려놓았다. 모두 살아있다. 서울 지역의 해물탕은 콩나물과 미나리, 쑥갓 등의 야채를 밑에 깔아놓고 해산물을 올려서 푸짐해 보이게 하는데, 여기는 그냥 조개로 탑을 쌓았으니 입부터 먹는 것이 아니라 눈부터 즐거워진다.

하지만 막상 조개껍데기를 빼고 나면 해물 양은 그리 많지 않다. 하지만 쓸데없는 냉동새우나 냉동오징

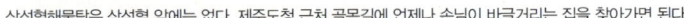

삼성혈해물탕은 삼성혈 앞에는 없다. 제주도청 근처 골목길에 언제나 손님이 바글거리는 집을 찾아가면 된다.

어 같은 것은 일절 없고 싱싱한 조개가 많으니 실망하지 않아도 된다. 국물은 된장을 기본으로 양념했는데 처음에는 심심하다가 나중에 조개에서 물이 빠지고 국물이 졸아들면서 시원하면서도 구수한 맛이 살아난다. 적당히 해물을 건져먹은 후에는 우동사리를 넣어서 마무리하면 된다.

가격은 비싼 편이다. 5만 원부터 시작한다. 하지만 조그만 조개와 양식전복 몇 마리가 들어간 전복뚝배기 가격이 1만5000원이니 여럿이 같이 먹기에는 해물탕이 오히려 싼 느낌이다.

된장양념이 좀 낯설 수도 있다. 대기시간이 길고 실내가 복잡한 것이 단점이다.

싱싱하게 살아있는 해물이 한가득이다. 물론 커다란 조개껍데기를 빼면 한풀이 푹 죽지만 그래도 이 정도로 해물이 많이 들어있는 해물탕을 찾기는 쉽지 않다.

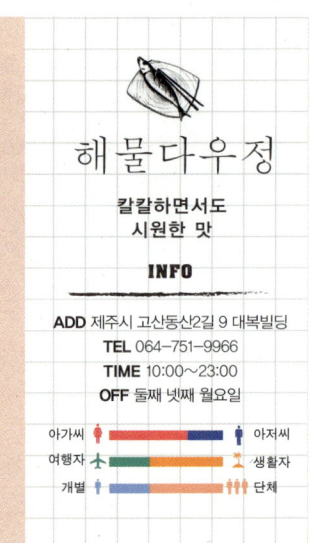

해물다우정

칼칼하면서도
시원한 맛

INFO

ADD 제주시 고산동산2길 9 대복빌딩
TEL 064-751-9966
TIME 10:00~23:00
OFF 둘째 넷째 월요일

아가씨 　　　　　 아저씨
여행객 　　　　　 생활식
개별 　　　　　 단체

해물다우정의 해물탕은 칼칼한 매운맛과 시원한 맛으로 도민들이 많이 찾는 곳이다. 좌석 여유가 있어서 한결 편안하게 식사할 수 있다.

복잡한 분위기가 싫고 기다리는 것도 싫은데 맛있는 해물탕을 먹고 싶다면 구제주 제주시청 건너편 주택가 안에 있는 해물다우정에 가보자. 삼성혈해물탕이 관광객이 많이 찾는 곳이라면 다우정은 제주사람이 주로 가는 해물탕 집이다. 식사시간에는 손님으로 가득 차지만 식사시간을 비껴가면 손님이 다 빠져서 조용히 식사를 즐길 수 있어서 좋다.
해물탕 외에 해물샤브샤브도 인기메뉴다. 샤브샤브는 맑은 육수에 각종 해산물을 하나씩 데쳐가면서 먹는다. 한꺼번에 여러 해물을 끓이다보면 질겨지는 문제를 해결해서 제일 맛있는 상태로 먹을 수 있다는 장점이 있다.
해물탕을 주문하면 커다란 놋그릇에 키조개와 대합, 전복, 딱새우, 데친 문어를 한가득 쌓아서 내온다. 모두 싱싱하고 큼직한 게 먹음직스러워 보인다. 반찬도 정갈하고 맛이 좋다. 원산지 표시를 보니 해물이 모두 국내산이다. 육수가 끓기 시작하면 전복은 뜨거운지 이리저리 몸을 비튼다. 미안하지만 어쩔 수 없다. 대신 맛있게 먹어줘야지.
이곳도 육수는 심심한 편인데 다시마와 오가피, 헛개를 넣고 달인 육수에 고춧가루로 살짝 칼칼한 맛을 더했다. 워낙 해물이 싱싱해서 잠시만 끓여도 맛있는 육수로 재탄생한다. 싱싱한 해물을 건져먹고 시원하고 칼칼한 육수를 먹느라 정신이 없다. 육수가 어느 정도 끓으면 특이하게 깻잎을 넣어서 향을 배게 하고 톳도 넣어서 끓여주는데 이 국물을 먹으니 여기가 바로 제주도구나, 하는 느낌이다.

식사로 동태탕을 먹는 경우는 많지만 술안주로 먹는 동태탕은 어떨까? 오래옥식당은 관광객은 거의 없는 도민 식당이다. 원래는 제철 생선으로 회나 구이를 내는 술집 겸 밥집인데 여기 동태탕은 가격대 만족도가 높아서 언제나 도민 손님으로 북적인다.

동태탕은 크기 구분 없이 그냥 2만5000원이다. 동태탕 외에 꽃게탕도 있고 우럭탕도 있고 조림류도 있다. 계절에 나오는 생선이나 산새우, 전어 같은 메뉴도 준비된다. 메뉴를 고르는 재미가 있다.

동태탕을 시키고 요리가 준비될 때까지 깔린 반찬에 소주를 마신다. 반찬 맛이 범상치 않다. 전라도 손맛이 느껴진다. 반찬만으로도 소주 한 병은 그냥 없어진다. 잠시 후 나오는 동태탕은 엄청난 크기의 전골냄비에 가득 담겨져 나온다. 너댓 명이 먹어도 남을 것 같은 양이다. 일단 크기에 놀라지만 맛을 보면 그 시원하고 칼칼함에 또다시 놀란다. 안에 들어있는 동태 양도 많고 큼직하게 썬 무와 두부도 듬뿍 들어있어서 앞사람 눈치보지 않고 맘껏 먹을 수 있다. 얼큰한 국물을 먹으니 당연히 공기밥도 하나 추가하고, 소주는 저절로 들어간다. 여럿이 가서 동태탕 하나 시키고 제철 생선 요리도 하나 시키면 싸고 맛있게 먹을 수 있다. 영업시간은 오후 늦게부터 새벽까지니 밤늦은 시간에 출출하거나 소주 한잔 생각날 때 찾으면 좋은 곳이다.

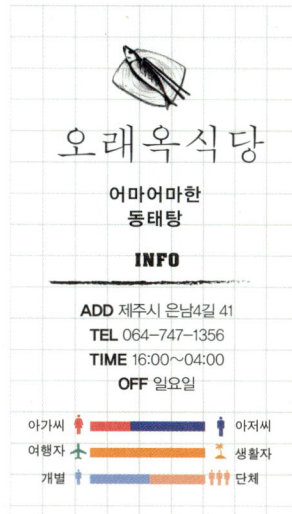

오래옥식당

어마어마한 동태탕

INFO

ADD 제주시 은남4길 41
TEL 064-747-1356
TIME 16:00~04:00
OFF 일요일

아가씨 / 아저씨
여행자 / 생활자
개별 / 단체

밤늦게 찾아가도 좋은 오래옥식당은 손맛이 좋은 식당이다. 푸짐한 동태탕과 제철 생선 요리는 언제나 인기가 많다.

슬기식당

하루 딱 네 시간 열리는
몰입의 맛

INFO

ADD 제주시 사라봉7길 36
TEL 064-757-3290
TIME 10:00-14:00
OFF 일요일

아가씨 / 아저씨
여행자 / 생활자
개별 / 단체

식당을 낼 때 가장 중요한 것은 위치다. 그러나 진짜 맛있는 집은 위치가 좋지 않아도 문전성시를 이룬다. 제주 건입동에 있는 슬기식당이 그 증거다. 주택가 사이 골목에 허름하게 자리하고 있는 슬기식당을 보면 위치보다 더 중요한 것은 맛이라는 사실을 다시 한번 깨닫는다.

슬기식당에서 위치 다음에 놀라게 되는 것은 메뉴판이다. 딱 한 가지다. 동태찌개. 슬기식당에 다녀온 이가 두 가지라고 주장한다면, 두 가지라고 하자. 매운 맛과 맵지 않은 맛을 선택할 수 있으니까. 여하튼 벽에 걸린 유일한 메뉴판에는 유일무이, 동태찌개 한 가지다.

식당 문을 열고 들어가면 왼쪽에서 보글보글 소리가 손님을 먼저 맞는다. 안경을 쓴 사람이라면, 훅 불어오는 뜨거운 기운에 안경을 벗게 된다. 맛있는 소리가 나는 곳으로 고개를 돌리면, 가스불 위에서 사이좋게

오직 동태찌개 하나만으로 승부하는 슬기식당. 오전 10시부터 오후 2시까지만 영업하는데 언제나 대기줄이 있다는 것을 감안해야 한다.

끓고 있는 뚝배기가 눈에 들어온다.

슬기식당 동태찌개의 특징은 동태의 엄청난 양과 국물의 진득한 맛이다. 동태살의 굳기도 적당하다. 너무 풀어지지도 않고 단단하지도 않다. 매운맛은 얼큰하면서 시원했고, 맵지 않은 맛은 된장을 풀어서 구수하면서 무게감이 느껴졌다. 동태살은 입안에서 사르르 녹았다. 녹는 것은 살뿐만이 아니었다. 마치 자기가 주인공인양 들어있는 고니는 고소한 맛이 그만이었다. 동태찌개 한 그릇 받았을 뿐인데, 이 동네가 다 사랑스럽게 느껴질 정도다.

1991년 문을 연 슬기식당이 처음부터 동태찌개에만 집중했던 것은 아니다. 청국장에 백숙도 하고 김치찌개도 냈다. 식당을 하다 보니 여러 가지를 하기에 힘이 부쳤다. 그래서 하나씩 빼다보니, 동태찌개만 남았다. 맛있는 동태찌개 한 그릇을 먹으며, 인생의 교훈도 하나 배웠다. 내가 가장 잘하는 것이 무엇인지 모를 때는 하나씩 지워가는 것도 방법이겠구나 싶었다.

맛있는 동태찌개를 맛보려면 시계를 잘 봐야 한다. 제주 식당은 영업시간이 제각각이기 때문이다. 슬기식당도 그렇다. 오전 10시부터 2시까지만 문을 연다. 문을 닫고 난 후에는 다음 날을 위해 열심히 동태를 손질해야 한다. 그러니 맛있는 동태찌개를 맛보고 싶다면 투정하지 말고 시간 맞춰 가자. 하루에 허락된 시간은 딱 네 시간. 이때를 놓치면 안 된다.

동태찌개는 매운맛과 안 매운맛을 고를 수 있다. 안 매운맛은 된장으로 양념해서 구수한 맛이다.

CHAPTER 6
-
온 통 술안주만 있는 제주에서의
국 물 한 그 릇

국밥

Taste MAP

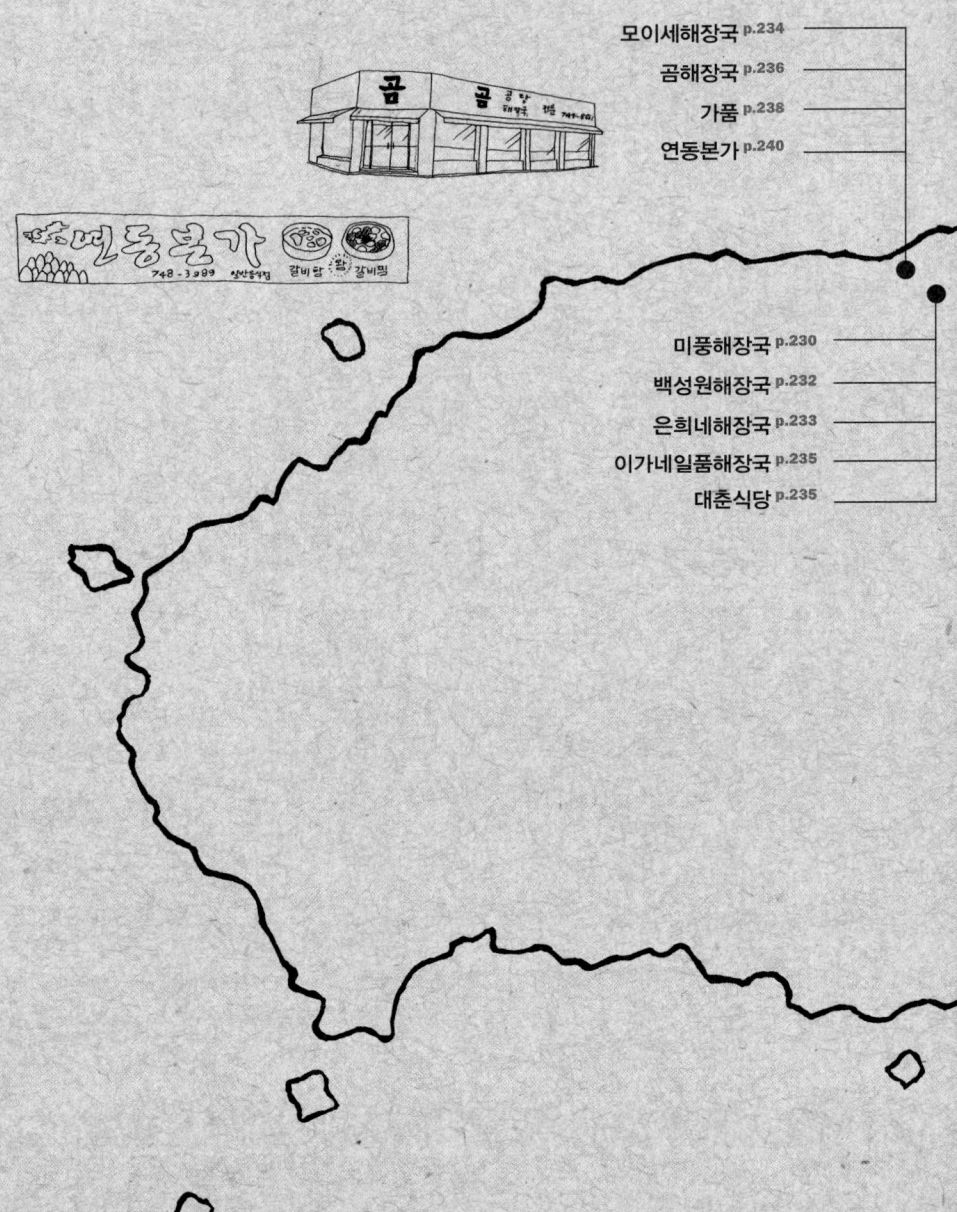

모이세해장국 p.234
곰해장국 p.236
가품 p.238
연동본가 p.240

미풍해장국 p.230
백성원해장국 p.232
은희네해장국 p.233
이가네일품해장국 p.235
대춘식당 p.235

잉꼬식당 p.237

Taste STORY

한국인에게 국물은 무엇일까? 매일매일 맛있는 것을 잔뜩 먹고 나서도 뜨끈한 국물을 찾는다. 허기진 배를 움켜잡고 있을 때도 뜨끈한 국밥 하나면 모든 것이 해결된다. 특히 전날 술을 먹고 골골대다가도 해장국 한 그릇이 속을 확 풀어준다.

신나게 고기를 구우면서 바비큐 파티를 해도 마무리는 라면이라도 한 그릇 끓여야 한다. 싱싱한 해물에 맛있는 회를 잔뜩 먹고 나도 매운탕 한 그릇으로 마무리를 해야 하는 법이다. 이쯤 되면 국물 음식은 영혼의 음식이다. 하기야 우리나라에서는 아이를 낳아도 일단 미역국부터 한 그릇 먹으니 국물은 우리의 DNA에 아로새겨져 있는 맛이다.

제주에도 국물 문화가 많이 발달해 있다. 특히 돼지를 잡아서 만드는 순대와 함께 몸국은 없어서는 안 되는 국물이다. 예전에는 흔치 않았던 소고기로 국물을 내서 얼큰하게 끓여서 내는 제주식 해장국은 뜨겁고 진한 국물을 좋아하는 제주사람에게 인기가 많다. 간편하게 생선을 넣어서 소박하게 끓이는 생선국도 제주의 대표적인 국물요리다.

제주를 여행하는 여행객에게도 가끔은 따끈한 국물이 그리워질 때가 있을 것이다. 그때 찾아가면 좋은 국밥 한 그릇을 찾아 제주도를 한 바퀴 돌아보자.

미풍해장국

제주식 소고기해장국의 대부

INFO

ADD 제주시 연신로 89
TEL 064-726-1245
TIME 05:00~15:00
OFF 연중무휴

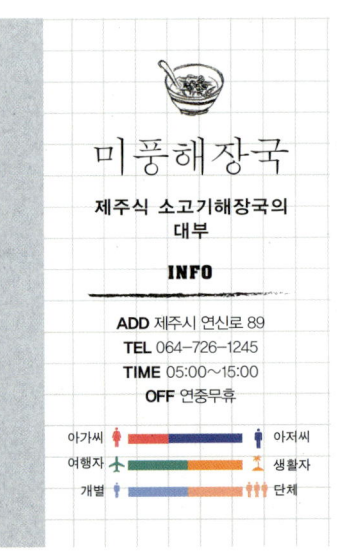

검붉은 고추기름이 인상적인 미풍해장국이지만 국물은 의외로 부드럽다. 그득하게 차 있는 각종 건더기와 조화를 이루면서 완벽한 한 그릇을 만들어낸다.

뜨겁고 매콤하고 진한 국물을 좋아하는 제주사람 입맛에 딱 맞는 소고기해장국 집이 제주에 여럿 있다. 오래된 전통을 가진 해장국 집이 여전히 성업중이고, 새로운 해장국 집도 곳곳에 새로 생겨나고 있다.

우거지와 선지, 내장을 넣고 된장을 풀어 구수하고 시원하게 끓이는 서울식 선지해장국이나 소내장과 선지로 얼큰하게 끓이는 양평식 해장국이 서울 지역을 양분하고 있다면 제주는 독자적인 스타일로 해장국이 발달했다. 그 소고기해장국의 전형을 만든 곳이 미풍해장국이다.

제주시 중앙로 예전 제주대병원 자리 옆에 있는 미풍해장국은 새벽 이른 시간부터 전날의 술자리에서 막힌 속을 풀려는 술꾼과 해장국으로 든든히 배를 채운 후 한라산 등반을 하려는 등반객, 관광객으로 북새통을 이룬다. 이곳의 메뉴는 단 한 가지. 소고기해장국이다. 자리에 앉으면 주문하지 않아도 인원수대로 해장국이 나온다. 두툼한 뚝배기 그릇에 검붉은 색 고추

미풍해장국은 얼큰하고 진한 제주식 해장국의 대부격이다. 새벽부터 문을 닫는 오후 시간까지 끊임없이 미풍의 맛을 잊지 못해 찾아오는 손님들로 북적인다.

기름이 듬뿍 들어간 해장국의 모습이 원초적이다. 반찬은 국물이 흥건한 물깍두기와 부추김치 그리고 청양고추다. 그런데 이 물깍두기가 의외로 시원하고 달큰한 맛이라 계속 숟가락이 간다. 해장국이 나오기 전 이 물깍두기 국물을 들이키는 걸로 일단 속이 시원해진다. 청양고추는 무지막지 매우니 조심해서 먹어야 한다. 그래도 이 매운 고추가 없으면 뭔가 허전하다.

해장국에는 검붉은 고추기름이 많이 들어있지만 그 사이를 갈라보면 뽀얀 국물이 있다. 국물은 의외로 부드럽고 순하다. 건더기로 배추가 많이 들어가서 부드럽고 시원한 맛을 내준다. 그외에도 소고기와 선지, 당면이 들어있는데 일단 건더기를 어느 정도 건져 먹고 나서 밥을 말아 먹는 것이 좋을 정도로 건더기가 그득하다.

미풍해장국에서는 테이블마다 막걸리가 한 잔씩 올라가 있는 것을 볼 수 있다. 뜨거운 해장국에 시원한 막걸리 한 잔을 곁들여 먹는 것이 미풍해장국을 맛있게 먹는 방법이다.

제주에서는 가끔씩은 미풍에 들러서 해장국을 먹어줘야 속이 시원할 정도로 중독성이 있다.

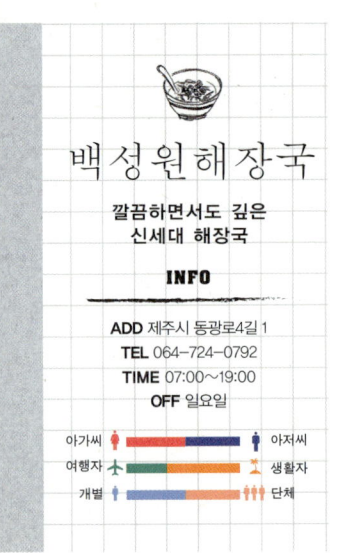

백성원해장국

**깔끔하면서도 깊은
신세대 해장국**

INFO

ADD 제주시 동광로4길 1
TEL 064-724-0792
TIME 07:00~19:00
OFF 일요일

선지가 매끈하면서 찰기가 느껴진다.
선지를 싫어하는 이도 반하게 할 맛

제주도의 다른 해장국 집에 비해 경력은 짧지만 시원하고도 깔끔한 맛에 여성과 젊은층의 전폭적인 지지를 받는다. 제주에서 제일 깨끗한 맛의 해장국이랄까? 미풍해장국이 신라면 국물이라면 이곳은 새우탕면 국물에 비유하면 될 것 같다.

국물을 한 수저 떠서 맛보면 고기의 묵직한 맛과 시원한 해물 느낌이 동시에 들어온다. 그도 그럴 것이 질 좋은 소고기와 함께 마른새우 등 해물까지 듬뿍 넣어서 육수를 내기 때문. 거기에 일일이 국자로 떠서 끓인 찰선지와 질 좋은 수육, 잘 불린 우거지와 콩나물까지 한 그릇에 아름답게 담아낸다. 이곳 사장이 미술을 전공한 화가여서인지 한 그릇의 차림새가 그림처럼 멋지다. 특히나 선지는 매끈하면서도 찰기가 느껴지고 피냄새가 나지 않는다. 구멍 숭숭 뚫리고 딱딱하고 비린 맛 때문에 선지를 싫어하는 사람도 백성원의 선지를 먹어보면 당장 선지 팬으로 변신할 정도다. 조금 터프한 내장탕도 강추 메뉴다. 해장국의 시원함에 기름진 내장 맛이 더해져 해장과 함께 술국 역할까지 한다. 뽀얀 국물의 곰탕도 역시 맛있다. 가끔 매운 걸 먹기 싫을 때 먹는다.

양대곱해장국에서 상표분쟁 때문에 자신의 이름을 걸고 백성원해장국을 하던 전 대표는 건강 문제 때문에 뒤로 물러났지만, 여전히 그의 담백함과 깊은 맛을 잘 유지하고 있어서 다행이다.

아침마다 해장국 투어를 해야 할 만큼 제주에 해장국 집이 많은 걸 보면 역시 제주에는 애주가가 많다. 은희네해장국은 한적한 동네 해장국 집으로 근처 주민의 단골집이었는데 어느새 입소문을 타고 제주 최고 해장국 집 중 하나로 손꼽히는 집이 됐다. 뚝배기에 건더기가 가득 차 있어서 어느 정도 건져먹어야 밥을 말아먹을 수 있을 정도로 내용물이 많다. 여기서는 뜨거운 국물에 매콤한 다대기를 잘 풀어먹는 것이 훨씬 맛이 좋다. 마늘도 듬뿍 넣어야 한다. 속이 답답할 때 은희네의 뜨거운 국물을 먹으면 땀으로 샤워하는 기분이 된다. 뜨거운 여름에 뜨거운 국물을 먹고 나오면 제주도는 오히려 시원하게 느껴진다. 그래서 이렇게 강렬한 국물이 인기가 있는 건지도 모르겠다. 가끔은 조미료 느낌이 강하게 느껴지기도 하고 손님이 몰릴 때는 정신도 없지만 그게 다 은희네해장국의 매력 중 하나인 것 같다. 연북로에 2호점이 생겨서 좀 더 쾌적한 주차환경에서 식사할 수 있게 되었다.

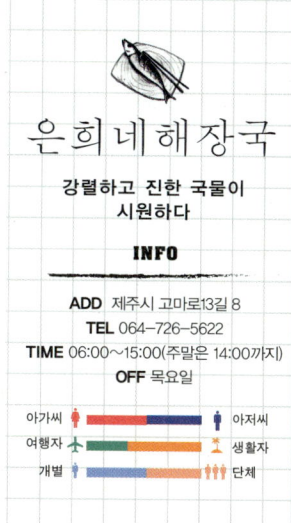

은희네해장국

강렬하고 진한 국물이 시원하다

INFO

ADD 제주시 고마로13길 8
TEL 064-726-5622
TIME 06:00~15:00(주말은 14:00까지)
OFF 목요일

아가씨 ─── 아저씨
여행자 ─── 생활자
개별 ─── 단체

한적한 동네 해장국 집에서 도내 최고의 해장국 집으로 부상한 은희네해장국. 차고 넘칠 정도로 건더기를 많이 넣어주는 것이 매력이다.

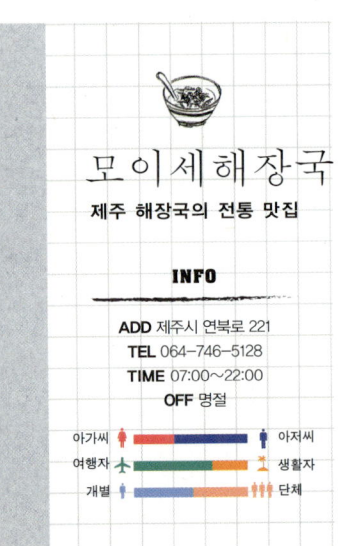

모이세해장국

제주 해장국의 전통 맛집

INFO

ADD 제주시 연북로 221
TEL 064-746-5128
TIME 07:00~22:00
OFF 명절

한때는 미풍해장국과 함께 제주도 해장국의 양대산맥이었지만 지금은 모이세해장국 명성이 좀 시들해진 느낌이 없지 않다. 노형동에서 24시간 영업하던 모이세해장국 본점은 널찍한 연북로로 자리를 옮겨서 밤 10시까지만 영업한다. 새벽 어느 때 가도 편하게 먹을 수 있었는데 영업시간이 짧아져 아쉽다. 하지만 본점 직영으로 노형동과 연동점, 서귀포에 동광점이 있어서 가까운 곳으로 찾아갈 수 있다. 모이세 직영점 외에도 각지에 모이세해장국으로 영업하는 곳이 있는데 분점마다 맛도 조금씩 다르고 메뉴도 다른 걸 보면 기본적인 해장국 만드는 법을 전수해준 후에는 자율적으로 장사하는 곳이 많은 것 같다.

테이블마다 자그마한 날달걀이 산처럼 쌓인 것을 볼 수 있다. 펄펄 끓는 해장국이 나오면 깨서 국물에 풀어 먹으면 된다. 몇 개를 넣어도 상관없지만 국물 맛을 망치지 않으려면 두 개까지만 권한다. 그 이상 넣으면 달걀 맛이 너무 강하고 걸쭉해져서 국물 맛이 없어져버린다.

대표메뉴는 소고기해장국인데 선지와 소고기수육, 콩나물이 들어가는 얼큰한 스타일이다. 미풍해장국보다는 좀더 부드러운 맛이라 대중적으로 더 친숙한데 모이세해장국만의 독특한 맛이 숨어 있다. 이 때문에 아직도 모이세해장국을 꾸준히 찾는 것 같다. 도민보다는 관광객이 많이 가는 식당이라 손님이 몰리는 시간에는 무척 바쁘다는 것을 기억해둬야 한다.

제주도 해장국 집의 한 축을 담당하고 있는 모이세해장국. 직영점이 여럿이라 가까운 곳을 이용할 수 있어 좋다.

해장국

이가네일품해장국

식사 때면 대기줄이 길어서 기다려야 하는 유명 해장국 집은 아니지만 맛으로는 뒤떨어지지 않는 곳이다.
서문시장 뒤편 퍼시픽호텔 근처의 이가네일품해장국은 단골손님이 꾸준히 찾는 곳이다. 이곳 해장국은 내용물을 듬뿍 주는 은희네해장국과 비슷한 스타일이다. 양념 다대기는 좀더 순하고 칼칼해서 이가네일품해장국을 선호하는 사람도 많다.

INFO

ADD 제주시 서문로 4길 24
TEL 064-757-8809
TIME 06:00~15:00
OFF 금요일

대춘식당

제주시청 근처의 내공 있는 해장국 집인 대춘식당은 얼큰한 국물의 제주식 해장국과는 달리 선지와 우거지의 구수함을 강조한 소고기해장국 집이다. 맵지 않고 구수한 맛은 서울식 해장국을 연상시킨다. 살짝 육고기의 콤콤한 냄새도 느껴지는데 이것도 익숙해지면 중독성이 생긴다.
맵고 진한 해장국보다는 구수하고 시원한 스타일의 해장국을 좋아한다면 역시 대춘식당이다.

INFO

ADD 제주시 동광로6길 33
TEL 064-753-7456
TIME 05:30~16:00
OFF 명절

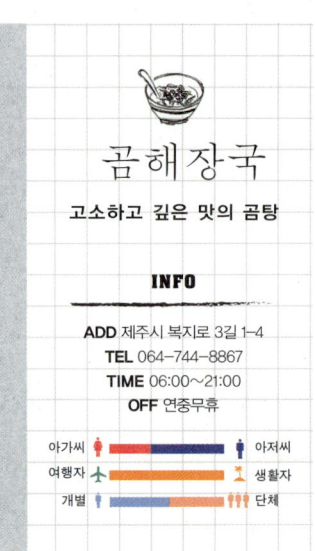

곰해장국

고소하고 깊은 맛의 곰탕

INFO

ADD 제주시 복지로 3길 1-4
TEL 064-744-8867
TIME 06:00~21:00
OFF 연중무휴

간판에는 커다란 검은 글씨로 '곰'이라고 써있다. 예전 간판에는 귀여운 곰이 그려져 있었는데 지금은 글자로만 있다. 어쨌든 곰해장국에는 곰은 들어가지 않는다. 이곳은 해장국과 곰탕을 전문적으로 하는 곳이다. 소고기해장국은 제주의 다른 해장국에 비해 특별한 점이 크게 느껴지지 않는다. 이곳까지 일부러 해장국을 먹으러 올 필요가 없다는 의미다.

대신 곰탕은 확실하게 매력이 있다. 일반 곰탕도 수준급이지만 많은 사람이 꼬리곰탕을 먹으러 온다. 곰탕 국물은 맑은 편이고 고소하면서도 깊은 맛이다. 마늘맛이 많이 느껴지는데 따로 마늘을 더 넣어서 먹으라고 종지에 가득 다진마늘을 가져다준다. 이 집의 마늘 사랑은 끝이 없는 것 같다. 꼬리 토막은 세 개 정도 들어가는데 적당히 살을 발라먹은 후에 곰탕에 밥을 말아서 시원한 깍두기와 같이 먹으면 저절로 몸보신이 되는 기분이다.

맑은 소고기곰탕에 쌀밥 한 공기 말아서 배부르게 한 그릇 든든하게 먹고나면 이런 게 행복이라는 생각이 든다.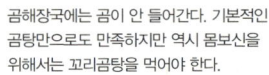

곰해장국에는 곰이 안 들어간다. 기본적인 곰탕만으로도 만족하지만 역시 몸보신을 위해서는 꼬리곰탕을 먹어야 한다.

최후의 보루 같은 곳이다. 몸이 허해지거나 전날 술에 절어서 아침에 일어나기도 힘든 날, 잉꼬식당의 소내장탕 한 그릇을 먹고 나면 기운이 나고 속이 편해진다. 소내장탕이 이렇게 맑고 시원하고 깊고 깔끔하게 나오다니. 다진 청양고추를 듬뿍 넣어서 매콤하게 먹으면 머리 위에서 땀이 솟아오르면서 술이 해독되는 기분이다.

식당 자리에 건물이 들어서고 그 건물 1층에 다시 오픈했다. 예전의 허름하면서도 정겨운 모습은 아니지만 없어지지 않은 것만 해도 얼마나 다행인지. 새로 지은 건물이기 때문에 넓고 깨끗하기는 하지만 뭔가 허전하고 아쉽다. 앞으로 시간이 흐르면서 자리를 잡아갈 것이다.

예전에는 할머니가 주방에서 일하시고 할아버지가 주문과 서빙을 했는데 지금은 젊은 사람들이 서빙을 한다. 건물이 바뀌면 음식도 바뀌어서 실망하는 경우가 많다. 그런데 소내장탕 외에도 김치찌개라든가 몸국, 만둣국 같은 메뉴도 그대로다. 다행히 소내장탕도 여전히 맛있다.

내장을 깨끗이 씻어서 진하고 맑게 우려낸 육수에 시원한 무 맛이 감돈다. 소내장 부위도 푸짐하게 들어간다. 뚝배기가 조금 작아 보이지만 먹다보면 넉넉한 양이다. 빨간 다대기는 없다. 대신 매콤한 청양고추를 다져서 준다. 그냥 먹어도 맛있지만 청양고추를 약간 넣으면 칼칼한 맛이 좋다. 뚝배기를 펄펄 끓여서 내오지는 않지만 마지막까지 온기가 남아있어 국물을 따뜻하게 먹을 수 있어 언제나 기분 좋다.

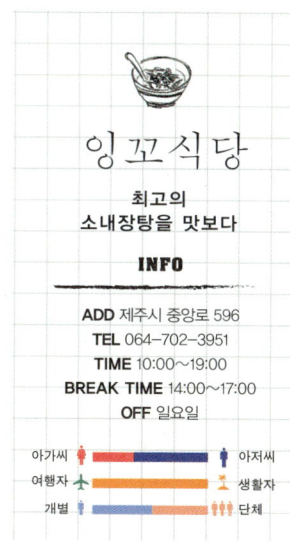

잉꼬식당

최고의 소내장탕을 맛보다

INFO

ADD 제주시 중앙로 596
TEL 064-702-3951
TIME 10:00~19:00
BREAK TIME 14:00~17:00
OFF 일요일

아가씨 / 아저씨
여행자 / 생활자
개별 / 단체

소고기의 내장과 시원한 무가 어우러진 국물 맛은 시원하면서도 진하다. 뜨거운 국물이 시원하게 느껴지는 것이 이상하지만 그것을 느낄 수 있어야만 국밥 애호가가 되는 것이다.

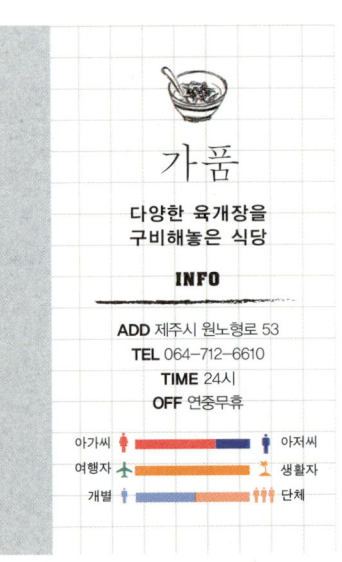

가품
다양한 육개장을 구비해놓은 식당

INFO
ADD 제주시 원노형로 53
TEL 064-712-6610
TIME 24시
OFF 연중무휴

노형동 안쪽 골목에 자리잡은 가품육개장은 24시간 영업한다. 근처에 있는 모이세해장국도 24시간이라 제주시에서 밤늦게나 새벽에 출출할 때 골라서 가곤 한다. 매운맛을 기본으로 하는 국물이지만 육지의 칼칼한 육개장 스타일하고는 다른 부드러운 국물이다. 소고기를 결대로 찢어서 넣은 것 외에는 제주 해장국의 변형판 정도로 보는 게 맞을 것 같다.

이곳 역시 날달걀을 직접 깨서 국물에 넣어서 먹을 수 있게 해준다. 펄펄 끓는 뜨거운 육개장이 나오면 달걀을 한두 개 깨서 넣어 적당히 김을 빼고 먹는다. 내용물은 꽤 많다. 결대로 찢은 소고기와 양파, 당면, 약간의 고사리 등 풍성해서 꽤 만족스럽다.

가품육개장은 부드러운 매운맛을 내주는 식당이라 속에 부담이 없다. 24시간 영업하는 장점도 있다.

육개장의 종류도 버섯, 순두부, 닭고기, 제주 고사리 등이 있어서 취향대로 골라먹으면 되는데 개인적으로 매운맛을 중화시켜주는 순두부육개장을 좋아한다. 제주식 고사리육개장은 산초 같은 향신료가 들어있고 희멀건 국물이라 입맛에 맞지 않는 사람이 많을 것 같다. 같은 고사리육개장이라고 해도 우진해장국의 고사리육개장이 좀 더 먹기 편하고 맛있게 느껴진다.

넉넉한 계란 인심도 좋고 국물도 괜찮다. 새벽시간의 출출함을 해결할 수 있는 가장 좋은 식당.

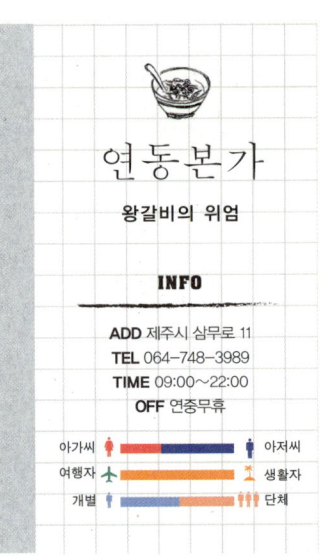

연동본가

왕갈비의 위엄

INFO

ADD 제주시 삼무로 11
TEL 064-748-3989
TIME 09:00~22:00
OFF 연중무휴

커다란 왕갈비 두 대가 들어있는 연동본가의 왕갈비탕. 단맛이 도는 국물과 넉넉한 양의 갈빗살은 언제나 든든하고도 확실하게 만족을 준다.

가끔 맵고 짠 국물에서 탈출하고 싶을 때 찾아가는 곳이 연동본가다. 메뉴는 왕갈비탕. 다른 메뉴도 몇 개 있지만 아직까지 이곳에서 왕갈비탕 말고 다른 걸 먹어본 적이 없다. 자리에 앉으면 집게와 가위를 주는데 잠시 후에 갈비탕이 나오면 그 이유를 알 수 있다. 커다란 갈비 두 대가 그릇 바깥으로 튀어나와 있다. 가위로 먹기 좋게 자른 후 와사비 양념간장에 고기를 찍어먹는다. 그리고 국물에 밥을 말아서 먹으면 된다.
양이 넉넉해서 갈비탕 한 그릇으로 끼니도 되고 술안주도 될 정도다. 갈비탕에는 무가 없지만 주방에서 갈비를 삶을 때 무를 넣어서인지 갈비육수와 무 그리고 간장 맛이 잘 배합되어서 시원하면서도 입에 짝짝 붙는다.
국물 양도 적지 않다. 주의할 것은 처음부터 밥을 다 말아버리면 밥알이 퍼져서 죽처럼 되니까 반 정도 말아먹고 나서 나머지를 말아먹으면 끝까지 맛있게 국물과 밥을 먹을 수 있다. 반찬도 큼직한 깍두기와 썰지 않은 배추김치, 오징어젓, 쌈채소 등이 나와서 갈비탕과 함께 맛있게 먹을 수 있다.

진정한 만능소스, 제주 어간장

어간장은 생선을 주재료로 만든 발효식품이다. 베트남의 느억맘Nuoc mam, 태국의 남플라Nam pla라는 피시소스와 친척이라고 할 수 있다. 젓갈처럼 생선을 소금에 절여서 발효시킨 후에 국물을 활용해서 만드는 조미료다.

콩이 주재료인 식물성 간장이 대부분인 한국에서도 생선으로 간장을 만들었을까? 아마도 남해안과 제주도 등 생선이 많이 나는 해안마을에서는 예전부터 자연스럽게 생선간장을 만들어 썼을 것이다.

그 흔적이 제주도에 남아있는데 주로 멜멸치젓으로 만들었다. 멜젓을 한참 먹고 나면 살은 없어지고 가시하고 물만 남는데 이것을 끓여서 장을 만드는 것이다. 현재의 어간장은 멜이 아닌 고도리고등어새끼와 전갱이 등 등푸른생선을 이용해서 만들고 있다.

초여름에 제주 바다에서 전갱이와 고도리를 잡아 천일염에 절여 밀봉해 2년간 숙성시킨다. 제주는 바다 물살이 세기 때문에 생선내장이 깨끗해서 비린맛과 잡맛이 적다는 장점이 있다. 2년의 시간이 지나서 생긴 국물을 잘 거른 뒤에 무말랭이, 다시마, 밀감을 넣어 끓인 후에 옹기에 넣어서 6개월 이상 2차 숙성을 한다. 이렇게 약 3년의 시간이 걸려 어간장이 완성된다.

어간장은 짠맛이 적고 비린 맛이 없어서 간장이나 소금 대용으로 다양한 요리에 쓸 수 있다. 오래 숙성시킨 어간장은 부드러우면서도 감칠맛이 돈다.

미역국이나 만둣국 같은 국물요리에 어간장을 쓰면 오래 끓이지 않아도 감칠맛이 풍부해서 맛있다. 생선조림에도 같은 생선으로 만든 간장이어서인지 더 잘 어울리는 느낌이다. 한식요리뿐 아니라 피시소스를 쓰는 동남아음식에도 어울린다. 이때는 레몬이나 라임과 같은 신맛을 넣어주고 설탕으로 단맛을, 청양고추로 매운맛을 넣어주면 맛있는 동남아 스타일의 요리가 완성된다.

집에 어간장 하나쯤 구비하고 있으면 요리가 편하고 더 맛있어질 것이다.

CHAPTER 7
-
중식을 사랑하는 당신, 제주로

중국음식

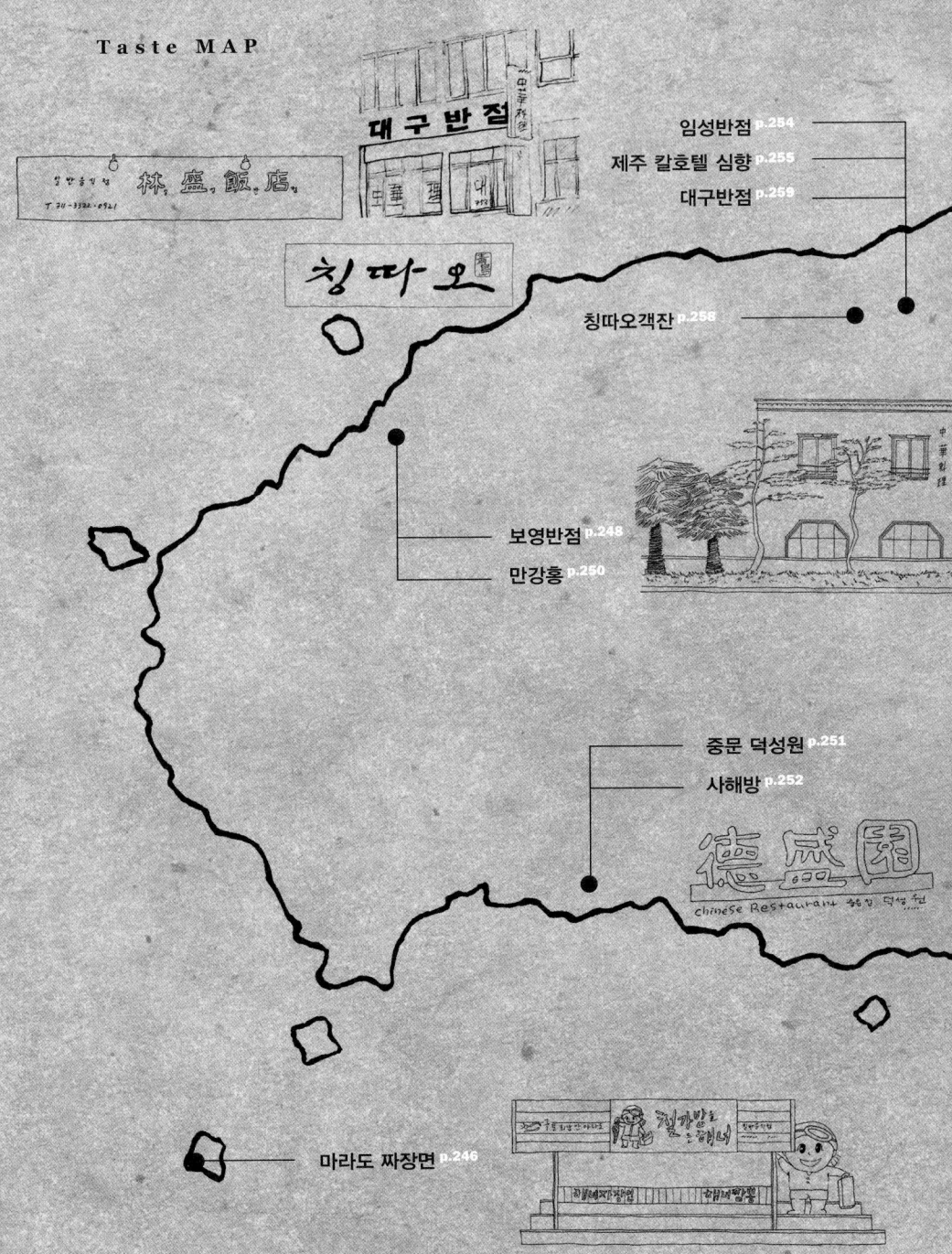

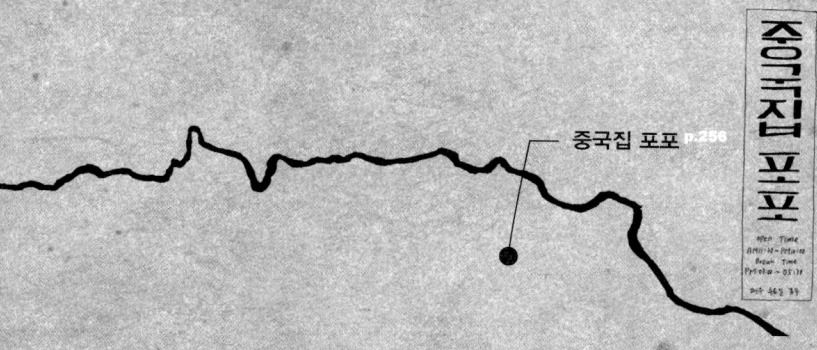

Taste STORY

　　제주음식을 소개하는 책에서 중국음식을 따로 소개하는 것은 아마도 최초가 아닐까 싶다. 중식은 전 세계 어디에도 다 있다. 제주도 예외는 아니다. 시내에는 일반적인 배달 중국집도 있고 꽤 오래 전부터 화상이 운영하던 중국집도 있다. 최근에는 새로운 스타일로 중식을 만드는 곳도 생기고 있다.

　　여행을 하다보면 가끔 중국음식이 먹고 싶어질 때가 있다. 회를 선택할 것이냐 고기를 선택할 것이냐의 문제가 아니다. 일단 중국집에 가면 다양한 재료와 조리법을 선택할 수 있다. 어른 아이 누구나 만족할 만한 메뉴가 구비되어 있다는 것이 장점이다.

　　제주도 남쪽 끝, 마라도에도 중국집이 있다. 비록 짜장면과 짬뽕을 하지만 엄연한 중국식이다. 제주시나 서귀포시 그리고 한림읍에는 제대로 된 중식집이 있다. 화상이 운영하면서 오랫동안 제주도민의 입맛을 사로잡은 곳이다. 바닷가 근처에는 싱싱한 해산물을 이용한 짬뽕 집이 있다. 홍합을 산처럼 쌓아주기도 하고 제주도의 톳을 넣어서 만들기도 한다. 이런 중국집 사이에서 MSG를 쓰지 않고 자연산 식재료만을 고집하는 중국집도 있다.

　　제주도는 싱싱한 해산물과 맛있는 돼지고기가 많은 곳이라 중식을 만들 수 있는 기반이 되어 있다. 중식을 사랑하는 이들도 즐겁게 제주 맛여행을 즐길 수 있을 것이다.

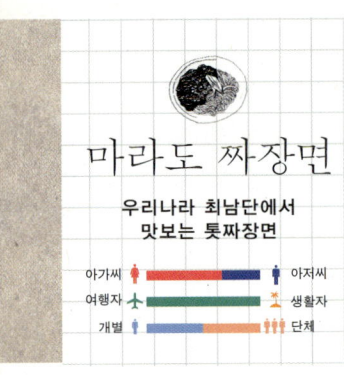

마라도 짜장면

우리나라 최남단에서 맛보는 톳짜장면

마라도의 대표 이미지는 두 가지다. 우리나라 최남단에 있는 섬이라는 것, 그리고 마라도 짜장면. 1990년대 후반 탤런트 이창명이 망망대해 쪽배 위에서 '짜장면 시키신 분~'을 소리치기 전만 해도 상상할 수 없는 일이었다. 전파가 잘 터진다는 모 통신업체의 CF는 추억의 광고가 되었지만, 이후 마라도는 짜장면 섬이 되었다. 그리고 마라도에는 짜장면 거리가 생겼으며, 한 해 수십만의 관광객이 찾는 인기 관광지가 되었다. 마라도는 제주 서쪽 아래 모슬포항에서 11km 떨어진 섬이다. 배를 타고 30분 정도 가면 고구마처럼 생긴 마라도에 도착한다. 섬 둘레는 4.3km 남짓. 자그마하다. 천천히 걸어도 한 시간이면 한 바퀴를 돌 수 있다. 그렇게 아담한 섬에 짜장면 집 십여 개가 옹기종기 모여 있다. 섬에 발을 딛자마자 깜짝 놀랐다. 신림동 순

국토 최남단 마라도에 가면 짜장면 집들이 있다. 일부러 찾아가서 먹을 필요까지는 없지만 마침 마라도에 갔는데 출출하다면 한 그릇 먹을 만하다. 드넓은 바다를 바라보면서 짜장면을 먹을 일이 흔치는 않으니까.

마라도의 짜장면과 짬뽕은 독특한 맛이다.

대타운에서나 만날 수 있을 법한 호객행위를 마라도 선착장에서 보다니. '여기가 원조예요' '우리 집이 TV에 나온 집이예요' 섬을 울리는 소리가 정신없이 밀려왔다. 톳짜장면을 먹겠다고 마음을 먹고 있었기 망정이지, 그렇지 않았다면 조금 불편했을지도 모르겠다. 섬 안으로 들어가니 특허 받은 해물짜장면, 철가방을 든 해녀, 해녀촌 짜장, 환상의 짜장, 짜장면 시키신 분, 원조 마라도 짜장면 등 짜장면 집 간판이 줄줄이 나왔다. 여기에서 들어간 곳은 원조 마라도 짜장면. 주말이라 그런지 북적북적했다. 사방에 붙어있는 연예인 사인 때문에 더 정신이 없었다. 그래도 여기는 마라도. 특별함을 위해서 그런 정신없는 소품은 눈감아주기로 했다.

중국집 주문의 정석대로 짜장면과 짬뽕을 주문했다. 짜장면에는 톳이 올라가 독특한 비주얼을 풍겼고 해물짬뽕에는 예상대로 해산물이 가득했다. 역시 섬의 중국집다웠다. 톳과 함께 맛보는 짜장면은 익숙하지 않아서 그런지 눈이 번쩍 뜨일 정도로 인상적이지는 않았다. '톳을 넣으면 짜장면이 이렇게도 재탄생하는구나'라는 감탄 정도.

마라도 짜장면 맛을 더해주는 것은 역시 섬 풍경이다. 짜장면을 먹고 나오면, 눈이 시리도록 펼쳐진 바다가 기다리고 있다. 입가에 묻은 춘장을 닦으며 바람을 맞다보면, 이곳이 마라도구나 하는 느낌이 진하게 들 것이다.

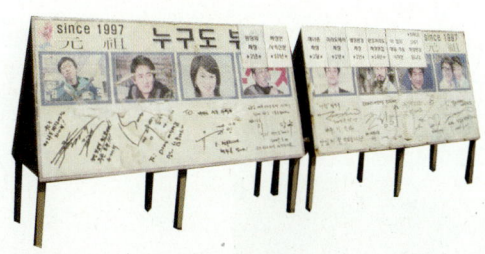

보영반점은 요리도 훌륭하다. 몇 명이 같이 가야 이것저것 먹을 수 있으니 멤버 구성을 잘해서 가야 좋다.

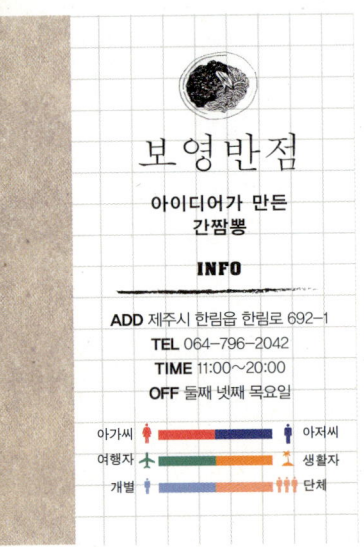

보영반점
아이디어가 만든 간짬뽕

INFO

ADD 제주시 한림읍 한림로 692-1
TEL 064-796-2042
TIME 11:00~20:00
OFF 둘째 넷째 목요일

아가씨 ━━━━ 아저씨
여행자 ━━━━ 생활자
개별 ━━━━ 단체

한림에서 오랫동안 중국집으로 명성을 떨치고 있는 보영반점. 몇 년 전 리모델링을 한 간판이 눈에 띈다.

제주에서 꼭 먹어봐야 할 양대산맥의 짬뽕이 있다. 덕성원의 게짬뽕과 보영반점의 간짬뽕이 그것.

게짬뽕은 게가 푸짐할 것이라는 연상을 하게 되는데, 간짬뽕은 도대체 무엇인지. 혹시 간짜장을 잘못 쓴 것은 아닌가 생각했다면, 제주 초보자임이 분명하다. 제주 여행 좀 한 사람이라면 보영반점의 간짬뽕은 맛을 봤을 것이 분명하기 때문이다.

쉽게 설명하자면, 간짬뽕은 국물이 없는 볶음짬뽕이다. 국물이 없는 짬뽕을 짬뽕이라고 할 수 있는지 의문을 제기할 수도 있지만, 여하튼 보영반점의 간짬뽕에는 국물이 없다. 짬뽕국물을 소스처럼 만들어서 면과 비벼먹을 수 있게 만든 것이 간짬뽕이다.

간짬뽕의 핵심은 각종 해산물. 뜨거운 불 맛으로 달구어진 각종 해산물의 향만으로 바다를 생각나게 만든다. 면과 잘 비벼서 먹으면 왜 보영반점의 간짜장이 인기인지 바로 알 수 있다. 태국식 볶음국수 팟타이를 생각나게 하지만, 기본적으로는 간짜장 방식과 비슷해 보인다. 면과 소스가 섞이지 않고 따로 나오기 때문이다.

본연의 짬뽕을 맛보고 싶다면 고추짬뽕을 주문하면

보영반점의 인기 메뉴인 간짬뽕. 국물이 없는 볶음짬뽕이다. 보기보다는 맵지 않고 볶은 불 맛이 나서 먹기 좋다.

된다. 새우와 오징어, 조개가 들어간 얼큰한 해물짬뽕이다.

보영반점은 1967년부터 중국집을 운영한 한림의 터줏대감이다. 몇 해 전 인테리어를 새로 해 세련된 맛이 더해졌다. 제주도민은 인테리어 때문에 옛 정겨움이 사라졌다고 아쉬워하면서도 음식 맛은 그대로라고 다행스러워한다. 동네 가족모임 장소로도 인기다.

간짬뽕이 유명하지만 요리도 맛있다. 탕수육과 팔보채, 난자완스, 양장피 등 한국사람이 좋아하는 중국집 간판요리도 꼭 먹어보길. 이 정도의 중국집을 식사메뉴만으로 평가하는 건 예의가 아니다.

인테리어를 새로 해 세련된 맛을 풍긴다.
간짬뽕은 여전히 맛있다.

만강홍
편안하고 익숙한 맛

INFO
ADD 제주시 한림읍 한림로 634
TEL 064-796-1771
TIME 11:00~20:00
OFF 둘째 넷째 화요일

만강홍의 짬뽕과 잡탕밥. 소박하지만 제대로 음식을 만들어서 만족감이 높다.

한림 보영반점과 쌍벽을 이루는 라이벌이 있으니 만강홍이다. 보영반점이 워낙 유명해서 식사 때면 줄을 서는 곳이지만 이곳 만강홍을 더 좋아하는 사람도 많다. 만강홍의 매력은 편안하고 익숙한 맛을 낸다는 것. 이곳 역시 간짬뽕도 있지만 역시 시원하고 얼큰한 국물이 있는 보통 짬뽕을 시키지 않을 수 없는 곳이다. 화려하지는 않고 소박하지만 제대로 된 짬뽕이다. 면은 부드럽게 잘 삶아졌고 국물은 아주 맵지 않고 적당한 얼큰함과 시원한 맛을 내준다. 옛날 느낌이 나는 짜장도 좋다. 하지만 역시 이곳의 인기 메뉴인 탕수육을 빼놓으면 안 된다. 가끔은 호기롭게 잡탕밥을 시켜보는데 역시 제대로 나온다. 언제 가도 훌륭한 맛을 내주는 중국집이다.

한림에서 보영반점과 쌍벽을 이루는 만강홍. 언제 가도 부담없이 편안한 한국식 중국음식을 즐길 수 있다.

서귀포 덕성원은 오래전부터 좋아하던 중국집이다. 그런데 원래의 덕성원이 새로운 건물로 자리를 옮긴 후에는 잘 가지 않게 된다. 손님이 너무 몰려서 오래 기다려야 하고 불친절한 느낌을 받을 때가 많기 때문이다.

그래서 최근에는 중문 덕성원에 자주 간다. 덕성원은 형제가 이어받아 서귀포와 중문, 제주시에 각각 분점이 있는데 음식 스타일이 비슷하면서도 다르다. 아버지에게 배운 요리에 각자 자신의 성격과 개성을 덧입힌 듯한 느낌이다.

중문 덕성원은 그리 크지는 않지만 깨끗한 분위기다. 역시 식사시간이면 대기해야 할 정도로 손님이 많지만 서귀포 덕성원에 비하면 그리 붐비는 편은 아니다. 이곳에서 맛볼 음식은 역시 게짬뽕. 작지 않은 꽃게가 한 마리 통으로 들어있다. 국물은 꽃게찌개와 비슷한 맛이 나면서도 시원하고 얼큰하다. 면은 일반 중국집 면보다는 가는 편이지만 씹는 느낌이 좋아서 언제나 만족스러운 메뉴.

수준급 중국집이기 때문에 모든 메뉴가 다 맛있지만 탕수육은 꼭 먹어봐야 한다. 특이하게도 배추를 넣은 소스를 끼얹어서 나오는데 이 배추 향이 은근히 잘 어울린다. 좋은 고기를 쓰고 튀김 상태도 훌륭하다. 튀김이 뜨거운 소스에 적셔지면서 부드러워지는데 이곳의 탕수육을 먹으면 '부먹이냐, 찍먹이냐'로 싸울 필요가 없다는 것을 알게 된다.

맛있는 탕수육은 어떻게 먹어도 맛있으니까.

중문 덕성원

어떻게 먹어도 맛있는 탕수육

INFO

ADD 서귀포시 중문관광로 321
TEL 064-738-0750
TIME 11:00~19:30
BREAK TIME 14:40~17:00
OFF 월요일

꽃게 한 마리가 그대로 들어있는 게 짬뽕과 배추가 들어있는 탕수육. 그야말로 게 눈 감추듯 먹게 되는 맛.

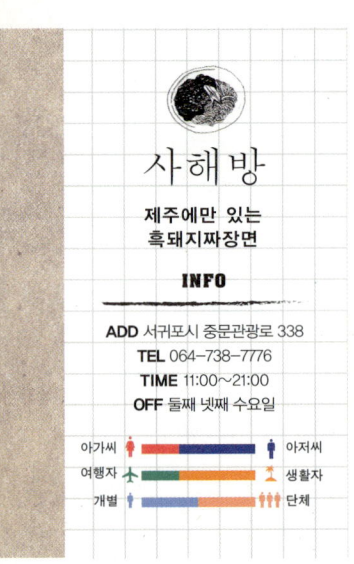

사해방

제주에만 있는
흑돼지짜장면

INFO

ADD 서귀포시 중문관광로 338
TEL 064-738-7776
TIME 11:00~21:00
OFF 둘째 넷째 수요일

아가씨 / 아저씨
여행자 / 생활자
개별 / 단체

"오랜만에 제주도 오니 맛있는 것 마음껏 먹어야지!"
"좋아, 짜장면 먹으러 가자."
제주 여행하며 당황했던 순간 중 하나다. 이담 선배에게 맛있는 곳을 소개해달라고 했더니, 짜장면 집으로 데려가는 것이 아닌가. 지금이야 선배 마음을 이해하지만, 그때는 화가 났다. 제주도까지 와서 웬 짜장면? '바쁜 프로젝트 속에서 겨우 휴가내서 온 제주인데, 짜장면을 먹으러 온 것은 아니라고요.'
투덜거리면서 선배를 따라갔다

넓은 주차장을 가로질러 서부 총잡이가 나올 것 같은 단층건물로 들어갔다. 사해방이라는 간판이 크게 붙어있고 내부 인테리어는 빨간색 일색. 어디서나 볼 수 있는 중국집이었다. 그런데 메뉴판에는 어디에서도

보지 못한 메뉴가 적혀 있었다. 이름하여 흑돼지짜장면. 호기심이 생겼다. 흑돼지짜장면은 어떤 맛일까? 별반 다를 것 같지 않은데, 제주라고 괜히 이름만 근사하게 지어놓은 것은 아닐까? 의심 반 기대 반으로 흑돼지짜장면을 주문했다.

결론을 먼저 이야기하자면, 이후로도 제주에서 맛있는 것이 먹고 싶을 때면 선배에게 묻게 되었다는 것. 흑돼지짜장면에는 큼지막한 돼지고기덩어리가 들어있었다. 짜장면을 먹다가 나도 모르게 고기를 골라 먹었다. 담백했다. 제주 돼지를 먹는 만족감도 들었다. 그러고보니 초등학교 시절 먹던 짜장면이 떠올랐다. 어렸을 때는 짜장면을 먹으며 고기를 골라먹는 재미가 있었는데, 커서는 더이상 짜장면의 고기를 골라먹지 않아 짜장면에서 고기의 존재를 잊고 있었다. 흑돼지짜장면 때문에 잠시 즐거운 추억에 잠겼다.

선배는 해물짬뽕을 주문했다. 새우와 게, 조개 등 넘치도록 나온 해산물 때문에 손을 바삐 움직여야 했다. 해물짬뽕의 시원하고 매콤한 국물에서는 감칠맛이 났다.

사해방에서도 물론 다른 중국집에서 하는 각종 중국요리를 낸다. 기존 요리에 머물지 않고 흑돼지짜장면 같은 메뉴를 만들어 선보이는 것에 박수를 쳐주고 싶다. 언젠가 다시 찾는다면, 보말짬뽕도 먹어봐야겠다.

중문의 사해방은 제주도의 색깔을 내려고 노력하는 모습을 보인다. 흑돼지고기를 넣은 짜장면은 맛도 맛이지만 심리적인 만족감이 있다.

임성반점

불 맛과 시원한 국물의
해장짬뽕

INFO

ADD 제주시 용화로 57-1
TEL 064-711-3322
TIME 12:00~21:00
OFF 일요일
BREAK TIME 15:00~17:00

아가씨 / 아저씨
여행자 / 생활자
개별 / 단체

제주시 용담오거리 근처 임성반점은 조금 깐깐하다. 조그만 중국집이지만 일요일과 빨간날 휴무는 물론 브레이크 타임까지 있다. 주문을 받고 요리하기 때문에 음식 나오는 시간도 좀 걸린다. 음식을 대충 만들지 않는다는 뜻이다. 역시 식사시간에는 짬뽕과 짜장을 찾는 손님으로 항상 북적인다. 자리에 앉으면 주방에서 기분 좋은 소리와 냄새가 흘러나온다. 고소하고 매콤한 중국집 냄새다. 이 냄새를 거부할 사람이 있을까?

인기메뉴는 얼큰한 고추짬뽕과 담백한 해장짬뽕이다. 해장짬뽕은 국물이 하얀 백짬뽕인데 적당한 불 맛에 시원한 국물로 속이 확 풀린다. 그래서 해장짬뽕이라고 이름을 붙였을까? 고추짬뽕은 얼얼할 정도로 맵다. 정신이 번쩍 든다. 그냥 일반 짬뽕을 시키면 적당히 얼큰한 짬뽕이 나온다. 짬뽕을 잘하는 집치고 짜장을 못하는 집은 없으니 짜장면도 믿고 시킬 수 있다.

또 하나의 추천 요리는 탕수육. 흔하게 시키는 메뉴지만 이곳의 탕수육은 흔하지 않은 맛이다. 질 좋은 돼지고기에 튀김옷을 입혀서 딱 적당히 튀겼다. 소스도 참 좋다. 기교를 부리지 않고 단순하게 만들었는데 최고의 맛을 낸다.

역시 믿고 갈 수 있는 중국집이다.

제주 칼호텔 중식당 심향
우아하게 격식 있게

INFO
ADD 제주시 중앙로 151 19층
TEL 064-720-6584
TIME 12:00~15:00, 18:00~22:00
OFF 연중무휴

제주 칼호텔 19층의 중식당 심향은 좋은 전망을 보면서 격식 있게 정통 중화요리를 즐길 수 있는 곳이다. 낮에는 한라산이 한눈에 들어오고 밤에는 제주시 야경이 아름답게 펼쳐진다. 넓은 홀뿐만 아니라 별실도 따로 있어서 가족모임이나 비즈니스 미팅을 조용히 즐길 수 있다는 것도 장점이다. 호텔 중식당답게 인테리어와 테이블 세팅, 서비스, 음식 수준 모두 마음에 든다. 또한 와인에도 신경을 써서 중식과 어울리는 와인을 소믈리에에게 추천받을 수 있다.

보통 제주에서 맛있는 식당을 추천해달라고 할 때 호텔식당이라 좀 식상한 느낌이 나기도 하고 맛집 리스트에 빠져 있을 때도 많다. 특히 어린아이부터 어르신까지 다양한 연령대의 가족이라면 제주에서 모두를 만족시키는 식당을 찾기는 무척 어렵다. 하지만 이곳 심향을 기억해낸다면 모든 것이 해결될 것이다. 아무래도 가격대가 조금 비싸기는 하지만 그 이상의 만족을 주는 곳이다.

생일 등 기념일을 맞은 손님에게는 축하케이크를 준비해주고, 제주도민 할인, 스카이패스 마일리지, 온라인 예약 할인혜택 등 다양한 프로모션을 진행하고 있으니 여행 일정에 맞춰 미리 예약하는 것이 좋다. 금토일 주말에는 중식뷔페로 운영되니 좋아하는 음식을 맘껏 먹을 수 있다.

낮에는 한라산이, 밤에는 제주 야경이 펼쳐지는 전망 좋은 중식당. 가격이 비싸지만 그 이상의 만족감을 준다.

중국집 포포

제주 동쪽 마을
세련된 중국집

INFO

ADD 제주시 구좌읍 구좌로 62
TEL 010-9787-2780
TIME 11:30~22:00
BREAK TIME 15:00~17:30
OFF 수요일

아가씨 / 아저씨
여행자 / 생활자
개별 / 단체

제주도 동쪽 세화읍내에 있는 중국집 포포. 다양하지는 않지만 비범한 음식들이 준비돼 있다.

구좌읍 세화리는 제주시나 서귀포시에서 한참 떨어진 동쪽 바닷가 마을이다. 세화오일장이 열리고 바다가 참 예쁜 곳이다. 세화리 안으로 들어가면 의외로 큰 마을이 형성되어 있다. 그도 그럴 것이 구좌읍사무소와 경찰서, 보건소 등이 모여 있는 동쪽의 중심이기 때문이다.

바닷가 주변으로 횟집이나 국밥집이 주로 있었는데 얼마 전에 이곳에 괜찮은 중국집이 생겼다는 소식이 들려왔다. 식당 이름은 포포. 제주시에서 멀리 떨어진 곳에 포포라는 멋진 이름의 중국집이 들어섰다니.

일부러 시간을 내서 찾아간 포포는 브레이크타임이었다. 오픈 시간까지 10분 정도 남아서 잠시 문 앞에 앉아서 기다리기로 했다. 잠시 후에 렌터카가 앞에 서더니 두 모녀가 식당문 열기를 기다린다. 생긴 지 얼마 되지 않은 중국집이지만 이미 인터넷에 맛집으로 뜬 것이리라.

불 맛이 충분히 느껴지는 백짬뽕. 하얗지만 약하지 않다.

드디어 저녁 오픈 시간이 되어 식당 안으로 들어갔다. 한쪽 면에 칭다오 맥주 빈병이 전시돼 있다. 중국음식에 맥주는 역시 칭다오가 어울리지. 메뉴는 단순하다. 요리에는 깐쇼새우, 녹차크림새우, 유린기, 탕수육, 어향가지튀김이 있고, 식사메뉴는 해물김치볶음짜장과 몸해물백짬뽕 두 가지가 있는데 면과 밥 중에서 고를 수 있다. 요리를 먹고 싶었지만 시간이 많지 않아서 백짬뽕과 짜장면으로 주문했다. 식당 분위기가 좋고 요리가 궁금해서 저녁에 친구들과 같이 와서 술 한잔하고 싶은 분위기다.

주방은 오픈돼 있고 주방장 겸 오너인 요리사가 직접 요리를 한다. 어느 정도 시간이 흐른 후 백짬뽕과 볶음짜장이 나왔다. 외떨어져 있는 중국집이지만 음식이 세련됐다. 백짬뽕은 국물이 하얀 나가사키짬뽕 스타일이다. 조그만 게와 새우, 조개와 함께 숙주가 들어가 더욱 그런 느낌이다. 국물은 적당한 불 맛에 면발도 좋다. 볶음짜장도 괜찮은 편인데 내 입맛에는 좀 달게 느껴진다. 그래도 이 정도라면 요리도 맘 놓고 시킬 수 있을 것 같다.

세화에 있는 중국집 포포는 제주도 동쪽에 몰래 숨겨놓고 싶은 그런 중국집이다. 그러나 벌써 손님이 북적이기 시작했으니 그냥 나의 바람일 뿐.

짜장면도 달달하면서 좋다.

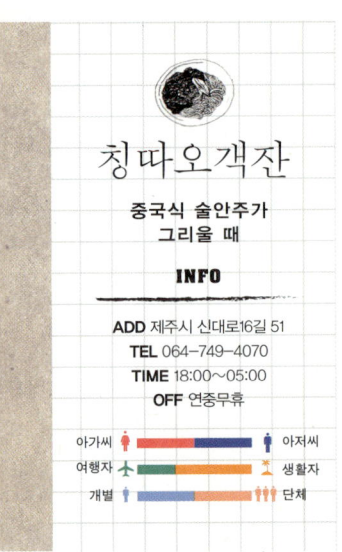

칭따오객잔

중국식 술안주가 그리울 때

INFO

ADD 제주시 신대로16길 51
TEL 064-749-4070
TIME 18:00~05:00
OFF 연중무휴

연동 바오젠거리 안쪽 2층에 자리한 칭따오객잔은 처음에 중국식 주점 체인으로 시작했다가 몇 년 전부터 독자적인 노선을 걸으면서 오랫동안 자리를 지켜온 곳이다. 주점이라는 타이틀답게 새벽까지 영업하기 때문에 한밤중에 중식이 당길 때 맘 놓고 찾아갈 수 있다.

입구에 들어서면 중국스러운 소품과 붉은색으로 치장된 실내 분위기로 벌써 중국에 온 느낌이다. 일반 중국집처럼 메뉴가 다양한데, 제주산 표고로 만든 요리 등도 준비해놓은 것이 특이하다.

요리 양은 많지 않지만 가격대도 비싸지 않은 편이다. 네댓 명이 한 테이블을 만들어서 요리 두세 개와 고량주를 시키면 부담 없이 먹을 수 있다. 전체적으로 술안주 느낌이 강하기 때문에 요리 간이 살짝 세고 단 편인데 재료를 아끼지 않고 요리의 향이 살아 있어서 기분 좋게 먹을 수 있다.

밤늦게 중국음식이 먹고 싶을 때 찾아갈 수 있는 신제주 연동의 칭따오객잔. 다양한 중식메뉴를 즐길 수 있는 곳이다.

가끔은 어렸을 적 먹었던 짜장면이 그립다. 입 주위에 짜장을 잔뜩 묻히면서 맛있게 먹던 그 짜장면. 요즘에는 왜 그때 그 맛이 안 날까?

제주 시외버스터미널 맞은편 건물 2층에 대구반점이 보인다. 시골 중국집 느낌이 나는 곳이다. 옛날 그 짜장면 맛이 그리울 때 홀린 듯 찾아간다. 창가 쪽 자리에 앉아서 간짜장을 주문하고 바깥을 구경한다. 낡은 식당 한쪽에는 짬뽕에 소주를 두어 병 나눠 마시는 아저씨 두 명이 있다.

잠시 후 눈앞에 나타난 간짜장은 딱 옛날 그대로의 모습이다. 노란색 면 위에는 오이채와 삶은 달걀이 올라가 있는데, 테두리가 노릇하게 튀겨진 달걀프라이가 얹혀 있다면 금상첨화였을 것이다. 차가운 삶은 달걀은 옆으로 치우고 짜장소스를 부어 잘 비벼 한입 크게 빨아들인다. 볶은 춘장의 고소하고 짭짤한 맛, 적당한 기름기, 볶은 양파와 양배추에서 나오는 단맛, 모든 것이 옛날 그대로인 느낌이다.

정신없이 짜장면을 먹고 있을 때 젊은 아가씨가 들어왔다. 짜장면을 먹던 나와, 소주를 마시던 아저씨 둘이 슬쩍 여자 손님을 본다. 대구반점은 예쁜 아가씨가 올 식당은 아니다. 하지만 그 여자 손님은 당당하게 주문한다.

"여기 짬뽕 하나 주시고 소주 한 병 주세요."

남자들은 다시 고개를 돌려 각자 먹는 것에 집중하기 시작했다. 대구반점은 그런 곳이다.

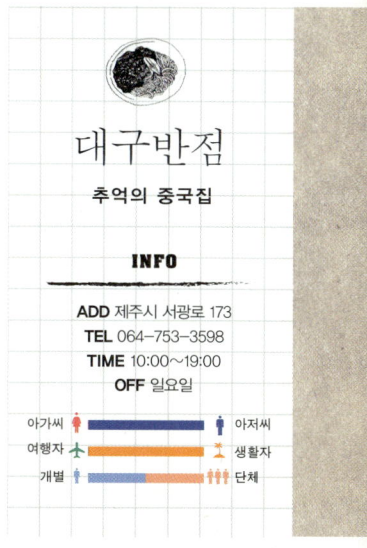

대구반점
추억의 중국집

INFO

ADD 제주시 서광로 173
TEL 064-753-3598
TIME 10:00~19:00
OFF 일요일

아가씨 / 아저씨
여행자 / 생활자
개별 / 단체

대구반점의 짜장은 언제나 옳다. 춘장의 짭짤하고 고소한 맛과 양파의 달콤한 맛이 제대로 어우러져 있다. 이쯤 되니 터미널 앞 낡은 식당 분위기가 오히려 플러스가 된다.

CHAPTER 8
-
제주에 돼지만 있는 것은 아니다
기타 고기

Taste MAP

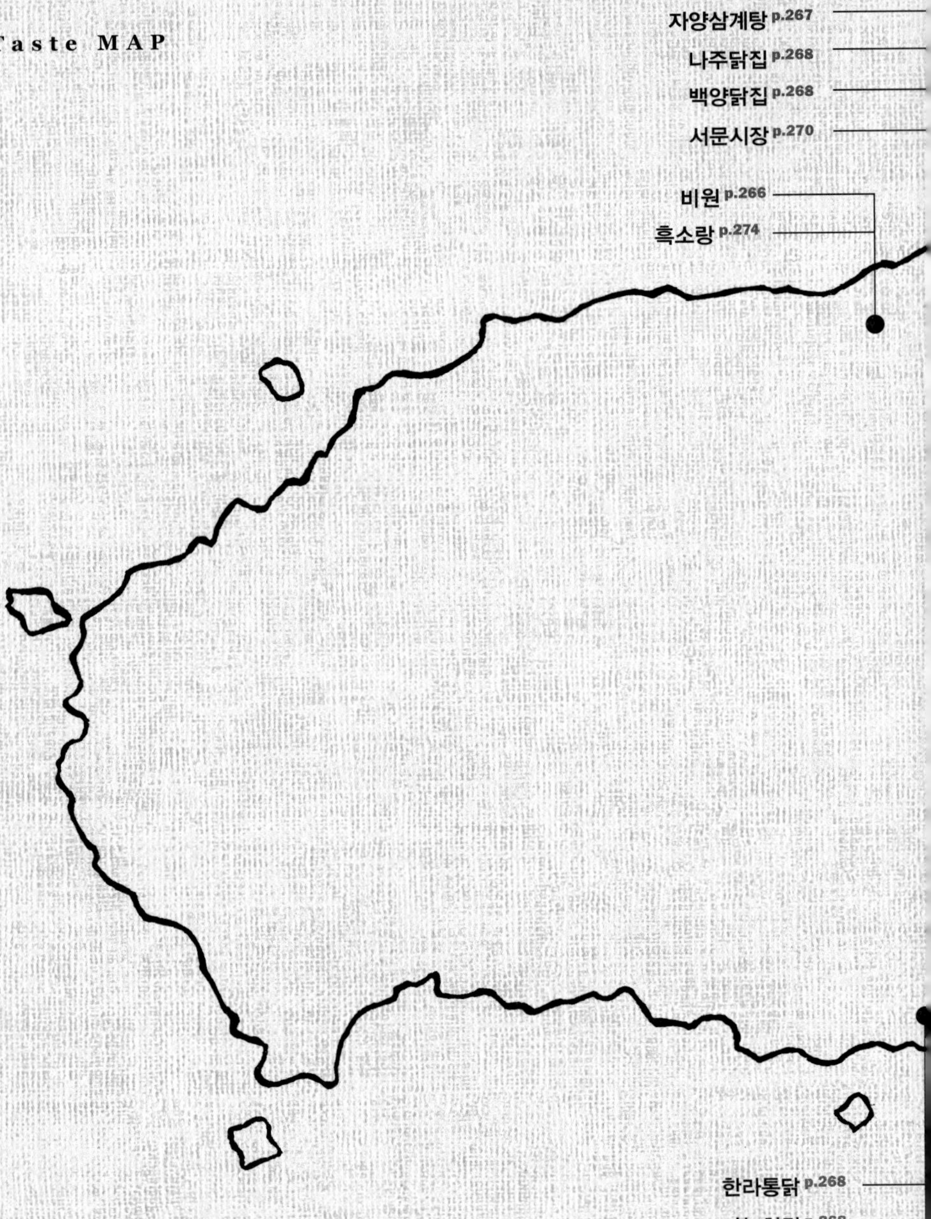

자양삼계탕 p.267
나주닭집 p.268
백양닭집 p.268
서문시장 p.270

비원 p.266
흑소랑 p.274

한라통닭 p.268
마농치킨 p.268
서귀포목마 p.276

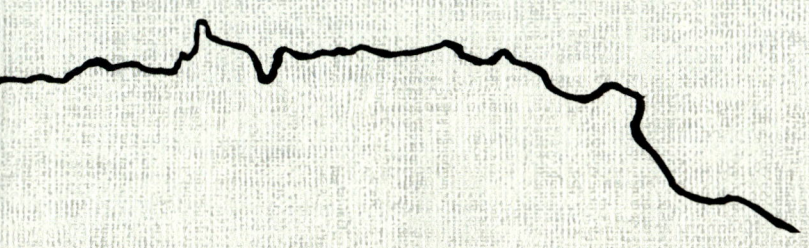

— 성미가든 p.264

Taste STORY

제주에는 돼지고기 외에 여러 고기가 있다. 제주에서는 그냥 '고기'라고 하면 돼지고기를 의미한다. '고기 먹으러 가자'는 돼지고기를 구워먹자는 이야기고, '고기국수'는 돼지고기를 재료로 만든 국수라는 의미다. 그래서 소고기나 닭고기, 말고기는 기타 고기로 분류된다.

하지만 이런 기타 고기가 맛없다는 소리는 절대로 아니다. 제주의 닭고기는 누린내 없이 깔끔한 맛이고, 소고기는 초원에 방목해서 느끼한 맛이 없고 씹는 맛이 좋다. 제주에서만 즐길 수 있는 말고기나 꿩고기는 또 어떻고?

제주에서는 다양한 고기의 맛을 즐길 수 있으니 이 또한 얼마나 행복한가!

— 서귀포흑한우명품관 p.272

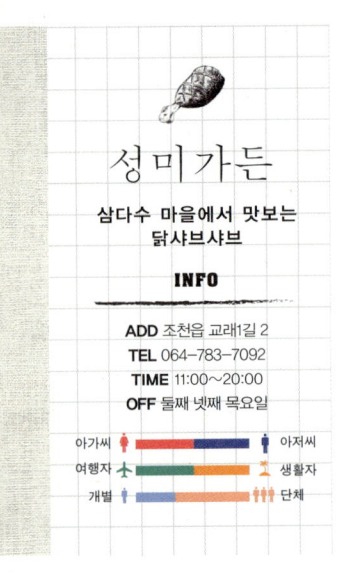

성미가든

삼다수 마을에서 맛보는
닭샤브샤브

INFO

ADD 조천읍 교래1길 2
TEL 064-783-7092
TIME 11:00~20:00
OFF 둘째 넷째 목요일

아가씨 ━━━━ 아저씨
여행자 ━━━━ 생활자
개별 ━━━━ 단체

퍽퍽한 닭가슴살을 얇게 저며서 끓는 육수에 살짝 익혀서 먹고 백숙과 녹두죽을 먹는다. 단순한 요리지만 만족감은 크다.

제주 동쪽 중산간 조천읍 교래리에는 토종닭 마을이 있다. '아침하늘'이라는 뜻을 가진 조천朝天이라는 이름 때문에 새벽을 알리는 닭이 모여 사는 것일까. 마을 이름에 별칭도 있는데 삼다수 마을이다. 바로 근처에 우리나라 먹는 샘물 점유율 1위인 삼다수 공장이 있기 때문이다. 이곳의 닭은 유독 좋은 물을 마시며 자랐을 것 같다.

조천에 토종닭 마을이 생기게 된 것은 토종닭을 맛깔나게 내는 성미가든 때문이다. 성미가든 근처에 토종닭 집이 늘어가기 시작해 아예 토종닭 마을을 이루게 된 것이다.

성미가든은 토종닭샤브샤브라는 독특한 요리법으로 유명해졌다. 제주의 돼지고기샤브샤브에서 이미 고정관념을 버렸지만, 닭샤브샤브는 고개를 갸우뚱하게 만들었다. 그러나 성미가든은 닭도 얼마든지 샤브샤브의 멋진 재료가 될 수 있다는 것을 보여줬다.

성미가든의 대표메뉴는 토종닭한마리다. 이 메뉴를 맛보고 나면, 닭 한 마리로 얼마나 다양한 맛을 느낄 수 있는지 알 수 있다. 시작은 닭가슴살샤브샤브. 닭뼈를 우린 뽀얀 육수가 찰랑거리는 냄비가 등장한다. 육수 위에는 시원한 국물 맛을 내줄 야채가 동동 떠 있다. 옆에는 얇게 저민 닭가슴살 한 접시가 자리한다. 국물이 끓으면 얇은 고기 한 점을 젓가락으로 잡고 살랑살랑 익힌다. 닭가슴살은 금세 하얗게 색이 변한다. 그리고 새콤짭쪼름한 소스에 찍어서 먹으면 된다. 이게 참 별미다. 닭가슴살은 퍽퍽해서 좋아하는

퍽퍽한 가슴살은 살랑살랑 샤브샤브로 먹고 나머지를 백숙으로 먹는다. 커다란 감자와 마늘, 녹두가 조화를 이루어 구수하면서도 담백하다.

부위가 아닌데 이렇게 샤브샤브로 먹으니 부드러우면서도 담백하다. 예상치 못한 맛이라 눈이 동그래졌다. 육수는 고기의 맛이 더해져 구수하다. 고기가 조금 나온다고 불평할 필요는 없다. 여기에서 배를 채우면 다른 음식 맛을 제대로 느끼지 못하기 때문이다. 샤브샤브를 먹고 난 후에는 라면사리를 넣어 끓여먹기도 한다. 그러다보면 우람한 백숙이 등장하는데 그 크기를 보아하니 열심히 뛰어놀던 토종닭이 맞다. 고기는 살짝 질기지만 푸석하지 않고 쫄깃하고 맛이 진하다. 두 손을 이용해 구석구석 뜯어먹다보면 감탄사가 절로 나온다. 심지어는 닭 뱃속에 듬뿍 들어있는 마늘도 맛있다.
마지막은 녹두죽이다. 녹두죽은 입가심용이 아니다. 녹두가 듬뿍 들어가 진한 맛을 낸다. 그러고보니 백숙에서 나는 향에 이 녹두가 중요한 역할을 하고 있었다. 토종닭한 마리 메뉴 중 가장 맛있는 것이 녹두죽이라고 하는 이가 있을 만큼 녹두죽은 중요하다. 아쉬움이 있다면, 혼자서 도전하기는 힘든 집이라는 것. 2~3인분도 있지만, 네 명 정도 모여서 가는 것이 딱 좋다.

교래리 중간에 있는 성미가든. 교래리를 토종닭 마을로 자리매김 시킨 공신이다.

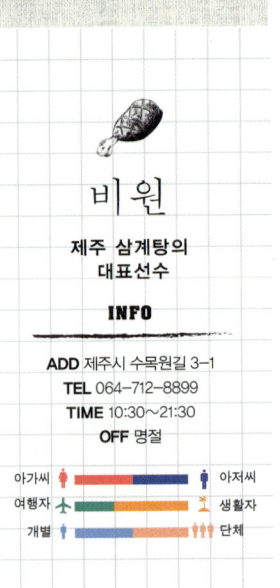

비원

**제주 삼계탕의
대표선수**

INFO

ADD 제주시 수목원길 3-1
TEL 064-712-8899
TIME 10:30~21:30
OFF 명절

제주에 입도해서 TV를 보는데 방송에서 삼계탕 집 비원 광고가 꾸준히 나왔다. 뉴스를 볼 때마다 커다랗게 노란색 글자로 요약을 보여주는 것도 신기했는데 광고에 삼계탕 집이 나오니 신기해서 가봤다.

솔직히 처음에는 좀 실망했다. 닭이 닭죽에 그대로 빠진 상태로 나오는데 인삼과 대추 외에는 별다른 한약재 맛이 없어 그냥 백숙 같은 맛이었기 때문이다. 어쨌든 닭 크기가 일반 삼계탕 닭에 비해서 큰 편이고 죽도 많이 줘서 배부르게 먹을 수 있는 그런 삼계탕이었다. 그런데 10년 넘게 제주에 살며 비원 삼계탕을 먹다보니 비원만이 갖고 있는 매력이 느껴졌다. 그것은 바로 꾸준함인 것 같다. 일 년 365일 언제 가도 같은 맛의 삼계탕을 즐길 수 있다. 넉넉하고 푸짐하다. 가격도 잘 올리지 않는다.

비원 삼계탕은 닭이 크고 죽도 많이 준다. 언제 가도 변치 않는 맛 덕분에 제주도민들 사이에 인기가 좋다.

몇 년 전 한라수목원 옆 소나무숲 사이에 크게 건물을 지어 옮겨서 넓고 시원하다. 삼계탕이라는 음식은 어디서든 먹을 수 있기 때문에 주로 제주도민이 찾는 식당이다. 평소에도 손님이 꾸준하지만 여름철 복날에는 대기표를 받아야 삼계탕을 먹을 수 있으니 날을 잘 잡는 것이 좋다.

> 지나치면 후회할
> **그 집**

삼계탕

자양삼계탕

구 제주대병원 앞에서 오랫동안 장사하고 있는 삼계탕 집이다. 비원이 제주도 스타일의 삼계탕으로 성공했다면 자양은 전국 어디에 내놓아도 손색이 없는 전통적이고 전형적인 삼계탕을 만드는 곳이다. 펄펄 끓는 뚝배기 안에 정갈하게 담긴 닭과 뽀얀 국물, 닭 육질이 부드럽고 잡냄새도 없다. 국물은 깊고 담백해서 좋다. 내공이 느껴지는 삼계탕이다.
실내 분위기도 삼계탕과 어울리는 고풍스러운 느낌이다. 예전 제주대병원이 있을 때는 몸보신을 위한 손님이 많이 찾았지만 병원이 자리를 옮긴 후에는 손님이 많이 줄었다. 하지만 여전히 뚝심 있게 변치 않는 맛을 내는 곳이라 언제 찾아가도 좋다.

INFO

ADD 제주시 관덕로6길 17
TEL 064-758-7290
TIME 10:00~21:30
OFF 첫째 월요일

알수록 맛있는 정보

푸짐한 매력, 시장 통닭

한국 사람치고 치킨과 맥주의 궁합을 마다할 사람이 있을까? 닭고기에 튀김옷을 입혀 기름에 튀겨내는 음식-그걸 우리는 치킨이라고 부른다. 한동안 한국을 풍미했던 켄터키 치킨KFC와는 다른 의미에서 앞 단어를 빼고 그냥 치킨으로 통칭되는 이 음식은 한국의 외식과 배달문화에서 중요한 한 축을 차지하고 있다.

제주에서도 마찬가지다. 여행을 하든 며칠을 머물든 고소하고 짭짤한 치킨의 매력에서 헤어나기 힘들다. 흔히 게스트하우스에서 맥주 파티를 할 때 빠지지 않는 음식이기도 하고 회와 돼지고기에 질릴 때쯤 치킨을 포장해서 숙소나 바닷가에서 먹으면 그 맛이 또 기가 막히다.

제주에는 시장마다 옛날식으로 카레가루를 넣은 튀김옷을 입혀 바싹 튀겨주는 닭집이 있다. 그중에서 유명한 곳은 순댓국으로 유명한 보성시장 안의 나주닭집, 서문시장의 백양닭집, 서귀포 매일올레시장의 중앙통닭과 한라통닭 등이 있다.

같은 시장 통닭 집이지만 약간씩 특징이 있다. 나주닭집은 가장 전통적인 시장 통닭 집 느낌에 가깝달까. 닭을 잘게 조각내고 바싹하게 튀겨서 씹는 맛을 강조하는 스타일이다. 질리지 않고 꾸준히 먹을 수 있는 장점이 있다. 백양닭집도 나주닭집과 비슷한 스타일인데 살이 좀더 부드럽게 느껴진다.

한라통닭은 카레향이 나는 튀김옷을 입혀 바싹 튀긴 다음 맵싸
한 마늘을 토핑해준다. 이 또한 매력이 있지만 마늘향이 너무 강해서 한라통닭을 먹고 뽀뽀하기는 힘들 것 같다.

제주에는 시장마다 닭집 한두 개씩은 있다. 프렌차이즈 치킨집보다 가격은 싸고 양이 많다. 게다가 추억의 맛이다.

알수록 맛있는 정보

시장 닭집에서는 포장을 해서 숙소나 경치 좋은 곳에 가서 먹으면 된다.

한라통닭과 멀지 않은 곳에 중앙통닭이 있는데 얼마 전부터 프랜차이즈를 염두에 두었는지 아니면 뭔가 독자적인 길을 가고 싶었는지 '마농치킨'으로 간판을 바꾸었다. 마농은 마늘의 제주말인데 역시 한라통닭과 비슷하게 마늘토핑이 올라간 닭튀김이다. 중앙통닭이 맛있냐, 한라통닭이 맛있냐를 따지기에는 좀 그렇고 당기는 데로 가도 괜찮다.

이외에도 제주 지역시장마다 닭집 하나쯤은 있으니 굳이 멀리 가서 닭을 사올 필요는 없을 것 같다. 시장 닭은 그냥 가면 못 먹을 가능성이 많다. 일단 전화로 예약하는 것이 좋고 현장에 가서 예약하면 준비하고 튀기는 시간이 있으니 시간 여유를 가지고 주문해야 한다.

튀긴 닭이 맛 없을 리가 있을까? 가격에 비해 닭 양이 많으니 여러 사람이 나눠 먹기에 좋다. 따끈한 튀김 닭에 모두가 행복해질 수 있다.

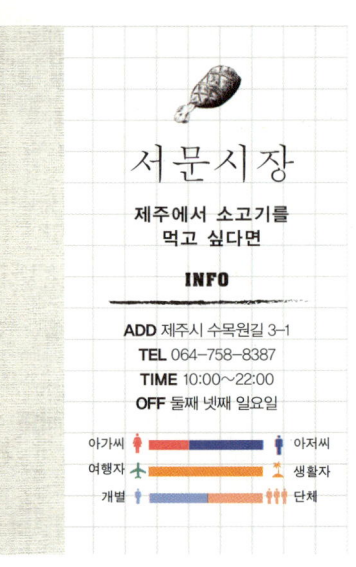

서문시장

제주에서 소고기를
먹고 싶다면

INFO

ADD 제주시 수목원길 3-1
TEL 064-758-8387
TIME 10:00~22:00
OFF 둘째 넷째 일요일

아가씨 / 아저씨
여행자 / 생활자
개별 / 단체

제주시 서문시장에 가면 좋은 고기를 싸고 맛있게 먹을 수 있다. 정육점에서 고기를 사고 시장 안에 있는 식당에 가서 기본 세팅비를 내고 구워먹으면 된다.

제주는 돼지고기 천국이라 어딜 가든 실패할 염려가 없지만 소고기의 경우는 얘기가 다르다. 일단 소고기 집이 많지 않고, 가격도 비싸다보니 맘껏 먹기가 힘들다. 하지만 제주도산 소고기도 맛있다. 너른 들판에서 방목해서 키우는 제주 소는 마블링이 잔뜩 들어간 미국산 소보다는 풀을 먹고 뛰어놀던 호주산 소와 가까운 맛이다.

서문시장에 가면 제주산 소고기를 배불리 먹을 수 있다. 서문시장은 제주에서 동문시장과 함께 큰 시장 중 하나였지만 근처에 있던 관공서가 옮겨가면서 명맥만 유지하는 시장이 되었다. 그런데 몇 년 전부터 시장 내 정육점과 함께 식당이 공동으로 운영하는 정육식당 스타일로 바꾸면서 손님으로 다시 북적이고 있다.

서문시장에 가면 식당부터 찾아가는 것이 아니라 정육점부터 들러야 한다. 시장 규모가 크지 않아서 정육점은 바로 보인다. 맘에 드는 정육점에 가서 인원 수와 거기에 맞는 고기를 골라서 계산한다. 고기를 사면 육회나 간천엽을 서비스로 챙겨준다. 이렇게 구입한

고기를 들고 서문시장 2층에 가서 마음에 드는 식당에 자리를 잡으면 식당은 세팅비를 받고 반찬과 불을 준비해준다. 노량진수산시장 스타일의 소고기 버전이랄까? 제주사람은 서문시장에 단골로 가는 식당이 있지만 몇 군데 가본 결과 큰 차이는 없으니 맘에 드는 곳에 들어가면 된다.

고기를 먹을 동안 술과 식사를 식당에 주문할 수 있는데 이렇게 먹으면 아주 맛있는 소고기를 1인당 2~3만 원 정도에 배불리 먹을 수 있다. 서울과 같은 대도시에 비하면 반값이다. 제주산 소고기 고기 질도 좋고, 식당 음식솜씨도 좋아서 청국장이나 된장찌개 하나를 추가 주문해서 먹으면 딱 좋다.

서문시장에는 두 개의 정육점이 있는데 그중에 맘에 드는 곳에 가서 고기를 주문하면 된다.

흑한우명품관의 육사시미.
기름진 부위가 있지만 쫄깃하고 깔끔한
맛이다. 육사시미의 인식이 바뀌었다.

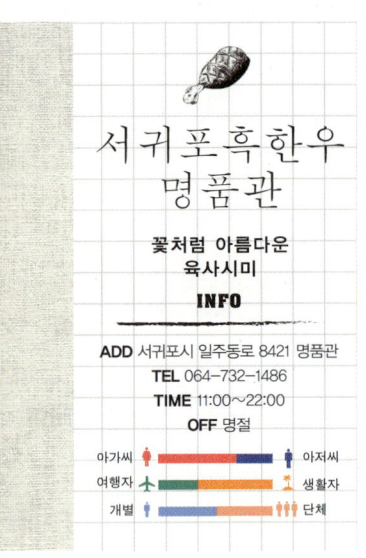

서귀포흑한우 명품관

꽃처럼 아름다운
육사시미

INFO

ADD 서귀포시 일주동로 8421 명품관
TEL 064-732-1486
TIME 11:00~22:00
OFF 명절

제주에도 맛있는 소고기가 있다. 서귀포축협에서 운영하는 서귀포흑한우명품관은 좋은 소고기를 맛볼 수 있는 곳이다.

제주에서는 돼지고기 먹기에 바빠서 소고기를 등한시했다. 갑자기 소에게 미안해졌다. 여기에서 소고기육회를 먹고서부터였다.

서귀포축협에서 운영하는 흑한우명품관이 있는데, 1층은 정육센터로 고기를 구입할 수 있고, 2층에 올라가면 식당이 있다. 건물 자체가 크고 주차장도 넓어서 찾기도 쉽다. 흑한우는 제주에서 예전에 키우던 토종 소인데 임금님께 진상이 되었다는 귀한 소라고. 일반 한우에 비해 육질이 우수하고 불포화지방산이 많다는 설명도 있다. 1702년 제작된 〈탐라순력도〉에도 흑우를 점검하는 장면이 나오는데, 당시 제주에는 대정, 조천, 애월, 우도 등 섬 각지에서 총 1,118두가 사육된 것으로 기록되어 있다. 거의 멸종되다시피 한 제주 흑우는 최근에서야 사육두수가 늘어서 얼마 전부터 일반인도 맛볼 수 있게 되었다.

흑한우명품관이라고 해서 흑우만 있는 건 아니고 일반 한우도 판매하고 있으니 소고기를 좋아하는 사람이라면 한번 가봐야 하는 곳이다. 이런 소고기이니 맛이 없을 리가 없다. 다만 비쌀 뿐. 간단하게 소주 한잔하고 싶어서 주문한 것은 육사시미였다.

밑반찬이 깔린 후 등장한 육사시미는 내가 생각했던 것과는 다른 모습이었다. 전라도 쪽 육사시미는 기름기 없는 우둔살과 앞다리살을 주로 쓰는데 차돌박이가 접시에 예쁘게 펼쳐져 나온 것. 빨간 살과 하얀 기름기가 있는 차돌박이가 마치 장미꽃처럼 보인다. 양념장에 찍어서 맛을 보니 부드러우면서도 찰지다. 기름기의 느끼함은 전혀 느껴지지 않고 은은히 퍼지는 육향이 저절로 소주를 부른다.

육사시미 한 점에 소주 한 잔을 마실 수 있으니 이 육사시미 한 접시에 소주 서너 병이 너끈하다.

따끈한 국물이 필요하면 식사로 한우탕을 주문하면 되는데 설렁탕과 갈비탕을 섞은 것 같은 맛이 난다. 조금은 투박한 국밥이지만 든든하게 한 끼 식사로 손색이 없다.

흑소랑

제주 흑우를 먹을 수 있는 곳

INFO

ADD 제주시 연북로 631 1층
TEL 064-726-9966
TIME 11:30~22:00
BREAK TIME 15:30~17:00
OFF 월요일

제주 흑우는 아직은 생산이 많지 않기 때문에 맛보기가 쉽지 않다.
다양한 부위를 맛볼 수 있는 등심모듬.

제주도 특산으로 키워지는 제주 흑우는 생산량이 많지 않아서 맛볼 수 있는 곳이 많지는 않다. 흑소랑은 제주 한우와 흑우를 전문으로 하는 곳인데, 온평리에 자체 농장을 가지고 있고 흑우와 한우를 넓은 방목지에서 자연순환사육 방식으로 키우고 있다고.

제주에서는 역시 돼지고기라는 생각이 강해서 소고기를 먹을 일이 별로 없지만 흑우의 맛은 어떨까 궁금했다. 등심모듬을 시켰는데 1인분 150그램의 가격은 39,000원. 제주 흑우인 걸 감안하고 서울 유명 등심집과 비교하면 저렴한 편이다. 식당 실내는 여러 개의 룸 형태로 가족단위나 모임에 적합해 보인다.

반찬부터 마음에 들었다. 달콤한 소스가 있는 야채쌈, 작지만 밥반찬으로 좋은 게장, 샐러드, 직접 만든 장아찌가 입맛을 돋운다.

하얀 기름이 끼어있는 육사시미가 나왔는데 의외로 부드럽고 깔끔하면서도 감칠맛이 돈다. 작은 김밥 위에 육회를 얹은 것도 밥과 함께 어우러지면서 새로운 맛이 났다. 이어 등장한 등심은 마블링이 잘되어 있다. 숯불 위에 동으로 된 불판을 올려놓고 고기를 굽는데 고기의 육 향과 함께 향긋한 치즈 향이 올라온다. 적당히 익혀서 맛을 보니 장난이 아니다. 입안에서 육즙이 터지고 블루 치즈 같은 진한 풍미가 가득하다. 드라이에이징된 고기에서 느낄 수 있는 풍부함이다. 이곳도 고기를 숙성시키겠지만 드라이에이징은 아닌데 이런 진한 풍미가 있다니 좀 놀랐다.

흑소랑의 소고기는 살짝 익혀서 먹어야 맛있다고는 하지만 여기의 흑우는 좀더 익혀서 먹어도 부드럽고 풍미가 살아있다. 오히려 씹는 맛이 더 좋다. 고기에 들이는 정성이 느껴진다.

소주도 좋지만 레드 와인이나 좋은 술과 매치시키면 완벽하겠다. 물론 비용은 더 들지만 그것이 이 흑우에 대한 예의다. 아쉬운 건 식사로 시켰던 소고기탕이 그렇게 인상적이지 않다는 것. 덕분에 고기에 더 집중할 수 있겠다.

질 좋은 제주흑우를 맛볼 수 있는 식당이다. 드라이에이징된 것처럼 진한 치즈 향이 올라오는 흑우는 소고기에 대한 새로운 경험을 하게 해주었다.

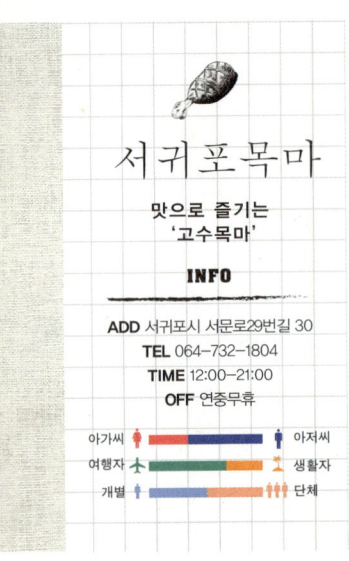

서귀포목마

맛으로 즐기는
'고수목마'

INFO

ADD 서귀포시 서문로29번길 30
TEL 064-732-1804
TIME 12:00-21:00
OFF 연중무휴

말은 제주를 대표하는 아이콘 중 하나다. 푸른 초원 위에서 한가롭게 말이 풀을 뜯는 풍경은 제주를 더욱 사랑스럽게 만든다. 조선시대 제주의 대표 지식인 중 한 사람인 이한우가 제주의 명승지 중 열 곳을 골라 '영주십경瀛洲十景'이라 했는데, 한라산 초원 지대에서 말이 풀을 먹는 풍경인 '고수목마古藪牧馬'도 그 중 하나다.

제주 말의 역사는 길고도 깊다. 말은 선사시대부터 제주에 살아온 것으로 알려져 있다. 기록상으로는 1073년 탐라에서 고려에 말을 조공으로 바친 내용이 남아 있다. 본격적으로 말이 유입된 것은 1273년 원나라가 탐라를 침공해 탐라총관부가 생긴 후다. 이때부터 약 100년간 수십만 두의 몽고 말과 목축기술이 제주에 들어와, 제주 말의 시대가 열리게 되었다.

말고기는 제주에 가서 꼭 먹어봐야 할 토속음식 리스

구이와 육회, 스테이크, 갈비찜 등 말고기로 다양한 요리를 경험할 수 있다.

말고기는 신선할수록 선홍색이 빛난다. 신선한 말고기를 먹기 위해서는 미리 전화를 해보는 것이 좋다. 말 잡는 날이 따로 있기 때문이다.

트에서 빠지지 않는다. 육지에서 맛보기 힘든 고기인데다, 단백질은 높고 칼로리는 낮아 건강에 좋기 때문이다. 말뼈에는 우유보다 네 배나 많은 글리코겐이 들어있을 뿐만 아니라 철과 인 성분이 있어 신경통과 중풍 환자에게 효험이 있다고 알려져 있다. 초원을 달리는 말을 보면, 뼈가 얼마나 튼튼할지 짐작이 간다. 말기름도 말뼈만큼 유명하다. 말기름은 화상에 바르면 흉터가 남지 않는단다. 그래서 마유는 제주에 오면 하나씩 챙겨가는 고급 기념품이다.

그러나 제주에서 말을 맛볼 수 있는 식당은 그다지 많지 않다. 공급이 많지 않은 것도 하나의 이유다. 아랑조을거리에 있는 서귀포목마는 말고기 전문음식점 고수목마가 이름을 바꿔 옮긴 곳으로, 싱싱한 말고기를 내는 곳으로 잘 알려져 있다. 말고기회부터 구이와 스테이크, 찜 등 여러 방식으로 요리한 다양한 말고기를 경험할 수 있다.

말고기 중 가장 인기 있는 것은 말고기회로 신선할수록 선홍색이 빛난다. 말고기회를 맛보기 위해서는 식당에 전화해서 미리 물어봐야 한다. 말을 잡는 날이 따로 있기 때문이다. 말고기는 지방이 거의 없어서 구울 때는 살짝 익혀야 한다. 이야기하느라 뒤집는 때를 놓치면 육질이 금세 단단해지기 때문에 주의해야 한다.

말고기구이와 육회, 스테이크, 갈비찜을 각각 맛볼 수도 있지만, 처음 말고기를 경험할 때는 코스요리로 골고루 맛보는 이가 많다. 서귀포목마의 한라산 코스는 말뼈진액부터 시작해 회와 구이 등 말로 요리한 여덟 가지 음식을 맛볼 수 있다. 핵심 말요리를 중심으로 맛보고 싶다면 목마 코스도 좋다. 육회와 찜, 구이가 중심으로 나온다. 고기를 즐기지 않는다면 점심시간에 먹을 수 있는 사골국이나 내장탕을 추천한다. 사골국이라면 소뼈를 오랫동안 우려낸 국으로 생각하지만, 이곳의 사골국은 역시나 말뼈로 만든 국이다. 비슷하지만 다른 말뼈사골국을 만날 수 있다.

CHAPTER 9
-
제주라서 더욱 필요한 한잔

이색 술집

Taste MAP

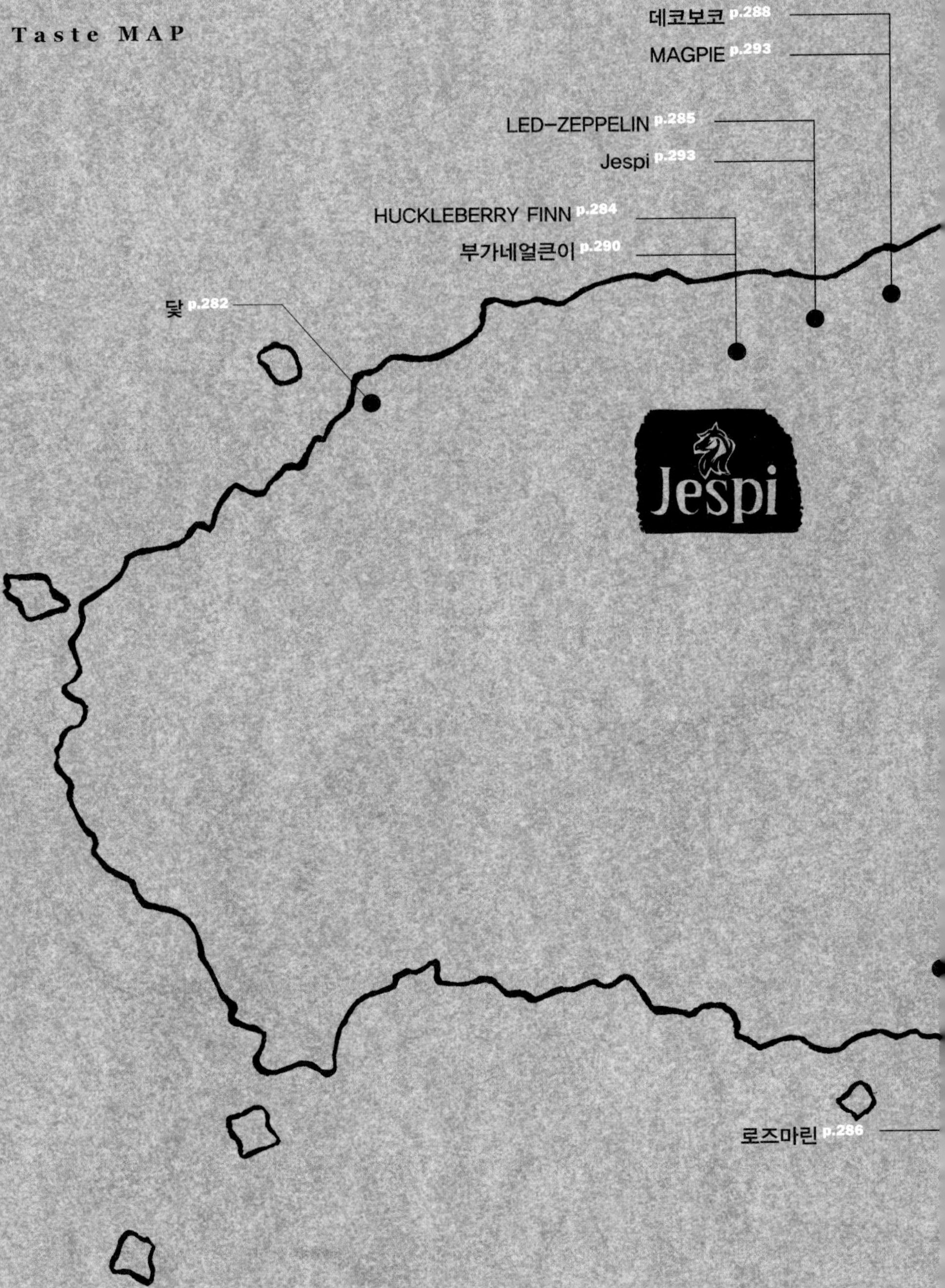

데코보코 p.288
MAGPIE p.293
LED-ZEPPELIN p.285
Jespi p.293
HUCKLEBERRY FINN p.284
부가네얼큰이 p.290
닻 p.282
Jespi
로즈마린 p.286

Taste STORY

    누가 제주의 밤이 깜깜하다고 했던가? 밤만 되면 모든 식당이 문을 닫아 갈 곳 없다고 괴로워하던 적이 있었다면 이 챕터를 꼼꼼하게 살펴볼 것.

    제주시내와 서귀포시내에는 밤늦도록 영업하는 술집과 맛있는 안주와 그에 어울리는 술이 있는 이색 술집이 곳곳에 숨어있다.

    숙소를 시골에 잡았다면 그림의 떡이겠지만 술꾼이라면 걸어서도 술집을 찾아갈 수 있는 시내에 숙소를 잡는 것이 좋다. 물론 제주의 모든 식당이 술을 즐길 수 있는 곳이긴 하다. 그래도 맛있는 안주와 술을 늦은 시간까지 내는 곳은 항상 수첩 한구석에 곱게 적어두자.

    불현듯 생각나는 술 한잔을 해결하지 못해서 밤새도록 잠자리에서 뒤척일 수는 없지 않은가?

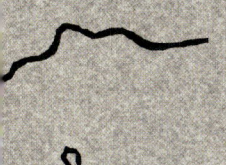

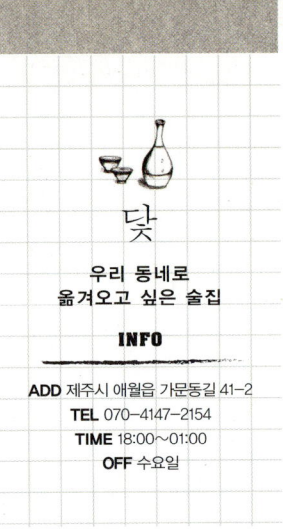

우리 동네로 옮겨오고 싶은 술집

INFO
ADD 제주시 애월읍 가문동길 41-2
TEL 070-4147-2154
TIME 18:00~01:00
OFF 수요일

딱새우가 들어있는 고로케. 바삭한 튀김옷 안에 따끈하면서 부드러운 감자와 고소한 딱새우가 맛의 조화를 이룬다.

'닻 놓고 보니 아무도 없네' '오래 같이 있었으면.' 하귀애월해안도로 입구 가문동포구 앞 작은 술집 닻에 가면, 번지 없는 누군가를 향한 쪽지가 한쪽 벽을 차지하고 있다.

하귀의 조용한 가문동포구, 강렬한 캘리그래피의 '닻' 한 글자가 눈에 띈다. 마법에 빠진 듯 홀려서 들어갈 수밖에 없는 술집이다. 문을 열려고 하니 문에 붙어있는 '닻올림, 닻내림'이 눈길을 잡았다. 문 여는 시간과 문 닫는 시간을 닻올림과 닻내림으로 표현한 것이다. 그리고 보니 이 아담한 공간 자체가 배처럼 보였다. 테이블은 다섯 개. 한쪽 벽면은 한잔 술을 한 손님들의 이야기가, 한쪽 벽은 시원한 통유리를 통해 포구가 펼쳐져 있다. 포구의 풍경이라고는 하지만 포구에 정박된 어선과 기중기 그리고 근처에 주차된 자동차가 대부분이지만 그래도 그곳은 포구니까 뭔가 특별하다.

이것은 또 뭔가. 'Drunken DJ, Hungry Chef'라니. 메뉴판의 글귀를 보고 고개를 들어보니, LP판이 한구석을 채우고 있다. 그 앞에는 당장이라도 디제잉할 수 있는 장비까지 마련되어 있다. 가수 심수봉의 〈남자는 배, 여자는 항구〉가 생각나는 포구에서, 현란한 조명이 떠오르는 디제잉이라니. 수상한 술집이 분명했다.

생맥주와 함께 딱새우가 들어있는 고로케를 주문했다. 여러 종류의 일본 사케와 칵테일이 있지만, 일단은 시원한 생맥주다. 푹신푹신한 거품이 올려진 맥주와 함께 말린 새우 한 접시가 먼

작은 포구 앞에 있는 닻은 맛있는 안주와 술이 있는 공간이다. 할 수만 있다면 집 앞으로 훔쳐오고 싶을 정도로 사랑스럽다.

저 나왔다. '새우깡'이라는 애칭이 붙은 이 안주는 닻을 더 인상적으로 만들어줬다. 잠시 후 테이블 위에 올라온 고로케는 바삭바삭한 튀김옷 안에 따끈하면서 부드러운 감자와 고소한 딱새우가 맛의 조화를 이루고 있었다. 제주에서 많이 먹는 딱새우는 껍질이 두껍고 가시가 날카로워서 그다지 달갑지 않았다. 맛도 좀 콤콤하고 진해서 그렇게 맛있다고 생각하지 않았는데, 그 딱새우가 고로케 속에 들어가더니 멋스럽게 변했다.

작은 배가 드나드는 포구에 눈길 한번 줬다가, 창 앞을 오가는 길고양이 한번 봤다가, 맥주 한모금에 고로케 한입 넣다보니 어느새 어둠이 포근하게 사방에 깔렸다. 제주스러움과 홍대스러움이 묘하게 합쳐진 술집, 닻. 이런 술집 하나 집 앞으로 훔쳐오고 싶다.

Huckleberry Finn
허클베리 핀

제주의 본격 칵테일 바

INFO

ADD 제주시 정원로 35
TEL 064-742-1884
TIME 18:00-02:00
OFF 연중무휴

분위기 좋은 바에서 맛있는 칵테일 한잔하고 싶을 때면 찾아가는 곳. 칵테일뿐만 아니라 빵도 잘 만들고 음식도 잘하는 허클베리핀 Huckleberry Finn 주인장은 제주 최고의 바텐더다.

제주시내의 칵테일 바는 대부분 아가씨들이 바텐더인 경우가 많다. 혼자서 조용히 칵테일 한잔하러 갔다가 오히려 복잡한 심정이 되는 경우가 종종 있는데 이곳은 정통 칵테일 바다. 주인장은 원하는 칵테일을 척척 만들어주고, 적당한 시점에 말을 걸어준다. 조용히 있고 싶으면 아무런 말도 걸지 않는다. 이런 칵테일 바는 아마 다른 곳에서도 찾기 힘들지 않을까.

허클에서 꼭 맛봐야 하는 칵테일은 모히토다. 라임과 민트잎이 듬뿍 들어있다. 계절에 따라 라임을 한라봉으로 바꾼 한라봉모히토도 좋다. 재료를 아끼지 않고 제대로 만든 칵테일은 그 자체만으로 만족스럽다.

허클은 또 제주 젊은이들의 모임터이기도 하다. 자리에 앉아있으면 아무런 약속을 하지 않고도 서로 반갑게 인사하는 목소리를 들을 수 있다. 한두 사람이 모이다보면 점점 자리가 커진다.

허클의 주인장은 칵테일뿐만 아니라 베이킹에도 일가견이 있다. 그가 만든 빵이나 쿠키를 먹어보면 왜 본격적으로 빵집을 하지 않는지 궁금해진다. 그리고 또 하나. 베이킹용 오븐을 이용해서 커피 로스팅도 한다. 그런데 그게 또 맛이 기가 막히다. 궁금하신 분은 칵테일 뒤에 커피를 주문해보시길.

제주시 노형동에 있는 칵테일 바 허클베리핀은 주인장이 원하는 칵테일을 척척 만들어준다. 그중에서 라임과 민트를 듬뿍 넣어주는 모히토가 추천 메뉴.

제주에서는 1차로 회 한 접시 먹고 2차로 돼지고기목살을 뜯는 것 정도는 기본이다. 그럼 3차는 어디로 가지? 그러고 보면 제주의 밤을 제대로 보내기는 쉽지 않다. 어디를 둘러보아도 그냥 그런 술집과 식당만 보인다. 그럴 때는 고민할 필요 없다.

연동 제원아파트 사거리 근처의 LP 바 레드제플린 LED-ZEPPELIN은 갈 곳 잃은 영혼의 쉼터다. 넓직한 공간에 커다란 JBL 스피커에서는 좋았던 시절의 락이 흘러나온다. 손님은 바에 앉아서 주인장에게 음악을 신청하거나 맥주를 마신다. 내가 바라던 딱 그 스타일의 LP 바다.

몇 번 눈도장을 찍은 손님이 오면 레드제플린 주인장은 알아서 그 손님이 좋아할만한 음악을 선곡해서 틀어준다. 커다랗게 흘러나오는 음악소리, 적당한 잡담, 친한 친구와의 맥주 한잔. 더이상 바랄 게 없다.

맥주를 적당히 마시고 일어서야 할 시간, 하필이면 주인장은 내가 좋아하는 레너드 스키너드 Lynyrd Skynyrd 의 라이브를 틀어준다. 집에 갈 생각을 접고 다시 털석 자리에 앉아서 그 음악을 끝까지 듣는다. 오늘은 맥주를 좀더 마셔야겠다.

레드제플린은 가끔 멋진 공연도 한다. 제주에 있을 때 공연 소식이 있다면 꼭 시간 맞춰서 찾아가보길.

레드제플린에서는 좋아하는 음악을 큰 소리로 맘껏 들을 수 있다. 멋진 공연도 종종 열리는 곳이다.

로즈마린
섬사람들의 아지트

INFO

ADD 서귀포시 남성중로 13
TEL 064-762-2808
TIME 15:00~03:00
OFF 둘째 일요일

서귀포항에 있는 노천카페 로즈마린. 사람들은 낮술과 밤술을 위해 이곳에 모여든다.

로즈마린은 섬사람들이 속마음을 털어놓고 싶을 때 찾는 곳이다. 이곳에 토해놓은 사연이 얼마나 많을까. 제주방언으로 이야기했을 테니 들어도 이해는 못하겠지만, 로즈마린 앞에 서니 물음표가 떠올랐다.

로즈마린은 서귀포항 바로 옆 살랑살랑 바람을 느낄 수 있는 노천카페다. 노천카페지만 사람들은 주로 낮술과 밤술을 마시기 위해 이곳을 찾는다. 바로 앞에 서귀포항 바다와 새연교가 펼쳐져 있어 최고의 전망과 분위기를 자랑한다. 사방은 온통 초록이다. 그래서 태국의 어느 작은 섬에 온 것 같은 기분도 든다. 입구에 있는 커다란 야자수도 독특하다.

밤이 되면 로즈마린의 매력은 더욱 빛난다. 조명을 받아 반짝이는 바다와 알록달록한 새연교의 조명이 어우러져 낭만적인 분위기를 자아내기 때문이다. 로즈마린에 앉아 한라산 한잔 기울이면 누구라도 무장해제가 될 것만 같다.

오래 만난 친구와 싸운 곳도, 화해를 한 곳도 로즈마린이었다. 언젠가는 한번 터져야 할 상처였는데, 로즈마린에서 터졌다. 서운했던 일, 속상했던 일이 폭포처럼 흘러나왔다. 몇 잔의 한라산을 주고받은 후 우리는

로즈마린의 안주는 소박하다. 소박해서 더 정감이 있다. 밤 깊은 시간 소주 한잔에 무장해제가 된다.

어깨동무를 하고 일어섰다. 하기 어려운 이야기가 있을 때 이곳에 다시 올 것을 약속하면서.

일반 술집과 달리 로즈마린은 모든 것이 '셀프'다. 코팅된 A4지에 적힌 메뉴를 보면 마음이 편해진다. 가벼운 주머니로도 얼마든지 한잔 즐길 수 있을 정도의 가격이기 때문이다. 안주는 '오뎅 세 개 2500원'부터 시작한다. 만 원 안 되는 메뉴가 많다. 술을 마시지 못하는 이를 위해 유자차나 대추차 같은 건강차도 있다. 주문하려고 안으로 들어가면 집에서 야채 다듬을 때 사용하는 파란 소쿠리가 눈에 띈다. 여기에 술이나 과자 등 원하는 것을 담아 한꺼번에 계산한다. 안주는 주문하면 자리로 가져다준다. 자연과 함께할 수 있는 노천 테이블이 대부분이지만, 안에는 비가 오거나 추울 때 앉을 자리도 마련되어 있다. 나무로 만든 공간이라 아늑하다. 칠십리교를 건너서 새섬 방면으로 가다보면 출입구가 보인다. 천지연폭포에서 가깝다.

이곳에서는 모든 것이 '셀프 서비스'로 운영된다. 안주 값은 싸고 분위기는 낭만적이다.

친절하지 않은 주인장이 끓여주는 라면. 시판라면에 자신만의 레시피를 가미해서 독특한 라면을 만들어낸다.

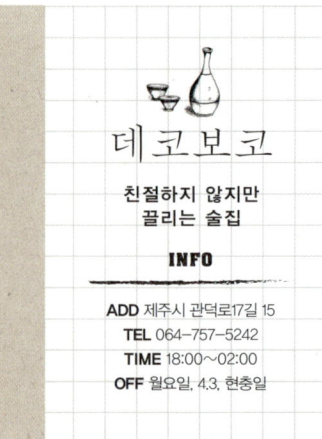

데코보코
친절하지 않지만
끌리는 술집
INFO
ADD 제주시 관덕로17길 15
TEL 064-757-5242
TIME 18:00~02:00
OFF 월요일, 4.3, 현충일

개성 넘치는 술집 데코보코. '내 놀이터에 왔으니 잘 놀다가렴' 하는 분위기가 느껴진다.

'손님은 왕'이라고 생각한다면, 데코보코는 건너뛰는 것이 좋겠다. 굳이 친절해야 한다고 생각하지 않는 술집이기 때문이다. 그럼에도 불구하고 데코보코 중독자가 많은 것을 보면, 특별한 뭔가가 있는 것이 분명하다.

데코보코는 평범한 술집이 지루해졌을 때, 늦은 밤 제주시내를 걷고 있을 때, 개성 넘치는 주인장을 만나고 싶을 때 가볼만한 술집이다. 문을 열면 '물 반찬 스스로'라는 문구가 손님을 맞이한다. '셀프'가 아닌 '스스로'다. 같은 의미지만 뉘앙스가 다르다. 개성이다. 어디가나 같은 레시피로 비슷한 맛을 내는 전국음식체인점과 180도 반대점에 있다고 생각하면 된다.

밖에서 보면 어두컴컴해서 뭐하는 곳인지 호기심이 인다. 안에 들어가면 90년대 어두컴컴한 주점에 온 것 같은 분위기에 은은하게 흐르는 7080 음악이 들려온다. '뮤직 펍'이라고 써놓은 이유를 알 것 같다. 편안한 분위기에 공간도 독특하다. 겹겹이 쌓여있는 메모지는 손때 묻은 공간을 더 정겹게 만들어준다. 피아노와 기타가 있어 누구나 편하게 연주할 수 있다.

눈이 어둠에 익숙해질 무렵, 주인장의 개성을 보여주

는 문구가 눈에 들어온다. '제주 강정 구럼비바위를 발파하는 삼성물산의 행태에 항의하는 뜻으로 삼성카드 결제를 받지 않습니다'나 '머그컵에 마시든지 종이컵에 마시든지 각설탕을 넣든지 말든지 커피값을 내든지 말든지 몇 잔을 마시든지 상관 않습니다' 등. 까칠해 보이지만 욕쟁이할머니를 연상할 필요는 없다. '내 놀이터에 왔으니 잘 놀다가렴' 하는 분위기가 있을 뿐. 물어보는 말에는 대답도 잘 해준다. 심지어 가끔 미소도 보여준다. 흘러간 가요나 락을 신청하면 신청곡도 끝내주게 틀어준다. 그러나 신청곡을 써낼 때 주의해야 할 것이 있다. 아이돌 댄스곡은 틀어주지 않는다. 뽕짝도 마찬가지.

안주는 오코노미야키와 타코야키를 비롯해 선택의 폭이 다양하다. 라면은 토마토라면부터 우엉라면까지 10여 종 이상이 있다. 인스턴트 라면을 베이스로 재료별로 특징을 살려서 조리한다. 며칠 동안 제주에서 맛있는 것만 골라먹다가 더이상 먹고 싶은 것도 없고 맛있는 것도 느끼지 못하게 됐을 때가 있었는데, 데코보코에서 먹은 해물라면이 내 입맛을 구원했다. 내 입맛이 싸구려라서가 아니라 이곳 라면이 그만큼 특별하기 때문이다.

데코보코가 자리한 곳은 과거 제주에서 가장 번화했던 칠성로 부근 산지천변이다. 제주 제일의 시장인 동문시장과 제주의 거상 김만덕 기념관이 3분 거리에 있다. 마지막으로 기억해야 할 것. 단체손님은 받지 않고, 만취한 사람에게는 술을 팔지 않는다. 대신 깨끗하게 안주를 먹으면 1000원을 캐시백해준다.

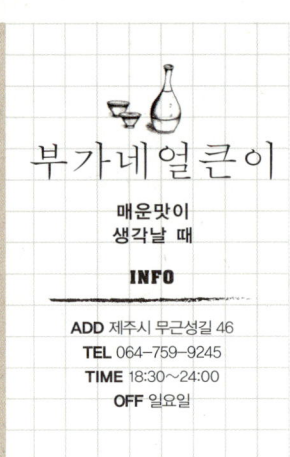

부가네얼큰이

매운맛이
생각날 때

INFO

ADD 제주시 무근성길 46
TEL 064-759-9245
TIME 18:30~24:00
OFF 일요일

몇 달간 제주에 머물다 서울에 오니 친구들이 뭐가 가장 맛있었냐고 물었다. 흑돼지부터 고기국수, 생선국 등 여러 음식이 한꺼번에 떠올라 딱 하나만 고를 수가 없었다. 친구가 다시 물었다.

"그런데 가장 자주 먹은 음식은?"

그때까지만 해도 몰랐다. 부가네얼큰이를 그렇게 많이 먹었는지.

부가네얼큰이는 매운닭발을 내는 야식전문점이다. 육지에서는 생소하지만 제주에서는 유명하다. 제주 토종 체인점으로, 제주시를 중심으로 30여 개 이상의 지점이 운영되고 있다.

부가네얼큰이의 주요 메뉴는 매운 양념으로 만든 매운닭날개와 매운닭발. 매운맛 때문에 중독성이 있기도 하겠지만, 부가네얼큰이 자체 양념의 감칠맛 때문에 자꾸 생각난다. 떠올리는 것만으로도 침이 고이고 고통스럽다. 매운 양념이 석쇠에 구워질 때 나오는 알싸한 향도 한몫한다. 두 개쯤 먹고 나면 머리가 환해진다. 매운맛에 정신이 번쩍 든다. 이때는 열을 식혀

부가네얼큰이의 매운닭발은 중독될 수밖에 없는 매운맛을 가지고 있다. 제주 토종 브랜드로 제주시를 중심으로 30여 개 이상의 지점이 운영되고 있다.

닭발 모양에 거부감이 느껴질 수도 있지만, 한두 개 먹다보면 생긴 것 따위는 전혀 신경 쓰이지 않는다.

줄 소화기가 필요하다. 소화기 역할을 하는 것이 계란찜과 주먹밥이다. 불이 난 입을 뜨끈한 계란찜 한 숟가락으로 식히고 난 후, 김으로 동글동글 만 주먹밥을 하나 입에 넣는다. 다시 매운맛을 만날 준비가 갖춰진다. 이렇게 열탕과 온탕을 넘나들다보면, 부가네얼큰이에 푹 빠지게 된다.

자극적이라 건강에 좋을 리 만무하지만, 밤에 작업을 하다보면 왜 그리 부가네얼큰이가 생각나던지. 제주에 머물던 첫번째 주에는 거의 매일, 이후에는 적어도 일주일에 한 번은 배달전화를 누르곤 했다. 재미있는 것 하나는 지점마다 맛이 조금씩 다르다는 점. 그래서 부가네얼큰이 팬이 모이면 어느 지점이 더 맛있다며 정보를 주고받곤한다.

> 알수록 맛있는 정보

제주에서 즐기는 수제맥주

제주는 비가 오면 몽땅 바다로 흘러버리거나 지하로 쏙 숨어버린다. 지하로 들어간 물은 깊숙이 내려가서 몇 년에서 몇 십 년을 조용히 기다렸다가 해안가 샘으로 솟아오른다. 이것이 바로 용천수다. 중산간 쪽에서는 물을 구하기 힘들어서 마을은 대부분 샘물이 솟아나는 해안가에 모여 있다. 여기까지는 지리시간에 배운 내용이다.

지금은 상황이 달라졌다. 제주도 중산간 교래리에는 제주도개발공사가 운영하는 제주 삼다수 먹는 샘물 공장이 있어서 제주뿐만 아니라 대한민국 전국에 물을 공급하고 있다. 화산 속 암반에서 오랜 시간 걸러진 제주 물은 시원하면서도 깔끔한 맛이 난다. 전국에 먹는 샘물 브랜드가 여러 개 있지만 제주 삼다수는 물맛이 좋아 상대적으로 높은 가격에도 불구하고 먹는 샘물 시장점유율 1위를 차지하고 있을 정도다. 심지어 제주 물로 만드는 소주나 막걸리도 물이 좋아서인지 더 맛있고 숙취도 없는 것 같다. 그러면 이렇게 맛있는 제주 물로 맥주를 만들면 어떨까? 당연히 맛있지 않을까?

제주 수제맥주 집은 보리스브루어리가 제일 좋았는데 2015년 초 매장 임대계약이 끝난 후에 그냥 문을 닫아버린 것 같다. 스페인 출신 보리스 씨가 운영하는 곳이었는데 그의 이름처럼 제주 보리를 재료로 진하면서도 깔끔하고 향 좋은 맥주 맛을 내는 곳이었다. 맛있는 수제맥주를 제주에서도 먹을 수 있다는 기쁨으로 친구나 손님이 오면 항상 가서 시원하게 마시던 곳이었는데 문을 닫아 무척 아쉽다.

제주 삼다수를 만드는 제주도개발공사에서도 제주산 맥주를 만들고 있다. 2013년 7월부터 제주 물과 제주산 백호보리로 만드는 제주 맥주 '제스피Jespi, Jejudo-sprit'가 그것이다. 5월에 보리가 수확되면 8월 초부터 공장에서 직접 싹을 틔워 맥아를 만든다. 수입 맥아를 쓰지 않고 순수 제주산 재료로 만드는 맥주라니 벌써부터 목이 마르는 기분이다. 하지만 제스피 맥주를 마시는 것은 쉽지 않다. 아직 소량만 생산되기 때문에 제주시 연동 바오젠거리 안에 있는 제스피 펍에 가야 마실 수 있다.

알수록 맛있는 정보

제스피 펍은 제주도개발공사에서 직접 운영한다. 여기에서는 라거, 페일에일, 바이젠, 스타우트, 스트롱에일 등의 맥주를 마실 수 있는데 일단 샘플러를 주문해서 맛을 본 후에 입맛에 맞는 맥주를 추가로 주문해서 마시기를 권한다. 아직은 초기라서 그런지 맥주 맛이 왔다 갔다 하는 느낌이고 어딘지 모르게 밍밍하기도 하다. 안주 쪽은 새로울 것이 없는 일반 맥주 집 안주라 많이 아쉽다. 제주스러움을 좀더 담은 독특한 안주가 준비된다면 얼마나 좋을까?

INFO
ADD 제주시 신대로16길 44 신제주종합시장
TEL 064-713-7744
TIME 16:00~01:00
OFF 명절

제주 삼다수물로 만드는 맥주 제스피. 제스피 펍에서는 샘플러를 주문해서 맛을 보고 자신의 입맛에 맞는 맥주를 골라서 추가해서 마시자.

맛있는 맥주에 대한 아쉬움을 조금이나마 달래기 위해서 탑동 아라리오뮤지엄에 있는 맥파이로 간다. 맥파이 MAGPIE는 서울 경리단길에 있는 유명한 수제맥주 집. 세계적인 미술컬렉터인 김창일 회장이 세운 아라리오뮤지엄에 자리잡고 있다. 넓고 시원한 공간이다. 맥주맛 역시 명성에 걸맞게 전혀 불만이 있을 수 없는 맛이다. 맥주마다 개성이 강하고 시원하면서 깔끔하다. 맥주에서는 감귤과 파인애플 향이 물씬 풍긴다. 미안하지만 제스피보다는 한 수 위다. 안주는 피자와 치킨, 감자튀김이 있는데 조금 짠 느낌이 있지만 맥주안주로는 적당하다.
몇 잔 마시다보니 취기가 올라와 알딸딸하다. 여기가 제주인가? 이태원인가? 여긴 어딘가? 나는 누구인가?

INFO
ADD 제주시 탑동로2길 3
TEL 064-720-8227
TIME 17:00~01:00
OFF 월요일

서울 경리단길의 수제맥주 집 맥파이가 제주도에도 있다.

CHAPTER 10

빵빵하게 향긋하게

빵집 & 카페

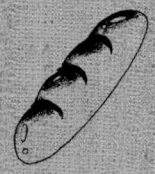

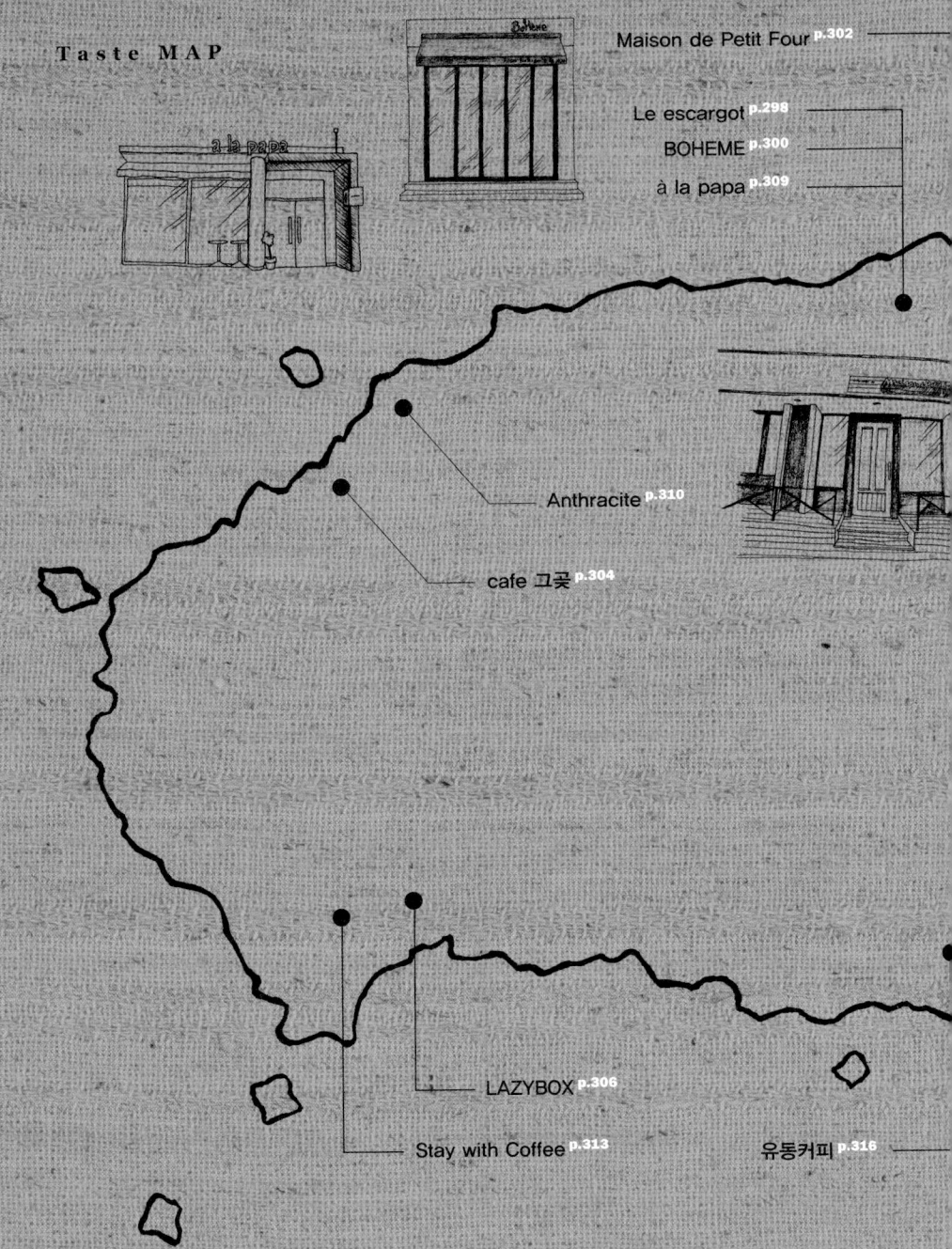

Taste MAP

Maison de Petit Four p.302
Le escargot p.298
BOHEME p.300
à la papa p.309
Anthracite p.310
cafe 그곳 p.304
LAZYBOX p.306
Stay with Coffee p.313
유동커피 p.316

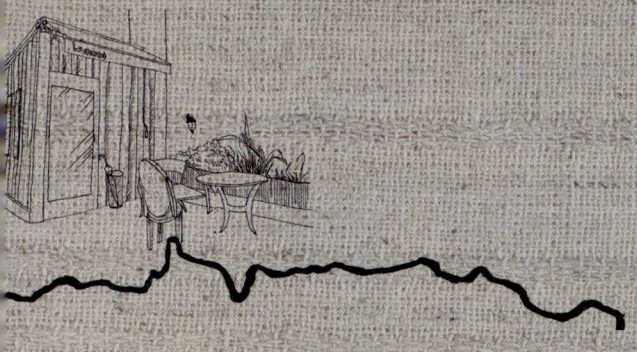

Taste STORY

"제주까지 와서 빵을 먹나?"

갈 때마다 노형동 골목에 자리한 르 에스카르고를 찾는 나를 보고 친구는 입을 삐죽거렸다. 그러게, 평소에는 한 달에 한 번 빵집을 들를까 말까 한 주제에 말이다. 그런데 이상하다. 제주에만 가면 갑자기 빵순이로 돌변한다. 파리나 고베에 여행 온 것처럼.

제주에는 아름다운 빵집이 많다. 맛도 모양도 이름도 사랑스럽다. 천연재료를 쓰는데다 기본기도 탄탄하다. 그 기본 위에 만들어진 빵은 얼마나 개성만점인지. 서울의 유명 빵집과 비교하면 가격도 저렴하다. 임대료 차이가 있으니 당연하다 생각할 수 있겠지만, 파티시에의 눈높이가 다른 이유도 있을 것이다. 동네 빵집이니 눈높이는 제주도민에 맞춰져 있다. 비싸면 서로 힘들다. 도민은 아니지만, 제주만 가면 빵집으로 달려가 도민 가격으로 맛있는 빵을 흡입한다. 감탄사를 끊임없이 터트리면서.

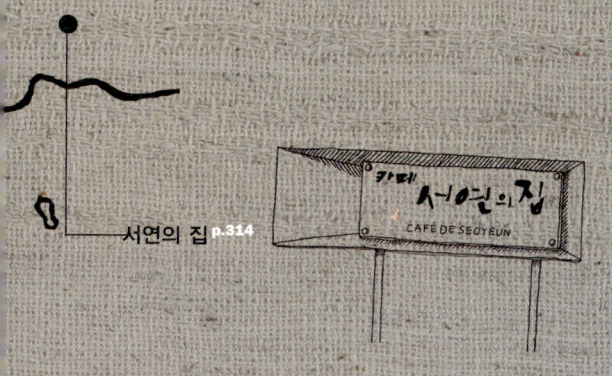

서연의 집 p.314

Le escargot
르 에 스 카 르 고

**맛은 국가대표
가격은 동네 빵집**

INFO

ADD 제주시 월랑로2길 29
TEL 064-748-0095
TIME 11:00~20:00
OFF 일요일

묻고 물어 르 에스카르고Le escargot를 찾은 여행자들은 깜짝 놀란다. 유명세에 비해 아담하기 때문이다. 여기가 맞나 두리번거린다. 위에 걸려있는 르 에스카르고라는 간판을 보고야 살며시 문을 연다. 에스카르고는 프랑스어로 달팽이란 뜻. 달팽이처럼 느리더라도 건강한 빵을 만들겠다는 고용준 대표의 생각이 담긴 이름이다.

에스카르고는 천연발효종을 천천히 숙성시켜 만드는 발효빵으로 이름이 났다. 발효효모가 글루텐을 아미노산으로 분해하기 때문에 발효빵은 다른 빵에 비해 소화가 잘된다. 한마디로 건강한 빵이다. 쇼 케이스는 그다지 크지 않지만, 여러 종류의 빵이 담겨있다. 치아바타와 통밀무화과빵이 특히 사랑받고 있다. 특히 올리브치아바타는 쫄깃한 빵 사이에 짭조름한 올리브 슬라이스가 박혀있어, 눈 깜짝할 사이에 사라진다. 초코가 듬뿍 들어간 초코식빵과 초코바게트도 인기다. 캄파뉴는 그램으로 판다.

오픈 초기에는 빵을 먹을 곳이 마땅치 않았는데, 지금은 건너편에 빵을 맛볼 수 있는 공간이 마련돼 있다.

선물해서 한 번도 실패한 적이 없는 에스까르고의 빵.

에스카르고는 주택가 골목 모퉁이에 있다.

예쁜 빨간색 컨테이너 건물에서는 커피와 함께 즐길 수 있다. 이름은 타르타루가Tartaruga로, 포르투갈어로 거북이라는 뜻이다. 달팽이와 잘 어울리는 작명이다. 타르타루가에서는 치아바타 안에 신선한 야채와 토마토를 넣은 샌드위치도 맛볼 수 있다. 문은 11시에 열고 빵은 12시부터 나오니, 아침형 인간이더라도 그 때까지는 참자.

TARTARUGA

에스카르고는 달팽이라는 뜻을 가지고 있다. 에스카르고 건너편에 있는 카페 타르타루가는 거북이라는 뜻의 포르투갈어다.

견과류가 가득 올라가, 한 입만으로도 건강해질 것 같은 빵.

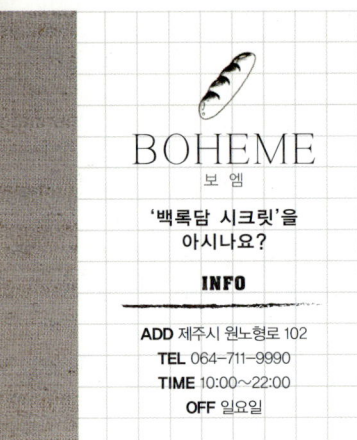

BOHEME
보 엠

'백록담 시크릿'을
아시나요?

INFO

ADD 제주시 원노형로 102
TEL 064-711-9990
TIME 10:00~22:00
OFF 일요일

보엠BOHEME은 작다. 빵집을 훑어보는 데 30초도 걸리지 않는다. 그러나 크지 않은 쇼 케이스를 한번 보면, 한참 동안 눈길을 거둘 수가 없다. 건강하고 맛있어 보이는 빵으로 잔뜩 채워져 있기 때문이다. 벽에는 '계란-국산, 소금-국산, 무화과-이란산, 살구-터키산'처럼 상세한 원산지 표시와 아침 10시부터 30분 간격으로 나오는 빵 이름이 적혀있다. 결코 매장 크기만 보고 판단하면 안 된다는 말씀.

보엠은 우리나라에서 제과 명장을 가장 많이 배출한 나폴레옹제과 출신의 파티시에 두 명이 의기투합해 만든 빵집이다. 보엠의 빵은 천연발효종을 이용해 씹을수록 고소하다. 통밀빵과 치아바타 등 골고루 인기가 있지만, 특히 유명한 것은 천연버터브레첼과 백록

전국 빵순이들이 제주에 오면 꼭 찾는 빵집이다. 평범한 길가에 비범하게 서있다. 아파트 상가에 자리하고 있어 처음 가는 이라면 찾기 쉽지 않다. 현무암으로 된 진열장이 보이면 그곳이 맞다.

부드러움과 매콤함이 함께 밀려드는 백록담 시크릿과 천연 발효종을 이용해 만든 보엠의 빵들.

담 시크릿이다. 천연버터브레첼은 기본적인 빵 맛에 버터, 소금의 적절한 조화가 혀에서 살살 녹는다. 백록담 시크릿은 재미있는 이름만큼 톡톡 튀는 맛을 가지고 있다. 보들보들한 빵 가운데 감자퓨레를 넣고 칠리소스를 올렸다. 칠리소스의 매콤함을 감자와 빵이 잘 받쳐준다. 화산이 폭발하는 것 같은 모양도 귀엽다.
보엠은 아파트 상가에 자리하고 있어, 처음 가는 이라면 찾기 쉽지 않다. 상가를 기웃대다 현무암으로 된 진열장이 있는 집이 보이면 그 가게가 맞다. 먹을 수 있는 공간은 따로 없어서 무조건 포장해야 한다. 그럼에도 불구하고 전국 빵순이들이 제주에 오면 꼭 찾는 성지 중 한 곳이니, 빵을 좋아하는 이라면 꼭 가보자.

보엠에는 맛있는 빵이 산처럼 쌓여있다.

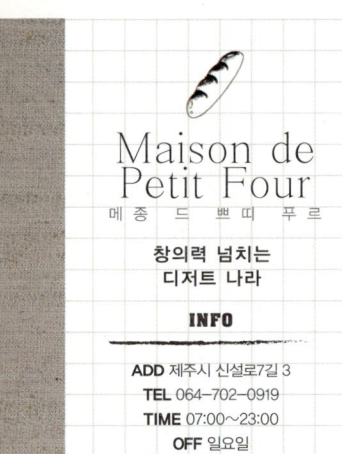

Maison de Petit Four
메종 드 쁘띠 푸르

창의력 넘치는
디저트 나라

INFO
ADD 제주시 신설로7길 3
TEL 064-702-0919
TIME 07:00~23:00
OFF 일요일

메종 드 쁘띠 푸르Maison de Petit Four는 화려하다. 이름은 '오븐이 있는 옛날 프랑스 시골집'이라는 뜻이지만, 쇼 케이스를 보면 시골집이 아니라 베르사이유 궁전이 생각난다. 알록달록한 색에 재미있는 이름들, 건강해 보이는 재료, 모양도 예쁘다.

빵 앞에 붙어있는 이름만 봐도 분위기를 알 수 있다. 제주흑돼지크로켓, 오징어먹물에 빠진 에멘탈치즈, 다크체리피스타치오데니쉬 등 무슨 맛일지 궁금한 빵이 한두 가지가 아니다. 그렇다고 모든 종류의 빵을 맛볼 수는 없는 일. 빵을 사랑하는 이들을 선택장애에 몰아넣는다.

연분홍색의 자몽으로 만든 자몽커스터드, 밤과 아몬드크림이 들어있는 마롱구겔호프, 홍차 향이 진하게 배있는 얼그레이홍차브레드가 베스트셀러다. 겨울이 다가오면 계절 한정으로 만드는 슈톨렌도 인기다. 슈톨렌은 말린 과일과 설탕에 절인 과일껍질, 아몬드를 넣고 구운 빵에 버터를 바른 후 슈거파우더를 뿌려 만든 독일의 전통 케이크다.

메종 드 쁘띠 푸르라는 이름은 프랑스어지만, 이곳의 파티시에는 동경제과학교에서 공부했다. 그 영향인지 커피는 일본의 UCC커피를 쓴다. TV프로그램인 식신로드에서 이재훈의 추천 빵집으로 나와 더 많은 이가 찾고 있다.

'오븐이 있는 옛날 프랑스 시골집'이라는 뜻을 가진 메종 드 쁘띠 푸르.

메종 드 쁘띠 푸르에는 편안하게 커피와 빵을 함께 즐길 수 있는 공간이 함께 마련되어 있다.

Cafe 그곳

수줍은 주인 부부를
만나러 가는

INFO

ADD 제주시 한림읍 금능길 65
TEL 070-4128-1414
TIME 11:00~19:30(화요일 18:00)
OFF 수요일

'떠나요 둘이서 모든 것 훌훌 버리고, 제주도 푸른 밤 그 별 아래~'
어디에선가 익숙한 멜로디가 울리고 있었다. 제주도 주제곡이라 할 수 있는 최성원의 〈제주도의 푸른 밤〉이었다. 카페 안에는 피아노와 함께 낮은 허밍도 이어졌다. 클래식한 느낌의 카페와 어울리는 라이브 연주였지만, 뭔가 어설프게 느껴졌다.
커피를 한 모금 마시며 친구에게 물었다.
"저 분 제주에 오신 지 얼마 안 된 것 같아. 피아노도 이제 막 배운 걸까?"
그런데 아뿔싸. 알고 보니 피아노를 치고 있던 모자 쓴 중년 남성이 바로 최성원 씨였다. 쥐구멍이라도 있으면 숨고 싶은 심정이었으나, 시원하게 터진 카페 어느 곳에도 숨을 수가 없었다. 아, 그곳이 금릉에 있는 카페 '그곳'이다. 트렌드세터들이 모이는 카페라더니, 원조도 모이는 곳이었다.
카페의 외관은 평범하다. 어찌 보면 옛날 목욕탕이 떠오른다. '그곳'이라고 하얀색으로 쓰인 상호도 그렇다.

'그곳'은 외관만 보고 판단하면 안 된다.

운이 좋으면 최성원 씨가 연주하는 〈제주도의 푸른 밤〉도 들을 수 있다. 주인장 부부도, 공간도 매력적이다.

그러나 일단 들어가면 180도 다르다. 환하다. 이 빛을 만들어내는 것은 아름다운 주인 부부의 과하지 않은 미소다. 주인장 때문에 카페가 이렇게 밝아지는 느낌을 받아보긴 참 오랜만이다. 세련된 인상과 달리 카페 안은 오래된 기타와 전축, 빈티지한 소품으로 가득 차 있다. 커피는 맛도 양도 후하다. 직접 로스팅한 커피를 사용한다.

'빵 굽고 커피 볶는 집'이라는 아이덴티티에 맞게, 커피와 함께 치아바타와 포카치아도 맛있다. 그곳에서는 가끔 영화를 상영하기도 하고 작은 공연을 열기도 한다. 이런 행사는 그곳 블로그에서 볼 수 있다. 가끔 '우리 함께 영화 볼까요?' 이런 수줍은 제목의 포스팅이 올라오는데, 유심히 살펴보면 된다.

바다가 보이지 않아도 얼마든지 사랑받는 카페가 될 수 있다는 것을 보여주는 그곳. 참, '곶'은 숲을 뜻하는 제주말로 제주 곶자왈의 곶을 뜻하기도 하고 우리가 모두 아는 '곳'을 의미하기도 한단다.

빈티지한 소품으로 가득 차 있는 '그곳'.
커피와 함께 간단한 샌드위치도 즐길 수 있다.

LAZYBOX
레 이 지 박 스

이곳에서는
좀 게을러도 돼

INFO

ADD 서귀포시 안덕면 산방로 208
TEL 064-792-1254
TIME 10:00~19:00
OFF 연중무휴

레이지박스LAZYBOX에 갔을 때 열 편의 자기계발서를 읽는 것보다 이곳에서 바다를 바라보는 것이 더 효과적일 것이라는 생각이 들었다. 여유와 게으름의 경계에 있는 카페, 레이지박스. 게을러도 될 것 같은, 아니 조금 느려져야 할 것만 같은 카페다.
나가면 바닷물에 손을 담글 수 있을 정도는 아니지만, 시원하게 바다가 내려다보인다. 뒤로는 든든한 산방산이 떡 하니 서있고, 앞에는 용머리해안이 춤을 추고 있다. 이만하면 최고의 위치 아닐까.

산방산을 배경으로 서있는 레이지박스.

창 너머로 사계리 바다가 보인다.

창이 만든 사각 프레임 속에는 제주의 넘실거리는 바다와 형제섬이 가득 차고 그 위에는 앙증맞게 'I'm in Jeju'라는 문구가 붙어있다. 시원하게 내다보이는 사계리의 바다, 따뜻한 햇살에 살랑거리는 바람, 여기서는 게으르지 않는 것이 죄가 될 것 같았다. 마음에 쏙 드는 창가에 앉아, 졸려 하는 고양이와 눈싸움을 하며 하릴없이 시간을 보냈다. 신기하게도 제주에서 좋은 것도 많이 보고 맛있는 것도 많이 먹었는데, 집에 와서 기억에 남는 순간은 바로 그 시간이었다.

레이지박스의 내부 인테리어는 단정하다. 가운데는 제주에서 만든 친환경 꿀을 비롯해서 디자인 제품과 알찬 제주 관련 책이 모여 있다. 벽에는 제주 곳곳에

지갑을 열게 만드는 앙증맞은 디자인 제품들.

서 진행되는 행사 포스터가 붙어있다. 창 너머 바다에 뺏긴 마음이 전시된 물건들로 옮겨왔다. 메뉴판 하나에까지 주인장의 손길이 닿아 있었다. 주인장이 〈제주 인 매거진〉을 만드는 이다웠다. 〈제주 인 매거진〉은 제주를 주제로 한 잡지로, 제주의 아름다움을 세상에 전달해주는 메신저 역할을 하고 있다. 초기에는 레이지박스라는 게스트하우스도 함께 운영했지만, 지금은 카페만 문을 열고 있다.

시원하게 쥬스 한잔 마시다보면 온갖 시름이 어디론가 사라진다.

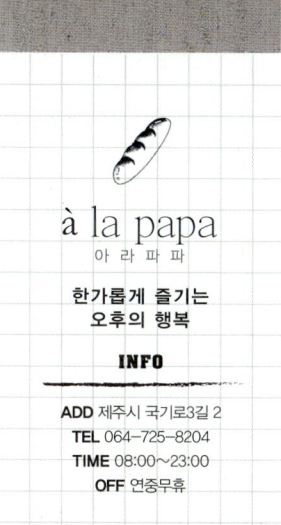

à la papa
아 라 파 파

**한가롭게 즐기는
오후의 행복**

INFO

ADD 제주시 국기로3길 2
TEL 064-725-8204
TIME 08:00~23:00
OFF 연중무휴

'천천히'라는 뜻을 가진 아라파파.

프랑스어로 '천천히'라는 뜻을 가진 아라파파 à la papa. 맛있는 빵과 향기로운 커피 속에서 여유를 즐기고 싶을 때 생각나는 곳이다.

아라파파의 빵은 혀뿐만 아니라 눈도 즐겁게 해준다. 먹기 아까울 정도로 앙증맞은 빵이 많다. 하얀 한라산을 생각나게 하는 몽블랑, 건강해질 것 같은 브로콜리 베이글, 고소한 냄새가 풍기는 마카다미아파이 등 이름도 생소한 빵이 대부분이다. 빵도 맛있지만, 아라파파에서 가장 인기 있는 것은 홍차밀크잼. 우유와 생크림, 홍차를 함께 졸인 잼으로, 늦게 가면 동이 나 못 살 정도로 높은 인기를 자랑한다.

아라파파에서는 상상력을 자극하는 빵을 만날 수 있다.

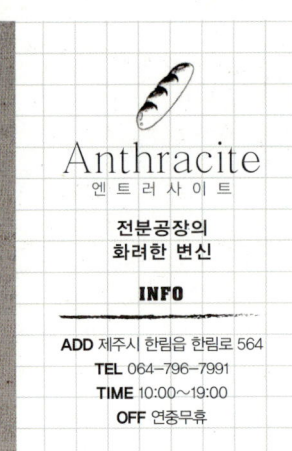

Anthracite 엔 트 러 사 이 트

전분공장의
화려한 변신

INFO

ADD 제주시 한림읍 한림로 564
TEL 064-796-7991
TIME 10:00~19:00
OFF 연중무휴

한림에 자리잡은 카페 엔트러사이트Anthracite는 독특하다는 표현이 잘 어울리는 카페다. 1991년 문을 닫은 전분공장을 진한 커피 향이 흐르는 공간으로 리모델링했다. 전분공장의 흔적을 최대한 살려놓은 채. 입구로 들어가자마자 눈에 들어온 것은 녹슨 장비들이었다. 로스팅 장비인가 하고 살펴봤지만, 커피와는 상관없어 보였다. 알고 보니 옛 공장에서 사용한 기계와 장비들. 그래서 첫 인상은 카페라기보다는 시골에 있는 아담한 기계박물관 같았다.

엔트러사이트가 특이한 카페라는 것은 이미 알고 있었다. 신발공장을 개조해서 만든 합정동 엔트러사이트에 꽤 여러 번 갔었으니까. 한림은 합정동에서 크게 한 걸음 더 나간 느낌이 들었다. 가장 큰 독특함은 바닥에 있었다. 분명히 실내에 들어왔는데, 바닥에 돌이 깔려있었다. 그것도 현무암과 송이석. 울퉁불퉁, 삐죽빼죽. 모양과 크기는 다르지만 까맣고 구멍이 숭숭 난 것은 비슷하다. 실내에 돌 바닥이라니, 생각의 발상에 느낌표 하나가 떠올랐다.

현무암 바닥을 더 인상적으로 만들어주는 것은 초록들이었다. 돌 사이에 풀이 자유분방하게 자라고 있었다. 옹기종기 모여 있는 이끼도 예뻤다. 공연장처럼 넓은 공간 아래 펼쳐진 현무암 바닥과 초록의 조화는 다른 어느 곳에서 느끼지 못한 영감을 안겨줬다.

독특한 인테리어로 눈길을 사로잡는다. 실내에 현무암과 송이석을 깔아놔 마치 노천카페에 앉아있는 듯한 기분도 든다.

전분공장에서 쓰던 기계들도 볼 수 있다.

시집과 소설 등 판매용 책이 전시되어 있다.

채광에도 신경을 썼다. 빛이 환하게 들어올 수 있도록 해, 내부 분위기는 더욱 오묘했다. 한쪽에는 교보문고에나 있을 법한 커다란 테이블 위에 제주와 여행 관련 서적과 시집, 소설 등 여러 장르의 책이 진열돼 있었다. 현무암으로 만든 장식품을 비롯해 제주에 사는 작가들의 작품을 전시하는 공간도 마련되어 있었다.

한림 엔트러사이트에서 내는 커피는 합정동에서도 맛본 나쓰메소세끼였다. 나쓰메소세끼는 과테말라와 콜롬비아, 에디오피아를 블렌딩한 원두로 엔트러사이트의 대표 커피다. 제주의 문화를 남다르게 해석한 공간에서 부드럽고 밝은 커피를 마시니 기분까지 밝아지는 느낌이었다.

Stay with Coffee
스 테 이 위 드 커 피

최남단에서
커피 볶는 집

INFO

ADD 서귀포시 안덕면 형제해안로 32
TEL 010-5240-5730
TIME 10:00~22:00
OFF 수요일

주인장이 세심하게 선별하고 볶아서 정성들여 내린다. 여기에 사계리 바다가 한눈에 보이니, 더 이상 바랄 것이 없다.

제주 남쪽, 시원하고 아름다운 사계리 바다가 한눈에 보이는 곳에 커피를 볶고 내리는 카페가 있다. 여기에서는 커피 한 잔 마시기 위해서 기다림이 필요하다. 그래서 커피와 함께 머무는 곳. 맛있는 커피 한 잔을 위해 들이는 진지한 노력이 느껴지는 커피를 마실 수 있는 곳이다.

사계 바다를 뒤로 하고 카페 안으로 들어가면 바로 맞은편에 커피를 준비하고 내리는 바가 보인다. 자리 한켠을 차지하고 앉아서 여러 나라의 이름과 커피 품종이 가득한 메뉴판에서 적당한 것을 골라본다. 메뉴가 너무 복잡하다면 추천을 받는 것도 좋다. 손님의 취향에 맞춰서 수백 가지의 커피를 내릴 수 있는 곳이니까.

스테이 위드 커피Stay with Coffee의 원두는 믿을 수 있다. 모두 주인장이 직접 세심하게 선별하고 볶아서 정성들여 내린다. 커피는 단순하지 않고 복합적이고 풍부한 맛을 낸다. 어쩌면 커피에 이렇게나 다양한 맛이 있을까? 바다를 바라보면서 천천히 커피를 마시고 있으면 조그만 잔에 다른 커피를 한 잔 내준다. 핸드드립커피의 또 다른 매력이다. 풍경이 좋은 곳에서 마시는 한 잔의 커피는 그 맛보다는 분위기 때문이라도 기분 좋게 마실 수 있지만, 여기에 더 맛있는 커피의 맛과 향이 추억을 더해줄 것이다.

내부 공간은 그리 넓지 않지만 잔디가 깔린 마당도 있고 바로 도로를 건너면 시원하게 펼쳐진 모래사장과 파도 치는 바다가 있다. 기다림조차 즐거운 곳이다. 이곳에서는 시간을 잠시 잊어버려도 좋다.

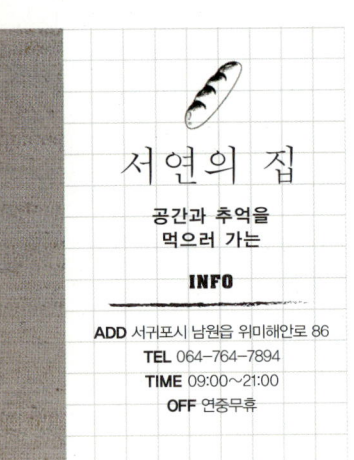

서연의 집

공간과 추억을
먹으러 가는

INFO

ADD 서귀포시 남원읍 위미해안로 86
TEL 064-764-7894
TIME 09:00~21:00
OFF 연중무휴

영화 배경지를 찾아 여행을 떠나던 때가 있었다. 세트장은 철거되고 길은 사라지고, 영화의 흔적조차 찾을 수 없는 때가 적지 않았다. 그때마다 어찌나 허무하던지. 지금까지의 허무함을 다 채워준 것은 서연의 집이었다. 오롯이 보존되어 있는 공간에서 영화의 장면들을 떠올릴 수 있었기 때문이다.

서연의 집은 〈건축학개론〉의 주인공 승민이 첫사랑 서연을 위해 만든 집이다. 영화제작사에서는 이 세트장을 훌륭한 카페 겸 갤러리로 변신시켰다. 그것도 〈건축학개론〉과 첫사랑을 떠올릴 수 있도록.

영화의 아련함을 떠오르게 해주는 서연의 집.

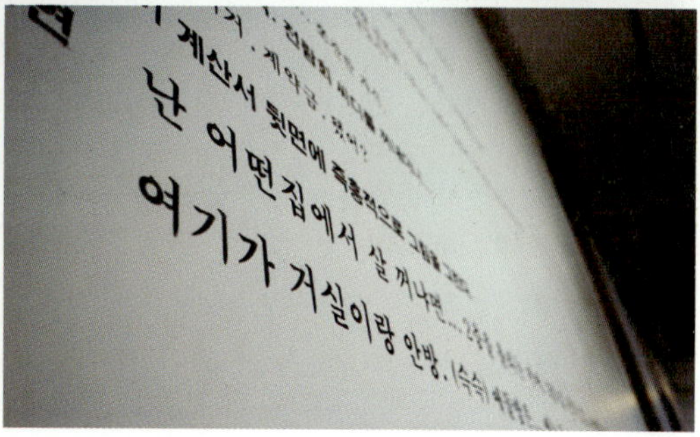

카페 곳곳에는 영화의 흔적을 더듬을 수 있는 명대사와 스틸 컷을 담은 액자들이 전시되어 있다. 움직임이 가득한 영화와 느낌이 좀 다르다. 사진으로 다시 만나는 영화는 더없이 정적이다. 여백의 미가 느껴진다.

〈건축학개론〉을 보지 않았더라도 서연의 집은 충분히 매력적이다. 야외에서 싱그러운 바람을 맞으며 바다를 감상할 수 있다. 이층에는 좁지만 풍광이 더 좋은 자리가 있다. 분위기도 있고 풍광도 훌륭하지만, 인기가 많다 보니 사람들로 북적인다. 오롯이 자기만의 시간을 갖고 싶은 이들은 좁지만 아늑한 '승민의 작업실' 자리를 선호한다.

서연의 집은 카페지만 커피보다는 공간과 추억을 먹으러 가는 곳이다. 커피에 너무 큰 기대는 하지 말자. 고즈넉한 분위기를 누리고 싶다면 아침에 부지런히 나서자. 금방 여기저기에서 발자국 소리가 들려올 테니 말이다.

카페 곳곳에 영화와 관련된 장치가 배치되어 있어, 자연스럽게 '영화'와 '첫사랑'에 대한 이야기를 나누게 된다.

자신의 얼굴을 캐릭터로 만들어 절대 잊을 수 없게 만든 커피. 자신감만큼 커피 맛도 좋다.

유동커피
서귀포에서 맛보는
스페셜티 커피

INFO
ADD 서귀포시 태평로 406-2
TEL 064-733-6662
TIME 11:00~23:00
OFF 첫째 셋째 화요일

이중섭거리 남쪽 입구에서 유동커피는 멀지 않다. 길 건너편에 낙서처럼 그린 얼굴 그림과 손으로 쓴 글자체로 만든 유동커피 간판이 보인다. 조금은 촌스런 유동커피 간판을 보니 바로 입안에 침이 고이기 시작한다. '파블로프의 개'처럼 유동커피에 훈련이 되어버린 것인가.

유동커피는 서귀포가 고향인 조유동 사장이 자신의 이름을 걸고 2013년 오픈한 스페셜티 커피숍이다. 간판에 그려진 얼굴 그대로인 조유동 사장이 날 알아보고 반갑게 맞아준다. 그동안 육지여행을 하느라 유동커피에 간 것은 서너 번밖에 안 되지만 조유동 사장은 가끔 오는 손님도 알아보는 눈을 가지고 있다. 그렇게 크지 않은 공간인데 엄청나게 바쁜 곳이 유동커피다. 메뉴도 많다. 에스프레소 커피와 바리에이션, 핸드드립커피, 에이드, 요거트, 스무디에 빙수까지 메뉴판이 빼곡하다. 다양한 주문을 소화해내는 바 안은 조유동 사장 외에도 두 명의 직원이 정신없이 돌아가고 있었

카페 곳곳에서 주인장 캐릭터를 발견할 수 있다.

다. 제주에서 가장 바쁜 커피숍이 아닐까 싶을 정도로. 바쁜 와중에도 조 사장은 나뿐만 아니라 손님들이 오고갈 때마다 눈을 맞추면서 인사를 한다.

유동커피에서는 에스프레소 블렌드를 세 가지로 나누었을 뿐 아니라 각각의 특성에 맞는 그라인더, 거기에 맞는 에스프레소 머신까지 구비해서 커피를 만든다. 에티오피아 계열의 커피를 추출할 때는 라마르조꼬 머신을 쓰고 밀크베이스의 커피를 만들 때는 수동 머신인 폼베이를 쓴다. 산지별 커피 원두와 그라인더, 에스프레소 머신의 조합으로 섬세하게 조율된 커피는 또 얼마나 맛이 좋을까?

바에 앉아 있으니 눈앞에 원두통이 보인다. 과테말라 COE, 나인티플러스의 에티오피아 드리마제대, 니카라과 COE, 콜롬비아 COE들이 굴러다니고 있다. 나는 생두 가격이 비싸서 감히 엄두를 내지 못하는 것들이다. 이런 커피를 쓰면서도 아메리카노는 3,000원이다. 드립커피의 가격은 7,000원에서 12,000원 사이. 드립커피의 가격이 아메리카노에 비해 좀 비싼 것 같지만 잔을 받아보면 생각이 달라진다.

조유동 사장이 추천해서 내려준 커피는 2015년 콜롬비아의 COE #3. 아무 생각 없이 앉아있다가 깜짝 놀랐다. 2인분의 커피를 내리는데 4~6인용의 커다란 V60 드리퍼에 커피를 가득 담고 푸어오버하는 것을 보았기 때문이다. 물어보니 1인분에 35g 정도의 원두를 사용하고 180ml를 내린 후에 마시기 좋은 농도로 희석해서 내어준다고. 원두값이 커피값의 절반 이상은 될 것 같다.

잠시 후에 나온 커피는 머그잔 가득 채워져 있었다. 이렇게 훌륭한 원두를 아끼지 않고 많이 내려주는데 맛이 없을 리가 없다. 소위 말하는 가성비 최고의 커피라고 할 수 있다. 입안 가득 꽉 차면서 복합적이면서도 깔끔한 맛의 스페셜티 커피를 배부르게 먹을 수 있다니!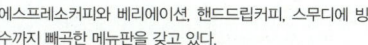

에스프레소커피와 베리에이션, 핸드드립커피, 스무디에 빙수까지 빼곡한 메뉴판을 갖고 있다.

CHAPTER 11

산해진미 넘쳐나도
절대 포기할 수 없는

주전부리

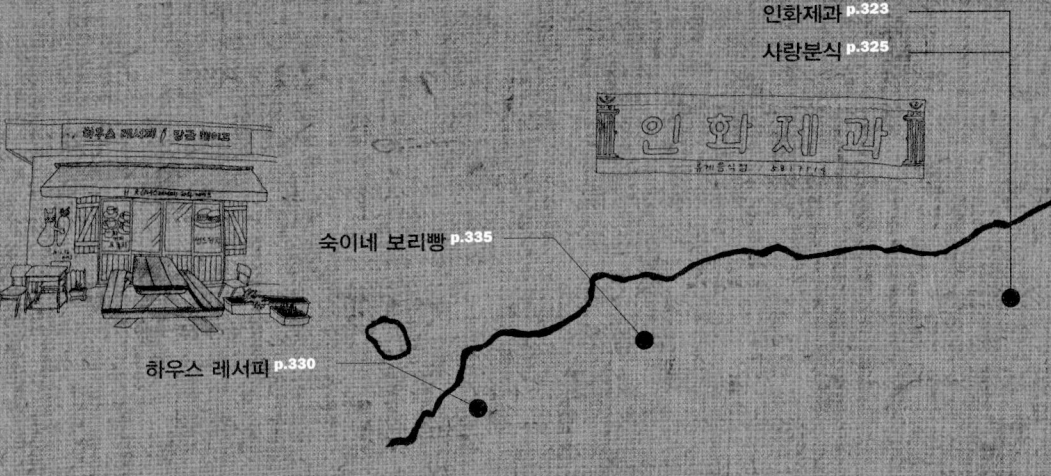

인화제과 p.323
사랑분식 p.325
숙이네 보리빵 p.335
하우스 레서피 p.330

주전부리는 청춘이다. 지루한 자율학습을 마치고 친구들과 갈거리에서 먹던 매운 떡볶이의 맛, 일요일 추운 거리를 쏘다니다 한입 맛본 오뎅국물의 따끈함, 엄마손 잡고 시장에 갔다가 쪼그리고 앉아 먹던 팥죽의 기억. 주전부리는 맛으로만 먹는 음식이 아니다. 추억으로 먹는다. 그것도 아련한 청춘의 기억으로. 나트륨과 칼로리 이야기는 잠시 접어두자. 우리는 주전부리를 사랑하니까.

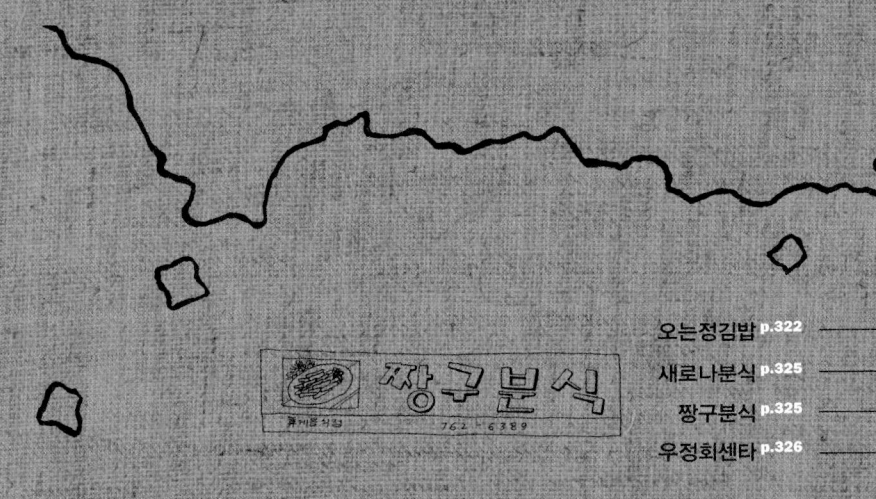

오는정김밥 p.322
새로나분식 p.325
짱구분식 p.325
우정회센타 p.326

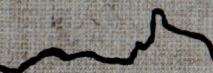 신촌 덕인당 p.334

흑돼지와 고기국수, 몸국과 갈치국, 해물뚝배기와 조개죽. 제주를 생각하면 침부터 고인다. 아무리 혀가 먼저 반응하더라도, 제주를 여행하면서 매끼 푸짐한 식사를 하는 것은 무리. 간단히 먹을 간식도 필요하다. 올레를 걷다 얼른 꺼내먹을 수 있는 주전부리도 있어야 한다. 뭐가 좋을까? 제주사람이 즐겨 먹는 주전부리는 무엇인지도 궁금하다.

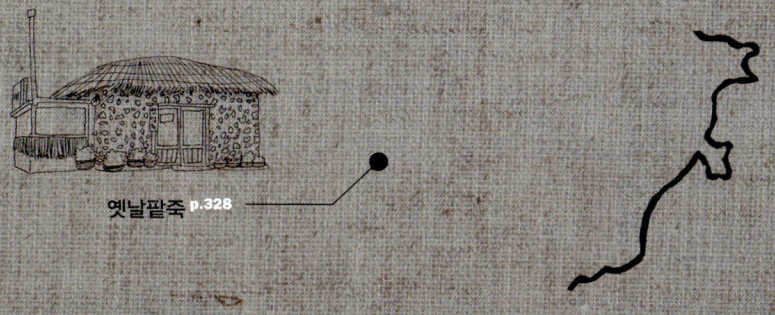
옛날팥죽 p.328

역사와 전통을 자랑하는 슴슴한 맛의 빙떡부터, 터줏대감인 오메기떡과 보리빵, 떡볶이 종합선물세트인 모닥치기까지. 육지와 비슷하면서도, 다른 주전부리 세계가 펼쳐져 있다. 올레 인기에 힘입어 대표 주전부리로 등극하고 있는 큼지막한 올레빵, 귀여운 생김 때문에 파는 곳마다 길게 줄이 늘어선 돌하르방빵까지 재미있고 즐거운 주전부리 탐험을 시작해보자.

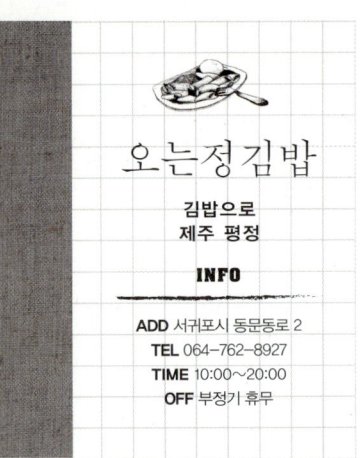

오는정김밥

김밥으로
제주 평정

INFO

ADD 서귀포시 동문동로 2
TEL 064-762-8927
TIME 10:00~20:00
OFF 부정기 휴무

전국적으로 유명한 오는정김밥. 비법은 재료들을 가볍게 튀겨서 간을 한 것. 먹고 있으면서도 또 먹고 싶은 맛이다.

"제주까지 와서 웬 김밥이야?"
제주 여행이 처음인 친구는 서귀포의 오는정김밥 가는 길에 불만을 터트렸다. 내 대답은 간단했다.
"일단 먹어보면 알아."
오는정김밥을 한 번 먹고 나면, 왜 제주에서 김밥을 먹어야 하는지 알게 된다. 그동안 먹어온 김밥과 다른 맛이 있다. 겉보기에는 그다지 달라 보이지 않는다. 참치김밥과 깻잎김밥, 멸치김밥 등 메뉴도 일반 분식집 메뉴와 비슷하다.

맛이 특별한 이유는 김밥 안에 있다. 게맛살을 비롯해 김밥에 들어가는 재료를 가볍게 튀겨서 간을 한 것. 재료를 튀겼다고 하면 느끼할 것 같지만, 그렇지도 않다. 적당히 맛있을 정도로 튀겨서 일부러 살펴보지 않으면 왜 맛이 다른지 알기 힘들 정도다.

제주사람은 산에 갈 때도, 해변에 갈 때도 오는정김밥에 들러 김밥을 사간다. 오는정김밥의 유명세는 전국적이다. 유명인 사인으로도 짐작할 수 있다. 웬만한 음식점에서는 사인을 보고도 눈길 한번 주지 않았지만, 여기에서는 하나하나 쳐다봤다. 전국적으로 김밥집에 이렇게 많은 사인이 붙어있는 것은 처음이었으니까.

오는정김밥은 포장만 가능하고, 최소 20분 전에 전화로 예약을 해야 한다. 전화 예약을 하지 않고 갔다가는 한참 기다릴 수도 있다. 그래서 입구에 김밥 집과 어울리지 않게 푹신한 소파가 있는지도 모르겠다.

김밥 집인데 벽이 유명인 사인으로 덮여있다.
전화로 예약하고 가는 것이 좋다.

인화제과

찐빵 하나로
승부한다

INFO

ADD 제주시 신산로 89
TEL 064-758-7514
TIME 08:30~16:00
OFF 일요일

이름이 참 많다. 왼쪽 간판에는 '인화제과', 오른쪽 간판에는 '인화베이커리'라고 쓰여 있다. 빵을 담는 박스에는 '인화빵집', 비닐봉지에는 '인화찐빵'이라고 적혀있다.

이름은 많은데 메뉴는 하나다. 찐빵이다. 제주 신산공원 앞에 자리하고 있는 인화빵집으로 통일하기로 한다은 찐빵 하나로 승부를 거는 빵집이다. 인화빵집의 특징은 팥에 있다. 부드러우면서 촉촉한 것이 슈크림 같은 느낌을 준다. 빵도 평범해 보이지만 남다르다. 부푼 밀도도 적당하고 씹었을 때 식감도 쫄깃하다. 빵과 팥이 주는 하모니도 좋다. 더 좋은 것은 식어도 맛있다는 점. '찐빵의 명가'라는 수식어가 아깝지 않다.

매장은 소박하다. 빵 파는 곳이 맞나 싶을 정도로 박스가 쌓여있다. 가격을 보면 기분이 좋아진다. 1개에 500원이다. 지하철 상가에서 인기리에 판매되는 단팥빵이 하나에 2500원 정도 하는 것과 비교하면, 맛있는 단팥빵을 500원에 먹을 수 있다니 '감사합니다'가 절로 나온다. 10개 단위로 팔기 때문에, 최소한 10개는 사야 한다. 10개가 많게 느껴지겠지만 걱정할 필요는 없다. 하나 맛보면, 다섯 개까지는 금방 없어지니까.

인화빵집의 빵을 먹으려면 4시 이전에 가야 한다. 4시 이전에도 빵이 다 팔리면 맛을 못 볼 수 있으니, 전화로 빵이 남았는지 물어보고 가는 것이 좋다.

부드러우면서 촉촉한 팥이 매력적이다.
4시 이전에 가야 맛볼 수 있다.

알수록 맛있는 정보

떡볶이 종합선물세트
모닥치기

지구 반대편을 여행할 때 가장 생각나는 음식이 떡볶이였다. 떡볶이의 힘은 그렇게 쎄다. 내게는 추억의 음식이자 영혼의 음식이다. 제주에서도 마찬가지였다. 제주의 향토음식을 찾아다니면서도 꼬박꼬박 떡볶이를 흡수했다.

제주에서는 떡볶이를 다른 분식과 함께 먹는 모닥치기가 유명하다. 중국집에서 탕수육을 담을 때 사용하는 큰 접시 위에 떡볶이를 중심으로 한쪽에는 김밥 한 줄, 한쪽에는 군만두와 달걀, 전을 배치하고 위에 오뎅을 얹는다. 전체적인 마무리는 떡볶이의 매콤한 국물. 이것이 제주 명물 중 하나인 모닥치기다. 군만두와 김밥, 달걀에 매운 떡볶이 국물이 촉촉이 배어 종합선물세트를 받은 기분이다. 모닥치기는 제주방언으로 '여러 개를 한 접시에 모아준다'는 뜻으로, 푸짐한 양과 매콤달콤한 맛, 저렴한 가격 덕분에 제주도민과 여행자 모두에게 사랑받고 있다.

모닥치기라는 이름이 섬사람에게는 평범하게 들릴지 모르지만, 육지것에게 모닥치기라는 이름은 발랄하고 재미있었다.

알수록 맛있는 정보

모닥치기의 대표주자인 서귀포 짱구분식을 찾던 날, 마침 비가 오고 있었다. 밖은 어두컴컴한데 분식집 안은 교복을 입은 중고등학생으로 왁자지껄했다. 생기가 넘쳤다. 김이 모락모락 나는 모닥치기 한 접시가 따끈한 오뎅국물과 함께 테이블 위에 올라왔다. 적당한 온도와 매콤함이 주는 맛에 무장해제가 되었다. 간식으로 먹으러 왔는데, 결국 주식이 되어버렸다. 들어올 때와 달리 비를 바라보는 마음이 하나도 쓸쓸하지 않았다.

제주에서 모닥치기로 유명한 집은 서귀포 짱구분식과 올레시장 안에 있는 새로나분식이다. 들어가는 분식의 종류는 거의 비슷하지만, 분위기는 조금 다르다.

짱구분식은 학창 시절 분식집 분위기에 빠져들 수 있는 공간이 좋고, 새로나분식은 올레시장 가는 길에 들를 수 있다는 장점이 있다.

제주시 부근에서는 동문시장 안 사랑분식이 사랑받는 집이다. 떡볶이에 기본으로 만두와 계란이 들어있다. '사랑식'을 주문하면, 여기에 김밥을 함께 넣은 모닥치기가 나온다. 동문시장을 다니다 줄이 길게 서있는 집을 보면, 그 집이 사랑분식일 확률이 높다.

INFO

ADD 제주시 동문로 10-4
TEL 064-757-5058
TIME 11:30~21:00
OFF 부정기 휴무

INFO

ADD 서귀포시 중앙로42번길 24
TEL 064-762-3657
TIME 11:00~20:30
OFF 수/목 중 하루 휴무

INFO

ADD 서귀포시 중동로 48번길 1-4
TEL 064-762-6389
TIME 12:00~21:00
OFF 목요일

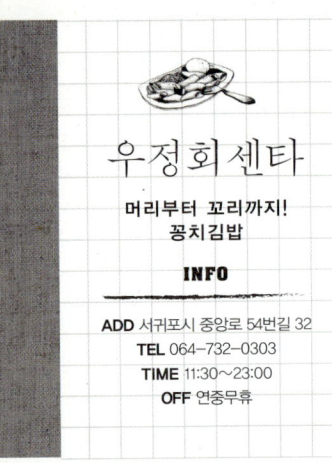

우정회센타

머리부터 꼬리까지!
꽁치김밥

INFO

ADD 서귀포시 중앙로 54번길 32
TEL 064-732-0303
TIME 11:30~23:00
OFF 연중무휴

독특한 외형을 가진 꽁치김밥. 꽁치 한 마리를 통째로 넣었다. 맛에 대해서는 호불호가 갈린다.

똑같으면 주목받지 못하는 시대다. 사람들이 꽁치김밥을 찾는 이유는 다르기 때문이다. 어디에서 이런 김밥을 봤겠나? 달라도 심하게 다르다. 횟집에서 서비스로 나오는 꽁치구이가 밥과 김에 말려 있다. 꽁치의 머리와 꼬리도 그대로다.

서귀포 올레시장에 있는 우정횟집은 김밥이 주 종목이 아니다. 각종 회를 내는 횟집이다. 서비스로 꽁치김밥을 낸 이후, 횟집보다 꽁치김밥 집으로 더 유명해졌다. 주객이 전도되었다고나 할까.

꽁치김밥 안에는 꽁치만 들어있다. DHA 함량이 많은 등푸른 생선, 꽁치. 꽁치김밥은 이름 그대로 '꽁치+김+밥'으로 구성돼 있다. 참기름 때문인지 고소한 맛이 난다. 바로 먹어야 비린 맛이 덜하다. 꽁치김밥의 외형에 모두 감탄하다가 맛을 이야기할 때는 호불호가 갈린다. 약간 비릿한 맛과 자잘한 가시 때문이다. 독특하고 담백한 맛이라는 이들과 비릿하고 먹기 불편하다는 이들로 갈린다. 가시를 따로 발라내지 않기 때문에 조심하지 않으면 가시가 잇몸을 공격할 수도 있다.

꽁치김밥만 주문할 때는 무조건 포장해서 가져가야 한다. 예전에는 회를 먹지 않으면 그 자태도 볼 수 없었는데, 지금은 포장으로라도 판매하니 어디냐 싶다. 포장하더라도 따로 보관하는 것이 좋다. 가방에 넣어두면, 비릿한 냄새가 가방을 온통 점령할지도 모르기 때문이다.

> 알수록 맛있는 정보

차조로 만든 제주 대표 영양간식
오메기떡

오메기떡의 첫번째 미덕은 '영양'에 있다. 차조와 찹쌀로 반죽을 만들고 그 반죽에 팥소를 넣고 마무리는 통팥으로 한다. 오메기떡의 주재료인 차조는 오곡 중 하나로 칼슘과 식이섬유가 많다. 소화 흡수가 잘되고 위를 편하게 해주는 것도 차조의 특징. 그다지 달지 않은 팥소와 쫀득한 찹쌀, 차조의 궁합도 오메기떡을 더욱 맛있게 만든다.

귀여운 이름의 '오메기'는 차조를 부르는 제주말이다. 맛있는 오메기떡에도 제주의 역사와 문화가 담겨있다. 서울에서는 떡을 만들 때 주로 쌀이나 수수를 이용해서 만든다. 강원도에서는 메밀이나 감자로 떡을 만드는 것이 일반적이고, 평야가 많은 전라도에서는 쌀로 떡을 만든다. 제주는 물이 부족해 쌀보다는 밭에서 나는 작물이 많았다. 그래서 떡을 만들 때도 쌀보다 여러 잡곡을 이용해 만들었는데, 이 가운데 차조를 이용해 만든 떡이 오메기떡인 것.

쌀이 부족해서 만들어 먹던 오메기떡이 TV 바람을 타고 인기스타가 되었다. 사람들이 많이 찾다보니, 응용편도 생겼다. 통팥 대신 각종 견과류 옷을 입은 오메기떡도 등장했다. 맛있고 영양만점인데다 크기도 만만치 않다. 하나가 초등학생 주먹만 해서, 한두 개만 먹어도 든든하다. 가격도 저렴하다. 오메기떡 6개에 4000원이니, 커피전문점에서 먹는 케이크 한 조각 가격보다 저렴하다.

서귀포 올레시장과 동문시장에 가면 막 만들어진 따끈한 오메기떡을 쉽게 맛볼 수 있다. 서귀포 올레시장의 제일떡집과 동문시장의 진아떡집을 비롯해 여러 오메기떡 전문점을 볼 수 있다. 오메기떡은 다른 지역에서도 택배로 받아서 맛볼 수 있다. 냉동실에 넣어두었다가 녹여먹어도 맛있다.

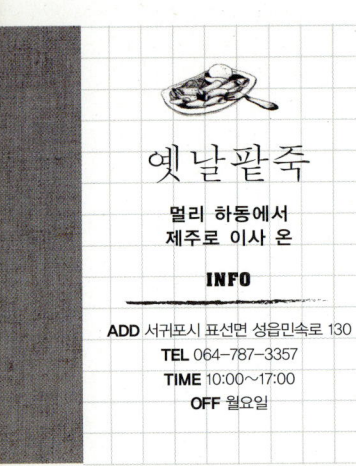

옛날팥죽

멀리 하동에서
제주로 이사 온

INFO

ADD 서귀포시 표선면 성읍민속로 130
TEL 064-787-3357
TIME 10:00~17:00
OFF 월요일

자기 대접에 들어있는 동글동글한 새알은 맛있으면서 예쁘다. 성읍민속마을에서 팥죽을 먹을 수밖에 없다.

팥죽은 제주음식은 아니다. 제주는 팥이 많이 나지 않았기 때문에 팥죽의 전통이 없다. 요즘 인기를 얻고 있는 팥을 잔뜩 묻힌 오메기떡도 옛날 전통 스타일이 아니다. 성읍민속마을 안에 있다고는 해도 이곳 옛날 팥죽은 제주도식의 옛날 팥죽은 아니다. 전라도와 경상도를 가로지르는 화개에서 이곳 성읍으로 이사를 왔다는 이야기가 있다.

개인적으로는 팥죽을 그리 좋아하는 편은 아니었기 때문에 일부러 팥죽을 먹으러 성읍까지는 갈 일이 없어서 뒤늦게서야 이곳 팥죽을 먹을 수 있었다. 하루 종일 운전하고 피곤했던 오후였다. 옛날 돌집을 개조한 겉모습과 다소 촌스러운 빨간색 간판을 보면서 들어간 팥죽 집은 의외로 깔끔하고 분위기가 좋다. 깨끗한 나무탁

내부는 깔끔하고 분위기가 좋다.

자와 구석구석 소품에서 주인장의 손길이 느껴진다. 옛날팥죽이라 나이 드신 할머니가 계실 줄 알았는데 일하는 이가 젊은 여자분이다. 물컵에서도 센스가 느껴진다.
속이 출출할 시간이라 새알팥죽을 시켰다. 팥죽 외에도 팥칼국수와 깨죽, 호박죽 그리고 시락국까지 메뉴에 올라있다. 음료는 식혜를 판다. 새알팥죽은 2인분부터 주문이 가능하다.
잠시 후에 커다란 자기 대접에 동글동글한 새알이 가득 들어있는 팥죽이 등장했다. '팥죽이 이렇게 아름다운가?'라는 생각이 들었다. 검붉은 팥죽 위에 하얀 새알이 떠있는 모습은 마치 연밥을 연상시켰다. 이렇게 아름다운 팥죽은 맛이 없을 리가 없다. 담백하면서도 팥 향이 진하다. 새알도 맛있어서 없어지는 게 아쉽다. 팥죽을 그리 즐기지 않는 내가 계속 고개를 끄덕이면서 바닥까지 긁어먹었으니.
계산을 하고 나오려고 하는데 다른 손님이 미리 주문한 식혜를 병째 테이크아웃해간다. 덩달아 식혜 하나를 테이크아웃해서 성읍마을을 걸어가는데, 이 식혜는 집에서 할머니가 만들어주시던 그리운 맛이 난다.

하우스 레서피

**당근의 맛과
삶의 지혜**

INFO

ADD 제주시 한림읍 일주서로 5892
TEL 064-796-9440
TIME 10:00~19:00
OFF 화요일 12:00 이후

구좌 당근으로 만드는 하우스 레서피의 당근케이크. 크림치즈도 듬뿍 들어있다.

제주를 여러 번 오가면서 얻은 발견 중 하나는 당근이었다. 샐러드에 조연으로 등장하는 당근이 제주에 오면 주스와 빙수, 케이크의 주인공으로 활약한다. 디저트 가게와 제과점에서 종횡무진 활약하는 당근을 보면, 그동안 당근을 몰라본 게 미안할 정도다.

당근은 제주의 대표적인 로컬푸드 중 하나다. 무려 전국 생산량의 70%를 차지한다. 까만 화산토를 기반으로 한 땅과 따뜻한 제주 날씨 덕분에 당근 품질이 다른 지역에 비해 좋은 것. 제주에서도 구좌읍에서 키운 당근은 '구좌 당근'이라는 브랜드가 될 정도로 유명하다.

당근으로 만드는 여러 음식 중 가장 인기 있는 것이 당근케이크다. 〈수요미식회〉 등 TV 프로그램에 여러 번 소개된 귀덕리의 하우스 레서피가 제주에서 당근케이크를 맛볼 수 있는 대표적인 집이다. 하우스 레서피에서 내는 당근케이크는 투박하지만 진한 당근의 맛을 담고 있다. '당근'당연히 당근은 구좌에서 키운 것을 쓴다. 케이크 안에는 약간의 크림치즈가 들어있어 부드러운 맛을 더해준다. 크림치즈를 싫어하는 이라면, 당근머핀을 선택하면 된다.

하우스 레서피가 있는 귀덕리는 전형적인 제주의 농촌. 하우스 레서피의 매장은 이보다 더 소박할 수 없을 정도로 소

박하다. 미국 시골에서 우연히 들어간 작은 빵집이 이렇게 생겼을까. 너댓 명 들어가면 공간이 꽉 찬다. 그래서 케이크를 사려면 한 팀씩 들어가야 한다. 문도 70년대를 떠오게 하는 미닫이 문이다.

그럼에도 불구하고 하우스 레서피의 당근케이크는 팀당 구매 수량을 제한할 정도로 인기다. 찾는 이들이 많아 한 팀당 한 개만 판매한다는 것. 이 같은 인기의 배경에는 주인장 부부의 사연도 한몫한다.

당근케이크를 만드는 부인 권혁란 씨는 대구 MBC 아나운서 출신으로 활발하게 방송활동을 했으며, 남편 김경화 씨는 포스코 해외지사에서 수십 년 일했다. 대부분의 결혼생활을 해외에서 보낸 부부가 제주에 정착한 것은 2009년. 부부는 당근케이크를 구우며 흙 가까이에서 새 인생을 시작했다. 부부는 동네 사람들과 어울리고 자원봉사를 자처하면서 주민들과 가까워졌다. 제주 이민이 트렌드가 된 지금, 노부부의 제주 정착기는 사람들에게 좋은 교본이 되고 있다. 당근케이크가 이렇게 꾸준한 사랑을 받는 것은 당근케이크 맛과 함께 케이크 속에 진정한 '하우스 레서피'가 있기 때문이 아닐까.

구좌 당근으로 만든 당근케이크를 하루 한정 수량만 판매하는 하우스 레서피.

알수록 맛있는 정보

제주를 대표하는 음식유산
빙떡

입맛 따라 다르겠지만, 빙떡을 '맛있다'고 표현하기는 쉽지 않다. 담백하고 고소하고 건강해질 것 같은 맛이라고나 할까. 짭조름한 옥돔구이 한점 있으면 딱 좋겠다는 생각이 든다. 빙떡을 만드는 법은 간단하다. 메밀 반죽을 팬에 얇게 펴서 익히고, 익힌 무채를 넣어서 돌돌 말면 끝이다. 얼핏 보면 특별해 보이지 않지만, 알고 보면 빙떡 안에 제주의 여러 문화가 들어있다.

첫번째, 제주의 토양이다. 강원도나 제주도처럼 척박한 환경에서 메밀은 자란다. 이효석의 〈메밀꽃 필 무렵〉 때문에 메밀하면 봉평이 먼저 떠오르지만, 지금도 제주도는 봉평 못지않은 메밀 생산량을 자랑한다.

두번째, 빙떡은 서로 나누는 제주의 문화를 담고 있다. 지금은 동문시장을 비롯해서 여러 곳에서 빙떡을 볼 수 있지만, 과거에는 잔칫집에 갈 때 부조를 하기 위해 빙떡을 만들었다. 제주에서는 잔치나 제사가 끝난 후, 옹기종기 모여 빙떡을 나누어먹곤 했다.

빙떡에는 조상의 지혜도 담겨 있다. 메밀은 피를 맑게 해주지만 독성이 있다. 여기에 소화효소가 풍부한 무를 소로 넣어 메밀의 독성을 상쇄시킨 것. 초간단 조리법을 자랑하는 제주의 요리문화도 들어 있다.

빙떡을 맛보기 위해 찾은 곳은 동문시장이었다. 빙떡을 공들여 만들고 있는 할머니를 찾아 빙떡에 대한 이야기를 나누고 있을 때, 중년의 남자가 불쑥 들어와 제사에 올릴 거라며 빙떡을 주문했다. 할머니는 은박지를 꺼내 정성스럽게 빙떡을 쌌다. 할머니가 답답했는지 남자는 시간이 없다며 재촉했다. "젯상에 올릴 건데 싸야지" 하면서 속도를 늦추지 않았다. 그때 알았다. 빙떡은 맛으로만 먹는 음식이 아니라는 것을. 빙떡은 마음으로 먹는 제주의 특별한 음식이었다.

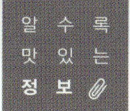

깜찍한 외모에 반했다
돌하르방빵

서귀포 올래시장에 들어가면 길게 늘어선 줄이 눈에 들어온다. 돌하르방빵을 사기 위한 관광객 줄이다. TV 프로그램 〈슈퍼맨이 돌아왔다〉에 방송돼 한창 인기몰이를 하고 있다.
돌하르방빵이 인기 있는 첫번째 이유는 외모다. 제주의 상징인 돌하르방을 본떴다. 세심하게 앞으로 모은 손 모양도 돌하르방을 따라하고 있다. 안에는 부드러운 한라봉커스터드크림이 있어, 달짝지근한 맛에 상큼한 향이 풍긴다. 돌하르방 모양의 틀에 한라봉커스터드크림이 들어간 붕어빵이라고 생각하면 쉽다.
인기 비결 중 하나는 작은 사이즈다. 한입에 쏙 들어갈 만한 크기라, 아이나 여자들이 특히 좋아한다. 남자들은 이구동성, 이거 먹으려고 긴 줄을 서느냐며 이해할 수 없다는 표정으로 여자들을 바라본다. 그러나 어찌 하리, 귀여운 돌하르방인데 이 정도 줄은 감수해야지. 5개 2000원짜리부터 있으며, 포장이 튼튼해 가벼운 선물용으로도 좋다. 서귀포 올레시장 입구와 동문시장에서 찾을 수 있다.

오동통하게 부풀어 오른 보리빵이 먹음직스럽다. 제주에 가면 일단 덕인당 보리빵을 장착하고 여행을 시작한다.

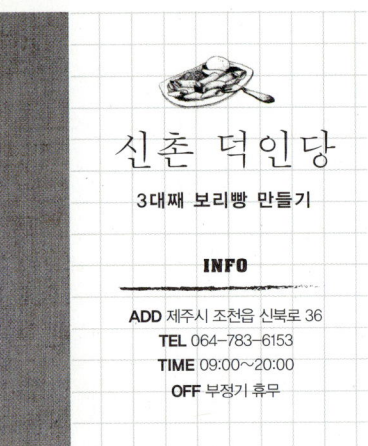

신촌 덕인당
3대째 보리빵 만들기

INFO
ADD 제주시 조천읍 신북로 36
TEL 064-783-6153
TIME 09:00~20:00
OFF 부정기 휴무

덕인당은 제주 주전부리의 역사와 전통을 자랑하는 집이다. 1972년에 문을 열었고, 44년 동안 3대째 보리빵 만들기를 이어가고 있다.

보리빵의 미덕은 심심함에 있다. 화려한 맛보다는 담백한 맛이 부담 없이 다가온다. 처음에는 무슨 맛으로 먹나 고개를 갸우뚱하지만, 자기도 모르는 사이에 중독되고 만다. 제주의 아름다운 곳을 돌아다니면서 먹기에 보리빵만한 것도 없다. 식어도 맛있다.

덕인당에 들어가면 버스터미널에서 표를 파는 창구처럼 주문하는 곳이 눈에 띈다. 단출한 메뉴판도 붙어있다. 보리빵과 쑥빵, 팥보리빵 세 가지 종류다. 보리빵은 투박하지만 오래 씹을수록 고소하다. 초록 빛깔을 자랑하는 쑥빵은 색깔만큼이나 진한 맛을 자랑한다. 팥보리빵은 안에 잘 삶은 팥이 잔뜩 들어있다.

빵을 주문하고 안으로 들어가면, 1980년대 중소기업 사장님 방에나 있을 법한 소파와 대리석 테이블이 나타난다. 대부분 포장용으로 보리빵을 사가지만, 여유가 있다면 이 소파에서 보리빵을 맛보는 것도 좋겠다. 향수를 불러일으키는 분위기에서 맛보는 보리빵 맛은 더 진할 테니까.

애월읍에 자리한 숙이네 보리빵은 제주 여행자들이 꼭 한번쯤 들르는 집이다. 1개에 500원 남짓 착한 가격에 담백한 맛의 제주스러운 보리빵을 맛볼 수 있기 때문이다.

제주는 예로부터 쌀이 귀했다. 화산섬이기 때문에 농사를 짓기가 쉽지 않았기 때문이다. 쌀도 떡도 쉽게 찾기 힘들었다. 쌀 대신 제주에서 흔하게 구할 수 있는 것이 보리. 그래서 제주에서는 보리를 이용해 빵을 만들기 시작했다.

여러 보리빵 집 중에서도 숙이네 보리빵이 인기를 얻는 것은 보리빵의 건강한 맛뿐만 아니라 김인숙 사장의 환한 미소를 만날 수 있기 때문이다. 자그마한 공간에서 하루 종일 빵을 반죽하고 만들려면 힘들 법도 하건만, 손님이 올 때마다 생긋생긋 제주 천연 미소를 안겨준다.

숙이네 보리빵 메뉴는 네 가지다. 보리빵과 쑥빵이 있는데, 각각 팥이 들어간 것과 들어가지 않은 것으로 나뉜다. 보리빵과 쑥빵이라는 이름만 들으면 거친 맛일 것 같지만, 그렇지 않다. 빵 속은 부드럽다. 담백하고 쫄깃한 식감 때문에 보리빵으로 향하는 손길을 멈출 수가 없다. 팥이 듬뿍 들어있지만, 많이 달지 않다. 김인숙 사장에 따르면, 젊은 사람은 팥이 들어간 것을 더 많이 찾고, 지역주민이나 연세가 드신 분은 팥이 들어가지 않은 것을 더 좋아한다고. 보리빵에 들어가는 보리는 제주산이고 쑥도 김인숙 사장이 직접 재배하는 것을 쓴다. 제주의 대표 주전부리로 꼽히지만, 식사대용으로도 가능하다. 올레를 걷거나 해변에 나갈 때, 하나둘 가지고 다니며 먹기에도 좋다.

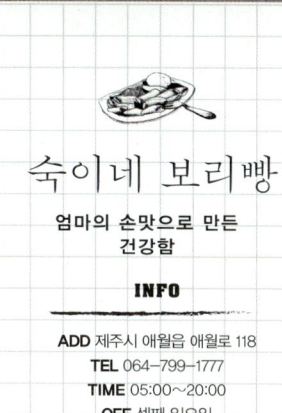

숙이네 보리빵
엄마의 손맛으로 만든 건강함

INFO

ADD 제주시 애월읍 애월로 118
TEL 064-799-1777
TIME 05:00~20:00
OFF 셋째 일요일

투박해 보이지만 빵 속은 부드럽다. 김인숙 사장의 미소 덕분에 숙이네 보리빵이 더 맛있게 느껴지는지도 모르겠다.

알수록 맛있는 정보

하나만 먹어도 든든,
견과류 가득 올레꿀빵

올레는 제주 곳곳에 영향을 미쳤다. 그중 하나가 올레꿀빵이다. 올레를 걷는 중간에는 뭐라도 사먹을 만한 곳이 마땅치 않다. 그래서 출발할 때 속을 든든하게 해줄 먹거리를 챙겨야 하는데, 여기에 안성맞춤이 올레빵이다.

올레빵의 첫인상은 '크다'였다. 제과점에서 파는 도너츠 정도의 크기를 상상했는데, 하나가 주먹만 하다. 안에는 부드러운 팥소가 있고, 그 위에 백년초와 녹차로 한 반죽을 튀겼다. 거기에 유채꿀을 묻히고 해바라기씨와 땅콩, 통깨와 같은 견과류를 뿌렸다. 팥의 단맛과 견과류의 고소한 맛, 그 사이에 들어있는 푹신한 빵 맛이 어우러져 있다. 한 개만 먹어도 속이 든든해진다.

한 개씩 포장되어 있어서 가방에 쏙 넣어가지고 다니기에도 편리하다. 감귤 맛과 백년초 맛, 한라봉 맛, 녹차 맛 등 맛도 여러 가지다.

알수록 맛있는 정보

껍질째 먹어도 고소한 우도 땅콩

에메랄드 빛 바다와 해변으로 사랑받는 섬, 우도. 우도에 가면 꼭 맛보는 것이 있다. 땅콩이다. 더 정확히 말하면 땅콩아이스크림. 아이스크림 위에 땅콩이 넉넉하게 올라간 땅콩아이스크림은 우도 여행을 더욱 특별하게 만들어준다. 사진만 보면 그다지 달라 보이지 않는다. 사진은 혀가 느끼는 맛을 제대로 전하지 못하는 법. 우도 땅콩의 고소함 때문에 아이스크림 크기가 주는 것이 안타까울 정도. 괜히 우도 땅콩이 유명한 것이 아니다. 우도는 섬이라 해산물이 풍부하지만, 땅이 비옥해 농산물도 잘 자란다. 특히 천혜의 자연환경에서 자란 땅콩은 우도의 명품 특산물로 꼽힐 정도로 유명하다. 우도 땅콩은 일반 땅콩에 비해 크기가 작은 편이고 동글동글하다. 그러나 땅콩 안에 들어있는 영양과 땅콩이 품고 있는 고소함은 타의 추종을 불허한다. 껍질을 까지 않고 그냥 먹는 것도 우도 땅콩의 특징이다.

우도에서는 땅콩아이스크림 외에도 땅콩빙수, 땅콩버거, 땅콩국수, 땅콩밥, 땅콩막걸리 등 땅콩을 소재로 한 여러 먹거리를 경험할 수 있다. 매월 10월이면 땅콩 축제도 열린다.

알수록 맛있는 정보

차귀도의 명물 쫀득쫀득 한치

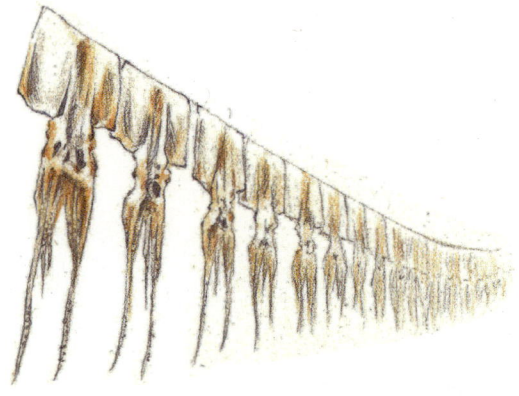

올레 12코스의 하이라이트 수월봉에서 시원한 바람을 맞고 내려오니, 바다를 바라보며 몸을 말리고 있는 한치가 눈에 들어왔다. 차귀도의 명물이다. 한치는 오징어하고 비슷하게 생겼지만, 오징어보다 맛이 좋다. 오죽하면 '한치가 쌀밥이라면 오징어는 보리밥, 한치가 인절미라면 오징어는 개떡'이라는 제주 속담이 있을까. 한치는 부드럽고 담백하다. 하얀 몸통은 오래 씹다보면 달짝지근한 맛이 배어나온다. 한치는 한 자의 10분의 1인, 한치 3.03cm 길이라서 한치라는 이름이 붙었다. 크기는 작지만 맛을 보면 역시 '오징어보다 한치'라는 생각이 든다.

차귀도를 배경으로 일광욕하는 한치는 관광객의 포토월로도 인기가 높다. 올레 12코스를 걷거나 수월봉에 오는 많은 이가 한치 앞에서 사진 한장 남기고, 줄지어 있는 노점상에서 한치를 산다. 바싹 말린 것이 아니고 반쯤 건조시킨 것이다. 육지에서는 반건오징어를 피대기라고 하는데 그것과 비슷하다. 제주에서는 이런 반건조된 것을 준치라고 한다. 오징어보다 비싼 가격에 잠시 주저하지만, 이곳에서는 고민하지 말고 한치를 선택하는 것이 좋다. 뒤돌아서 먹다보면, 더 사러 돌아오고 싶어지는 것이 차귀도 한치니까.

아참, 그리고 이곳에 한치만 있는 것은 아니다. 오징어가 많이 잡힐 때는 오징어도 말린다. 여기서 말리는 오징어는 통통하고 부드럽다.

Taste INDEX

A~S

à la papa 309
Anthracite 310
BOHEME 300
BURGER TRIP 044
cafe 그곳 304
East End 026
HUCKLEBERRY FINN 284
hygge 050
innisfree 034
int 028
Jespi 293
LAZYBOX 306
Le escargot 298
LED-ZEPPELIN 285
MAGPIE 293
Maison de Petit Four 302
RAJMAHAL 038
Stay with Coffee 313

ㄱ~ㅎ

가시식당 071
가품 238
각지불 218
경미휴게소 100
고향생각 152
골막식당 148
곰해장국 236
관촌밀면 165
광동식당 068
광명식당 102
국수마당 157
국수만찬 158
국수바다 154
그디 077
김희선몸국 111
나목도식당 072
나주닭집 268
남춘식당 156
네거리식당 119
늘봄흑돼지 085
닐모리동동 042
닻 282
대광식당 174
대구반점 259
대도식당 124
대춘식당 235
데코보코 288
도두해녀의집 099
도새기샤브마을 075
돈대표 081
돈물국수 178
돈사돈 078
돌하르방빵 333
돌하르방식당 122
돔베고기 067
동귀포구식당 130
동문시장 수산물코너 204
두루두루 132

라지마할 038
레드제플린 285
레이지박스 306
로즈마리 286
마농치킨 268
마라도 짜장면 246
마라도횟집 198
만강홍 250
만선바다횟집 192
만선식당 192
맥파이 293
메종 드 쁘띠 푸르 302
명동손칼국수 173
명리동식당 088
명진전복 210
모닥치기 324
모살물 201
모슬포해안도로식당 190
모이세해장국 234
물꼬기 024
물꾸럭식당 128
물항식당 194
미친부엌 022
미풍해장국 230
백선횟집 200
백성원해장국 232
백양닭집 268
버거 트립 044
보건식당 135
보목해녀의집 193
보성시장 101
보엠 300
보영반점 248
부가네얼큰이 290
비원 266
비자림 꿩메밀손칼국수 176
빙떡 332
사랑분식 325

사해방 252	에스카르고 298	제주슬로비 040
산고을손칼국수 172	엔트러사이트 310	제철 해산물 214
산방식당 160	연동본가 240	조박사샤브샤브 077
삼보식당 134	영해식당 163	죽림횟집 203
삼성혈해물탕 220	옛날팥죽 328	중국집 포포 256
새로나분식 325	오는정김밥 322	중문 덕성원 251
서귀포목마 276	오래옥식당 223	짱구분식 325
서귀포흑한우명품관 272	오로섬 196	천짓골식당 062
서문시장 270	오메기떡 327	춘자국수 169
서연의 집 314	오연 213	춤추는오병장의돼지꿈 081
서울식당 091	올래국수 150	칠돈가 080
선흘 방주할머니식당 166	올레꿀빵 336	칭따오 객잔 258
성미가든 264	용담골 209	카페 말 019
소길역 016	용왕난드르 106	톰톰카레 032
솔지식당 086	용이식당 071	표선 어촌식당 121
솔참치 216	우도 땅콩 337	피자굽는 돌하르방 046
수제맥주 292	우정회센타 326	하노이안 브라더스 054
수희식당 136	우진해장국 112	하르방밀면 165
숙이네 보리빵 335	웅스키친 036	하우스 레서피 330
순옥이네명가 193	유동커피 316	한두기횟집촌 205
스시도모다찌 212	은희네해장국 233	한라식당 120
스시황 211	이가네일품해장국 235	한라통닭 268
스테이 위드 커피 313	이니스프리 오가닉카페 034	한치 338
슬기식당 224	이스트 엔드 026	함덕잠녀해녀촌 100
시장통닭 268	이여도산아횟집 114	함흥면옥 175
시흥해녀의집 098	인디언키친 018	항구식당 187
신설오름 066,108	인화제과 323	해녀촌 170
신의한모 048	일성식당 164	해물다우정 222
신촌 덕인당 334	임성반점 254	해오름 082
쌍둥이횟집 202	잉꼬식당 237	허클베리핀 284
쌔맹식당 104	자리돔 188	호근동 066
아라파파 309	자매국수 146	혼섬갈비 091
아이엔티 028	자양삼계탕 267	화성식당 126
아일랜드 포소랑 052	정낭갈비 089	화순 중앙식당 118
앞뱅디식당 121	정성듬뿍 제주국 116	황금손가락 213
어머니몸국 111	제스피 293	후거 050
어우늘 206	제주 어간장 241	흑돈가 084
어진이네횟집 184	제주 칼호텔 중식당 심향 255	흑소랑 274